DORNIER

Die Chronik des ältesten
deutschen Flugzeugwerks

ISBN 3-925505-01-6
3. Auflage 1996

Genehmigte, autorisierte Lizenzausgabe
Aviatic Verlag GmbH
Oberhaching
Satz und Druck: Walter Biering GmbH
Printed in Germany

Inhalt

Vorwort

Dornier – ein Name, der Weltruf hat durch Leistungen, die sich eingeprägt haben.

War es das Flugschiff Do X, das den Namen seines Schöpfers in das Bewußtsein von Millionen Menschen in aller Welt eingegraben hat? Oder war es der legendäre Wal, der in so vielen Ländern, oft unter schwierigsten Betriebsbedingungen, so zuverlässig seinen Dienst getan hat? Oder war es die Do 17, welche als eines der ersten Flugzeuge in ästhetisch vollendeter Weise die Bedeutung der Aerodynamik für den Fortschritt in der Luftfahrt bewiesen hat.

Es ist wohl müßig, sich darüber den Kopf zu zerbrechen. Beigetragen haben sie alle, den Namen des Mannes in aller Welt bekannt zu machen, der selbst immer bescheiden im Hintergrund stand.

Betrachtet man sein Schaffen, von dem dieses Buch Zeugnis ablegt, so zeigt sich bei all seinem Suchen nach neuen Lösungen doch stets das Festhalten an dem, was sich bewährt hatte und als richtig erkannt worden war.

Daß Prof. Claude Dornier seinen als richtig erkannten Weg unbeirrt verfolgt hat, läßt einen seiner wesentlichen Charakterzüge erkennen.

Möge dieses Buch einem großen Kreis von interessierten Lesern einen Einblick in sein Lebenswerk geben. Möge es erkennen lassen, daß Claude Dornier einer der ganz Großen in der deutschen Luftfahrt war, der wie nur wenige entscheidend zu den Fortschritten beigetragen hat, welche die heutige Luftfahrt in den letzten Jahrzehnten gemacht hat!

Karl Kössler
Direktor des Luftfahrt-Bundesamtes

Claude Dornier

"Ich war immer darauf bedacht, meine Konstruktionsgrundsätze unwandelbar weiter zu verfolgen, auch auf die Gefahr hin, einmal als unmodern zu gelten. Den Hauptteil unserer Erfolge verdanke ich dem Umstand, daß ich im Laufe des Aufbaus unseres Werkes über Jahrzehnte eine große Anzahl hervorragender Mitarbeiter, die in unerschütterlicher Treue auch in schwerer Zeit unserem Werke ihr Bestes gaben, zur Seite hatte. Das Vertrauen auf diese Mitarbeit läßt mich auch frohen Mutes in die Zukunft blicken."

Eine Dokumentation zur Geschichte des Hauses Dornier

Ein neues Jahrhundert bricht an

Die Weltausstellung in Paris spiegelt den gigantischen Jahrmarkt der Technik wider, überragt vom Eiffelturm, einem Symbol der neuen Zeit. Millionen drängen sich staunend um die Fülle des Neuen. Von den Möglichkeiten der Technik in Bann gezogen, wendet sich die Jugend begeistert der Aufgabe des Jahrhunderts zu: mitzuarbeiten an den Fortschritten in Wissenschaft, Forschung und Technik. Einer unter den vielen ist der junge Claude Dornier.

Noch prägt nicht die Luftfahrt das Gesicht des jungen Jahrhunderts.

Trotz der Gleitflüge Lilienthals stehen kennzeichnend für den Begriff "Luftfahrt" immer noch die Gasblasen der Ballons. Aber das Jahrhundert der Ballonfahrt geht zu Ende. Am 2. Juli 1900 steigt das erste starre Luftschiff des Grafen Zeppelin vom Schwäbischen Meer auf – LZ 1 fliegt. Und im Oktober beginnen die Brüder Wright in den Dünen von Kitty Hawk die Flugversuche mit ihrem Aeroplane. Am 17. Dezember 1903 gelingt ihnen der erste Motorflug mit einem Apparat, der schwerer ist als die Luft. Wenige Jahre später hat die Luftfahrt schon einen gewaltigen Aufschwung genommen. Auf dem Flugplatz Johannisthal treffen sich 1910 die deutschen Flieger mit gleichgesinnten ausländischen Freunden. Die Flugwochen jagen sich. Auf fünf Stunden, drei Minuten, fünf Sekunden steht der Weltrekord im Dauerflug. Aber noch ist das Flugzeug ein Sportgerät, nichts weiter. An seinen Einsatz als Verkehrsmittel denken wenige. Am Bodensee sind bisher acht Zeppelin-Luftschiffe entstanden. Ihrem Bau gingen endlose Kämpfe und Rückschläge voraus. Erst die spontane Hilfsbereitschaft, mit der das ganze Volk nach dem Brand des Luftschiffes LZ 4 in Echterdingen, am 4. August 1908, durch großzügige Spenden die Fortsetzung der aeronautischen Versuche ermöglichte, ergab die Grundlage für die späteren Erfolge. LZ 5 ist am 29./30. Mai 1908 38 Stunden ununterbrochen in der Luft geblieben. Beim Kaiser-Manöver 1909 übernimmt ein Zeppelin die Luftaufklärung. Ein erster Abschnitt technischer Vollendung ist abgeschlossen. Man beginnt die Verkehrsluftfahrt. Im November 1909 wird die Delag gegründet.

Die "Deutschland", mit einer geräumigen Passagierkabine versehen, fährt 1910 unter des Grafen Zeppelin persönlicher Führung von Friedrichshafen nach Düsseldorf, und 1911 entsteht mit der „Schwaben" der Grundtyp für alle weiteren Zeppelin-Luftschiffe.

... bis zur Abteilung "Do"

Die Dornier stammen aus einem französischen Geschlecht, das im Departement Isère ansässig war. Im Jahre 1862 kommt Dauphin Dornier als Professor für Sprachen nach Kempten, wo er sich nach dem Krieg 1870/71 für dauernd niederläßt und eine Kemptener Bürgerstochter aus der Familie Buck heiratet. Am 14. Mai 1884 wird als erster Sohn Claude Dornier in Kempten geboren. Er wächst im elterlichen Heim auf und besucht das städtische Realgymnasium. Anschließend geht er nach München und studiert an der Technischen Hochschule, die wenige Jahre zuvor aus dem Polytechnikum hervorgegangen ist. München bietet dem jungen Studenten vielfältige Anregungen: Theater, Museen und Konzerte finden sein eifriges Interesse. Er ist aktiv bei einer schlagenden Studentenverbindung.
1907 legt Claude Dornier sein Examen ab. Der junge Diplom-Ingenieur arbeitet zunächst als Statiker in der Maschinenfabrik Nagel in Karlsruhe, dann bei Luig in Illingen und im Eisenwerk Kaiserslautern.
1910 tritt Claude Dornier in den Luftschiffbau Zeppelin ein und erregt durch seine Fähigkeiten bald die Aufmerksamkeit des alten Grafen. 1911 beginnen die grundlegenden Untersuchungen über die Erhöhung der Festigkeit bei Metallprofilen. Im Mai gelingt es Claude Dornier, im Versuch die festigkeitserhöhende Wirkung der Bördelung an einem Aluminium-Winkelprofil nachzuweisen.

Das „Carbonium"

Dieser Versuch wird in Zukunft maßgebend die Profilgebung dünnwandiger, gedrückter Bauteile beeinflussen. Systematisch werden nun die verschiedensten Querschnittsformen untersucht. Daneben laufen zahlreiche andere Untersuchungen über die Entwicklungsmöglichkeiten starrer Luftschiffe.
1913 hat Graf Zeppelin solches Zutrauen zum Können Dorniers gewonnen, daß er ihn als persönlichen wissenschaftlichen Berater heranzieht. In engster Zusammenarbeit mit dem "alten Grafen" beginnt Claude Dornier mit den Vorarbeiten für ein riesiges Stahl-Luftschiff für den Transozean-Dienst. Eingehend werden Leistungsbewertung und Entwicklungsmöglichkeiten starrer Luftschiffe untersucht. Bald erkennt der Graf, daß er Claude Dornier größere Entwicklungsmöglichkeiten geben muß. Um die Jahreswende 1913/14 entsteht im Rahmen des Luftschiffbau Zeppelin die Abteilung "Do". In einem kleinen Gaswerk an der Grenze des Luftschiffgeländes – dem Carbonium – erhält die neue Abteilung ihren Platz. Zwei Büroräume, eine kleine Werkstatt, ein Versuchsraum, dazu ein Ingenieur und zwei oder drei Techniker und Zeichner – wahrhaft ein bescheidener Anfang. Claude Dornier beschäftigt sich weiter mit den Möglichkeiten der Starrluftschiffe. Tief beeindruckt vom Besuch der Weltausstellung in Paris wendet sich sein Interesse aber immer mehr der Technik des Flugzeugbaus zu.

Die „Baracke“, erster Arbeitsplatz in Seemoos

Metallbauweise

Mit Kriegsbeginn, Herbst 1914, entschließt sich Graf Zeppelin, den Bau von Flugzeugen aufzunehmen. Er gründet die Werft Seemoos bei Manzell und gibt Claude Dornier die Möglichkeit, seine Erfindungen und neuen konstruktiven Ideen für den Bau von Flugzeugen zu verwerten. Wo man einst die erste schwimmende Halle des Grafen Zeppelin auf dem Bodensee sehen konnte, entstehen für die damalige Zeit großzügig angelegte Versuchsanlagen.

Bisher waren Holz, Klavierdraht und Leinwand die bevorzugten Konstruktionselemente der Flugzeugbauer. Aber der Weitblick des Grafen Zeppelin und das Vertrauen in seinen Mitarbeiter führen ihn zu einem folgenschweren Entschluß: er beauftragt Claude Dornier, in der neuen Werft metallene Riesenflugboote zu bauen. Damit ist eine Aufgabenstellung geschaffen, durch die ein Grundstein für die Entwicklung des Metallflugzeugbaus gelegt wird. Claude Dornier beginnt seine bisher geleisteten Vorarbeiten auf die neue Zielsetzung anzuwenden. Nur durch eine wissenschaftlich fundierte, ingenieurgemäße Bauweise ist die neue Aufgabe zu lösen.

Als Richtlinien für die systematische, konstruktive Durchbildung eines Flugzeuges ergeben sich Grundsätze, die für den gesamten Flugzeugbau der folgenden Jahrzehnte wegweisend sein werden:

Alle tragenden Teile sollen aus Metall bestehen, Stahl oder Aluminium, je nach dem Grad der Beanspruchung.

Aus Blech gezogene Profile, geformt nach den Erfordernissen des Leichtbaus, sollen die Kräfte aufnehmen. Die Bauteile sollen durch Niete oder Schrauben verbunden werden.

Riesenflugboot Rs IV weist erstmals die für die Dornier-Bauweise charakteristischen Flossenstummel auf

Es beginnt mit einem Riesenflugboot

12. Oktober 1915. Zum ersten Mal schwimmt Rs I auf dem Wasser des Bodensees. Nach längeren Rollversuchen werden Vorkehrungen für den ersten Flug getroffen. Drei 240-PS-Maybach-Motoren sollen den Giganten, mit 43,5 m Spannweite wohl das größte bisher gebaute Flugzeug, in die Luft heben.
Da macht am 22. Dezember 1915 ein Weststurm alle Erwartungen zunichte. Im fahlen Licht des Morgengrauens reißt sich Rs I von der Boje los, läuft auf einen Felsen, wird leckgeschlagen und vom Seegang vollends zerstört.
Aber die Entwürfe für die dreimotorige Rs II sind schon fertig. Trotz des Rückschlags wird sogleich mit dem Bau begonnen, und am 30. Juni 1916 erhebt sich das erste Dornier-Flugzeug in die Luft, als erstes eigenstabiles Boot auch von historischer Bedeutung. Nach gründlicher Erprobung wird es auf vier Motoren umgebaut (Rs IIb) und zeigt am 6. November 1916 erstmals die Tandem-Triebwerksanordnung, die für viele Entwicklungen Claude Dorniers ein markantes Kennzeichen werden wird.
Die Metallbauweise wird in den Kriegsjahren auch in einer Reihe von kleineren Flugzeugen angewandt und weiterentwickelt.
Am 3. November 1917 startet ein Flugzeug, das einen Rumpf ganz neuer Bauart aufweist. Die äußere Haut des kleinen zweisitzigen Doppeldeckers Cl 1 trägt mit. Die Schalenbauweise ist geboren. Diese von Claude Dornier entwickelte Bauart – Rahmenspanten in Verbindung mit glatter Blechhaut – wird später zur Standardbauweise.
Die Rs III, im Herbst 1917 fertiggestellt, soll nach Norderney überführt und an die Marine abgeliefert werden. Noch nie hat ein Seeflugzeug eine solche Strecke über Land zurückgelegt. In einen diesigen Himmel startet am 19. Februar 1918 Rs III um 9 Uhr 40 Minuten. Bald klart es auf und nach siebenstündigem Fluge wassert das riesige Flugboot in der Nordsee, querab der Flugstation Norderney. Alle fliegerischen Anforderungen sind glänzend erfüllt. Doch eine Frage ist noch offen. Wie wird sich das Boot im Seegang verhalten, unter den zum Bodensee ganz unterschiedlichen Verhältnissen in Nord- und Ostsee? Das Typen-Urteil der Marine gibt die Antwort: "Das Flugzeug bestand

Eislandung des Flugbootes Libelle

eine Seeprüfung bei Seegang 3–4, 10–11 m/s Wind mit einer Zuladung von 2000 kg . . ."
Am 4. Juni 1918 zeigt der Erstflug der D I auch die vollkommene Beherrschung des Schalenbaus. Nicht nur die Rumpfhaut trägt, wie schon bei CI I, sondern auch der Flügel ist freitragend mit tragender Blechhaut. Eine erste Krönung aller Entwicklungsarbeiten seit 1914 ist erreicht. Weitere Projekte sind in Vorbereitung. Ein achtmotoriges Flugboot soll gebaut werden. Da setzt der Schluß des ersten Weltkrieges allen großen Plänen ein Ende. Rs IV, das letzte fertiggestellte Risenflugboot, verwandelt sich unter der Begleitmusik von Hammerschlägen und dem Fauchen der Schneidbrenner in einen Trümmerhaufen. Es wies eine für die Entwicklung der Flugboote grundlegende Neuerung auf: die "Dornier-Flossenstummel".

Bauverbot – aber neue Projekte

1919. Die deutsche Luftfahrt scheint am Ende. Alle Hoffnungen auf eine glückliche und friedliche Weiterentwicklung sind zerstört. Fast alle Mitarbeiter müssen entlassen werden. Die Werke des Zeppelin-Konzerns in Reutin und Zech bei Lindau sind geschlossen. In der Werft Seemoos können noch etwa 100 Mitarbeiter mit der Herstellung von Eimern und Waschkesseln beschäftigt werden.
Trotz der trüben Aussichten, die nach dem Zusammenbruch für das deutsche Flugwesen bestanden, führt Claude Dornier das Werk weiter. Das bei Kriegsende im Bau befindliche zweimotorige Flugboot Gs I wird in ein Verkehrsflugboot umgeändert. Im Januar 1919 werden die Bootsspanten von Lindau-Reutin nach Seemoos zur Fertigstellung gebracht, und in kurzer Zeit entsteht mit der Gs I, dem Vorläufer der berühmten Walfamilie, das erste deutsche Verkehrsflugboot. Am 31. Juli 1919 findet der

Stapelflug statt. Ausgerüstet mit 2x 270-PS-Maybach-Motoren stellt es beim probeweisen Einsatz im Dienste der Schweizer Luftverkehrsgesellschaft Ad Astra seine Zuverlässigkeit und Wirtschaftlichkeit unter Beweis. Nun erwacht auch in den Niederlanden und in Schweden Interesse. Die Vorführung der Gs I in Amsterdam wird ein voller Erfolg. Da kommt ein neuer Schlag. Aufgrund der politischen Situation muß Weisung gegeben werden, das Boot, gerade auf dem Wege nach Stockholm, zu versenken. Am 25. April 1920 sinkt es auf den Grund der Kieler Bucht.
"Delphin I" fliegt im November 1920 und Komet I im Sommer 1921. Im Reihenbau werden Flugzeugschwimmer aus Duraluminium hergestellt. Es scheint, als solle in bescheidenem Umfang die Weiterführung des Flugzeugbaus möglich sein. Da kommt das vollständige Bauverbot. Die Werft Seemoos wird stillgelegt. Es muß nach anderen Möglichkeiten gesucht werden, die begonnene Entwicklung weiterzuführen. In dieser Situation beschließt Claude Dornier, eine Tätigkeit im Ausland aufzunehmen. Am anderen Ufer des Bodensees, in Rorschach, liegt eine Holzhalle mit Rampe zum See – nur klein, aber brauchbar. Sie wird gemietet und an einem Sommertag bringt die Segeljolle eines Mitarbeiters die Teile der "Libelle" hinüber. Der Flugzeugbau kann weitergehen. Am 16. August 1921 zieht die kleine "Libelle" ihre ersten Kreise.
Die engsten Mitarbeiter Dorniers arbeiten zu Hause weiter. Auf ihren Zeichenbrettern nimmt inzwischen der "Wal" Gestalt an. Ihn kann man in Rorschach nicht bauen – das Gelände ist zu klein. Da unternimmt Claude Dornier einen neuen kühnen Schritt. In Italien, am linken Ufer der Arnomündung, wird in Marina di Pisa die Costruzioni Meccaniche Aeronautiche S. A. gegründet und die dort vorhandene kleine Werft unter großen wirtschaftlichen und technischen Schwierigkeiten ausgebaut. Es ist ein Risiko ohnegleichen, das der junge Unternehmer eingeht. Aber das Glück steht ihm zur Seite. Die spanische Heeresverwaltung hat als erste die besondere Eignung des Musters erkannt und bestellt 1922, ohne mehr als Zeichnungen gesehen zu haben, eine Serie von sechs Wal-Flugbooten.

Lizenzbau in Japan Do N

Mit dem langsam einsetzenden Luftverkehr bessern sich die Verhältnisse.
Einem Vorschlag von Dr. Eckener folgend, wurden die Zeppelin Werke GmbH Lindau in Dornier Metallbauten GmbH umbenannt. Der Sitz wurde von Lindau nach Friedrichshafen verlegt. 1923 werden die benachbarten Anlagen der Flugbau Friedrichshafen GmbH in Manzell erworben und die kleine Werft in Seemoos endgültig geschlossen. Im gleichen Jahr entsteht der Deutsche Aero Lloyd. 1924 nimmt die Kawasaki Dockyard Company Ltd. in Cobe eine Lizenz auf den Neubau von Dornier-Flugzeugen. Claude Dornier selbst hält Vorlesungen an der Universität in Tokio.
Schon am 6. November 1922 kann der Stapelflug des ersten Wal erfolgen. Bald darauf fliegt er bei schwerem Sturm zur Ablieferung nach Cartagena. Kurz vorher ist in Dübendorf erstmals der Falke gestartet. Im Herbst 1924 wird Claude Dornier "in Anerkennung seiner Verdienste um die Fortschritte auf dem Gebiet der Flugtechnik" von der Technischen Hochschule Stuttgart die Würde eines Dr. Ing. e.h. verliehen.

Pionierflüge

Der Komet II landet Silvester 1922 als erstes deutsches Verkehrsflugzeug auf dem Londoner Flughafen. Dieser Erfolg führt zur Einrichtung der ersten planmäßigen Luftverkehrs-Verbindung Berlin – London am 3. Mai 1923. Kurz darauf befliegt Komet II auch die Strecke Moskau – Odessa. Das Jahr 1924 sieht die ersten Fernflüge der Wale:
Im Januar unternimmt der spanische Hauptmann Franco Erkundungsflüge von Spanien zu den Kanarischen Inseln.
Im August fliegt Locatelli von Marina di Pisa nach Reykjavik.
Im Februar 1925 reißt der Wal 20 Weltrekorde an sich, im gleichen Monat fliegt "Merkur" zum ersten Mal. Der April 1925 sieht den ersten Verkehrsflug über die Alpen – ausgeführt von einem Komet III. Wale bringen regelmäßig Passagiere, Post und Fracht von Genua über Rom nach Palermo. Die neu gegründete SCADTA, die heutige Avianca, setzt die Wale über den tropischen Meeren über Mittelamerika ein. Gleichzeitig werden in Kingsbay auf Spitzbergen bei −25° C zwei Wale montiert. Amundsen landet

Roald Amundsen mit seinen Bordkameraden Feucht und Ellsworth (rechts)

Wal N 25 in Kingsbay

damit nach über neun Stunden Flugzeit auf 87°44' nördlicher Breite. Dabei wird der eine Wal am Bootsboden beschädigt, ein größerer Motorschaden tritt auf. Der Wal N 24 muß aufgegeben und die Besatzung vom Wal N 25 übernommen werden. Unter härtesten Bedingungen schaffen Amundsen und seine Begleiter eine Startbahn im Packeis; am 16. Juni 1925 gelingt endlich der Start für den Rückflug nach Spitzbergen.
Ramon Franco bezwingt im Februar 1926 mit einem Wal zum ersten Mal den Südatlantik in Ost-West-Richtung.
Das Jahr 1928 bringt dem viermotorigen Superwal 12 Weltrekorde. Im Juni 1926 erringt der Merkur sieben Weltrekorde. Im Dezember 1926 startet Mittelholzer mit einem Merkur auf Schwimmern in Zürich am Flug nach Kapstadt. Im März 1927 startet der Portugiese de Beires mit einem Wal in Lissabon zum Flug nach Rio de Janeiro.

Fluggesellschaften und Lizenzabkommen

Bei Kawasaki in Cobe wird die Do N 1925 gebaut, ein zweimotoriges Land-Großflugzeug. In Friedrichshafen sind hierfür alle Konstruktions- und Fertigungsunterlagen entstanden, 20000 km östlich erfolgt der Bau. Und ohne geringste Änderungen erfüllt das Flugzeug bei der Abnahme die geforderten Leistungen.
In der zweiten Hälfte der 20er Jahre setzt sich der Aufstieg des Unternehmens fort.
Immer neue Fluggesellschaften stellen Dornier-Flugzeuge in den Dienst und wollen schnell beliefert werden. Die weite Trennung der Entwicklungsbüros in Friedrichshafen von der Werft in Marina di Pisa hemmt die Arbeit. Eine engere Verbindung von Konstruktion und Fertigung tut not. Da findet Dr. Dornier in Altenrhein auf dem Schweizer Ufer des Bodensees ein passendes Gelände.

Das erste Flugzeug, das unter dem Zeichen der neugegründeten Deutschen Lufthansa zu einem planmäßigen Flug startet, ist ein Merkur

Dort gründet er im Sommer 1926 die Aktiengesellschaft für Dornier-Flugzeuge. Sie wird in der Folge die Rolle von Marina di Pisa übernehmen, die dortige Werft kann nach einer Übergangszeit verkauft werden. In Altenrhein sollen, der Zeit weit vorauseilend, die Pläne für ein fliegendes Schiff Gestalt annehmen.
Aber noch ist es nicht soweit. Die nächsten zwei Jahre bringen Erfolge anderer Art. Die Deutsche Lufthansa entsteht, und das erste Flugzeug, das unter ihrer Flagge zu einem planmäßigen Flug startet, ist ein "Merkur". Daneben fliegt der "Merkur" im Dienste der Deruluft, der Deutsch-Russischen Luftverkehrsgesellschaft. Er fliegt für japanische und südamerikanische Gesellschaften. Mittelholzer landet nach 20000 Flugkilometern mit der Schwimmerversion glücklich in Kapstadt.
Lizenzabkommen mit den spanischen Werken der Construcciones Aeronauticas S.A. in Madrid und Cadiz und mit der Aviolanda Maatschappij voor Vliegtuigbouw in Papendrecht bei Dordrecht zeigen die internationale Anerkennung der Dornier-Konstruktionen.
Inzwischen entwickelt sich der Luftverkehr mit Riesenschritten. "Komet" und "Merkur" werden für manche Strecken zu klein.

Flugschiff Do X

12. Juli 1929. Auf dem Wasser des Bodensees, vor der Werft Altenrhein, schwimmt ein Flugboot von bisher nicht gesehenen Ausmaßen – Do X.

Die Vorarbeiten zum Bau des riesigen Verkehrsflugbootes gehen auf das Jahr 1924 zurück. Zahllose Entwürfe sind entstanden, immer wieder überarbeitet aufgrund der Erfahrungen mit ausgeführten Flugbooten. 1926 nimmt das Projekt endgültige Gestalt an. Zwölf Motoren, in Tandem-Gondeln auf dem Flügel angeordnet, sollen dem Riesen die nötige Leistung bringen. Die Verwirklichung des Traumes vom "Flugschiff" war erst möglich nach langen Verhandlungen mit dem Reichsverkehrsministerium und nach der Gründung der neuen Werft Altenrhein. Noch 1926 bringt den Beginn der Konstruktionsarbeiten, und am 19. Dezember 1927 kann man mit dem Bau anfangen.
Um jeden Rückschlag und Mißerfolg zu vermeiden, hat Dr. Dornier beim Entwurf bewußt darauf verzichtet, letztmögliche Leistungssteigerungen herauszuholen. Bei der Durchbildung der Konstruktion und der Antriebsanlage wird deshalb auf bereits Bekanntes und Erprobtes zurückgegriffen.
Im Juli 1929 beginnen unter dem Dröhnen der zwölf Motoren die Rollversuche und die Do X hebt zum Stapelflug ab. Eine intensive Erprobung folgt. Bei jeder Witterung muß Do X im Wasser und in der Luft ihre Leistungsfähigkeit unter Beweis stellen. Am 21. Oktober 1929 besteht Do X eine neue große Prüfung. Mit 169 Personen an Bord unternimmt sie einen einstündigen Rundflug über dem Bodensee. Die Welt horcht auf. Anfang 1930 wird die Do X von den luftgekühlten Siemens-Jupiter-Motoren auf die leistungsstärkeren wassergekühlten Cutiss-Conqueror-Triebwerke umgebaut.
Aber weiter gehen die Versuche. Nach sechzehn Monaten hat jedes Teil der Do X in mehr als 140 Starts und Landungen seine Funktionstüchtigkeit nachgewiesen. Anfang 1930 wird die Do X von den luftgekühlten Siemens-Jupiter-Motoren auf die leistungsstärkeren wassergekühlten Curtiss-Conqueror-Triebwerke umgebaut.
Im Herbst 1930 werden die Vorbereitungen für einen Flug über vier Erdteile getroffen. Die Welt soll sich durch eigenen Augenschein von den Fähigkeiten der Do X überzeugen.
Am 5. November 1930 ist es soweit. 11 Uhr 30. Mit langer, weißer Heckwelle jagt Do X über das Wasser, hebt ab. In

Do X bei der Ankunft in New York

Do X Post Sonder-
stempel

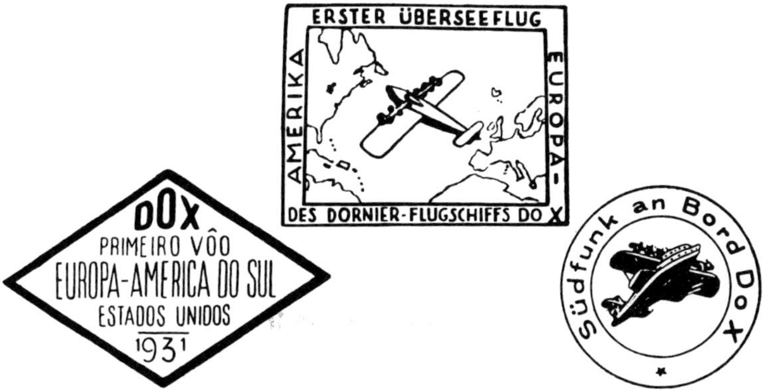

wenigen hundert Metern Höhe geht es den Rhein hinab. Das Dröhnen der Motoren übertönt das Heulen der grüßenden Schiffssirenen. 17 Uhr 05 – Do X hat die erste Etappe geschafft, ankert auf der Zuiderzee in der Nähe von Amsterdam. Hier geht Dr. Dornier mit seiner Frau an Bord. Auf den nächsten Etappen will er dabei sein. Über Calshot, Bordeaux, La Coruna geht es in den nächsten Tagen nach Lissabon. Am 31. Januar 1931 Start zu den Kanarischen Inseln – dann weiter an Afrikas Küste entlang. Der 20. Juni 1931 sieht Do X über dem Zuckerhut von Rio de Janeiro, der Südatlantik ist glücklich überquert. Von dort geht es weiter nach New York, das am 27. August erreicht wird. Dort bleibt Do X im Winterquartier, in den folgenden Monaten bestaunt von Tausenden. Im Mai 1932 beginnt der Rückflug und am 24. Mai um 17 Uhr 55 setzt Do X auf dem Müggelsee bei Berlin auf. Eine Reise über ca. 43 500 km mit zweimaliger Überquerung des Atlantik ist beendet. Eine Rundreise über Deutschland schließt sich an, und noch einmal haben Millionen Gelegenheit, die gigantische Schöpfung Dr. Dorniers, die ihrer Zeit weit voraus ist, zu bewundern. Während das erste Flugschiff für deutsche Rechnung gebaut wurde, werden zwei weitere an Italien geliefert. Die Lieferung weiterer Flugschiffe muß wegen der Weltwirtschaftskrise und ihrer Rückwirkung auf den Luftverkehr unterbleiben.

Do X in Venedig

5 000 000 km im Linienverkehr

Inzwischen haben andere Dornier-Flugzeuge, allen voran der Wal, weitere große Leistungen vollbracht. Immer wieder verbessert – durch stärkere Motoren ist auch eine Erhöhung des Abfluggewichts möglich geworden – zeigen sie sich rauhestem Einsatz gewachsen. Im Juni 1929 startet Major Ramon Franco auf einem Wal zu seiner zweiten Atlantiküberquerung. Wegen Brennstoffmangels muß er auf dem Ozean südwestlich der Azoren notlanden. Nach acht Sturmtagen endlich wird der Wal vom englischen Flugzeugträger "Eagle" gefunden. Man nimmt ihn an Bord, er ist völlig unbeschädigt. Ein glänzendes Zeugnis der Seetüchtigkeit des Flugbootes.
Wolfgang v. Gronau startet 1930 zu seinem ersten, 1931 zu seinem zweiten Flug über Grönland nach den USA. Beide Flüge sind erfolgreich. Dornier-Wale werden im New Yorker Hafen zu einem gewohnten Anblick. Neben diesen Pionierflügen steht die tägliche Bewährung im planmäßigen Verkehr. Im regelmäßigen Dienst haben die Wale – sie stehen im Einsatz bei zahlreichen Luftlinien – bis zum 31. Dezember 1930 fünf Millionen Flugkilometer zurückgelegt.
Die Weltwirtschaftskrise wirft ihre Schatten auch auf das Werk. Das Interesse am Flugzeugbau ist im Zeppelin-Konzern nicht mehr groß. 1932 kann Dr. Dornier die noch in der Hand der Luftschiffbau Zeppelin befindlichen Anteile der Dornier-Metallbauten GmbH erwerben. Damit ist der Weg frei geworden für neue Projekte. Als die Auftragslage sich bessert, kann an die Gründung von Zweigwerken gedacht werden. So entsteht die Norddeutsche Dornier-Werke GmbH, Wismar, ein Werk am offenen Meer. Neue Zweigwerke, so unter anderem in Lübeck, München-Neuaubing und Oberpfaffenhofen, kennzeichnen in den nächsten Jahren den weiteren Aufstieg des Unternehmens.

Postflüge über den Atlantik

Inzwischen ergibt sich reiche Betätigungsmöglichkeit auf den übrigen Gebieten des Flugwesens. Seit 1931 entstehen auf der Werft in Altenrhein das dreimotorige Lastenflugzeug Do Y, das für die Schweiz und Jugoslawien gebaut wird und die schnellen Kampf- und Aufklärungsflugzeuge Do 10, Do C2, Do C3 und Do 22, von denen das letztere Spitzenleistungen für Flugzeuge dieser Klasse erreicht.
In Deutschland entstehen 1930 das Großflugboot Do S, eine Weiterentwicklung des ''Superwal'' und 1932 das kleine Amphibium-Sportflugzeug ''Libelle''.
Im Sommer 1932 startet Wolfgang v. Gronau zur ersten Weltumkreisung mit einem Seeflugzeug. Natürlich auf Dornier Wal. Sylt, Island, Grönland sind die ersten Stationen. Hier kennt sein Wal sich aus, ist es doch derselbe, mit dem er 1931 das Inlandeis überflog. Weiter geht's über Montreal, Chicago, die menschenleeren Weiten Kanadas, die Spitzen der Rocky Mountains. Der Pazifik, Tokio, Schanghai, Manila. Weiter nach Westen, Burma, Indien, Arabien, das Mittelmeer. Und am 10. November liegt der ''Grönland-Wal'' vor Manzell. Nach 44000 km ohne Schaden an der Zelle.
Für den regelmäßigen Luftpostdienst über den Atlantik hat die Lufthansa Erkundungsflüge auf dem Südatlantik durchgeführt. Auch hat man den Passagierdampfern die letzte Post nachgebracht und auf hoher See übergeben, ein Meisterstück an Präzisionsarbeit der Wale. Jetzt aber beginnt ein neuer Abschnitt. In den Südatlantik soll eine schwimmende Tankstation gelegt werden; von ihr sollen die Wale durch Katapult gestartet werden. Am 29. Mai 1933 jagt das Katapult der ''Westfalen'' den Wal ''Monsun'' in die Luft; der erste Schleuderstart im Südatlantik ist gelungen.
Nun werden alle Vorbereitungen für den planmäßigen Dienst getroffen. Dornier-Wale übernehmen die schwerste Strecke, die Atlantiküberquerung. Am 3. Februar 1934 wird der regelmäßige

Postverkehr eröffnet. Nach einem Jahr haben die Dornier-Flugboote 47 Transozeanflüge durchgeführt. Es hat nie eine "Verspätung" gegeben. Der 25. August 1935 sieht die 100., der 12. Dezember 1936 die 200. planmäßige Überquerung des Südatlantik. Bis zum Ausbruch des Zweiten Weltkrieges sollen es 419 werden.

Schneller und weiter

Die Möglichkeit des planmäßigen Luftverkehrs ist erwiesen; schon rufen die Fluggesellschaften nach höherer Geschwindigkeit. Der Luftwiderstand muß vermindert werden durch feinste aerodynamische Durchbildung.
1934 fliegt als schnelles Postflugzeug ein Versuchsmuster vom Typ Do 17. Aber die Lufthansa kann sich zur Einführung nicht entschließen. So gerät die Do 17 vorerst in Vergessenheit. Erfolgreicher wird zunächst die Do 18. Im Aufbau unverkennbar noch der Wal-Familie zugehörig, hat dieses Flugboot durch aerodynamische Verfeinerung an Geschwindigkeit erheblich gewonnen. Es scheint wie geschaffen, die Erfahrungen im Südatlantikverkehr auf dem Nordatlantik anzuwenden. Der Erprobung im Jahre 1935 folgt der Versuch, die größte Lücke im Luftverkehrsnetz der Erde zu schließen. Das größte Verkehrsbedürfnis besteht zwischen Europa und den USA. Ist Do 18 ein Flugzeug, das auf dieser schwierigen Strecke bestehen kann? Plötzlich auftretende Stürme, weite Nebelfelder, niedrige Wolkendecken machen jeden Versuch einer Überquerung noch zu einem Wagnis. Am 10. September 1936 startet Do 18 "Zephyr" bei den Azoren und fliegt in 22 Stunden 12 Minuten nach New York. Insgesamt führen die beiden Do 18-Boote acht planmäßige Flüge zwischen den Azoren und New York durch. Sie erschließen den Nordatlantik für den Luftverkehr. Dann stoßen sie zu den Walen und befliegen die Südatlantikroute.

*Hochsee-
Erprobung Do 24*

Der 3. Juli 1937 sieht den Erstflug eines neuen Flugbootes, Do 24. Die Aviolanda in Papendrecht hat als Lizenznehmer Dorniers in den vergangenen Jahren ganze Geschwader von Walen für die niederländische Regierung gebaut. Der Erfolg dieser Boote in Indonesien hat Vertrauen gebracht, und so erhält Dr. Dornier den Auftrag, ein Flugboot speziell für die Verwendung in tropischen Meeren zu entwickeln. Auch Do 24 wird wieder ein voller Erfolg. Im September 1937 legt sie unter schwierigsten Bedingungen in der Nordsee ihre Seeprüfung ab, und wenige Monate später beginnt bei Aviolanda der Serienbau.
Schon steht die viermotorige Do 26 in Entwicklung. Im Auftrage der Lufthansa entsteht ein Flugboot, das speziell auf die Bedingungen des Direktfluges Lissabon – New York abgestellt ist. Beste aerodynamische Auslegung zeichnet das Flugboot aus. Die seitlichen Stützschwimmer können vollständig in den Flügel eingefahren werden.
Vor dem Erstflug der Do 26 liegt noch eine Meisterleistung der Do 18. Sie fliegt im März 1938 ohne Zwischenlandung von England nach Brasilien und stellt damit einen neuen Rekord auf. Der Sommer 1938 sieht die Erprobung der Do 26. Im Februar 1939 legt sie dann in 36 Flugstunden die Strecke Travemünde – Rio de Janeiro zurück, mit Medikamenten für die Opfer der Erdbebenkatastrophe in Chile an Bord. Noch im Juni 1939 beginnt versuchsweise der planmäßige Einsatz. Dann macht der Zweite Weltkrieg dem Transatlantik-Verkehr vorerst ein Ende.

*Do 18 im Einsatz
auf der
Südatlantik-Route*

Do 17 M

Baureihe Do 17, Do 217, Do 317

Inzwischen sind die Do 17-Postflugzeuge aus ihrem Dornröschenschlaf erwacht. Ein Kampfflugzeug ist aus ihnen geworden. Der ganze Fortschritt, den diese Do 17 bringt, wird deutlich, wenn man sie ihrem Vorläufer, der Do 23, gegenüberstellt. War Do 23 ein konventionelles Flugzeug jener Jahre, so trägt in der Do 17 die konsequente Anwendung der neueren Erkenntnisse aus Aerodynamik und Versuchstechnik ihre Früchte. Mit einem Schlage ist eine Erhöhung der Geschwindigkeit auf fast das Doppelte Wirklichkeit geworden. Wie auf der anderen Seite bei den Flugbooten, steht auch hier die Zeit ganz im Zeichen einer sprunghaften Steigerung der Flugleistungen.
26. Juli 1937. IV. Internationales Flugmeeting in Zürich. Die modernsten Flugzeuge aus aller Welt geben sich ein Stelldichein. Ein internationales Publikum erwartet die Ergebnisse des Alpenrundfluges. Da, eine von niemandem erwartete Überraschung ist eingetreten. Sieger wird nicht ein Jagdflugzeug, wie jeder Fachmann angenommen hat, sondern die Do 17, der ''fliegende Bleistift''. Sie ist fast fünf Minuten eher am Ziel als der beste teilnehmende Jäger. Eine aerodynamisch ideal geformte Zelle, kombiniert mit leistungsstarken Triebwerken, hat das unmöglich scheinende möglich gemacht. Bald beginnt der Serienbau. Immer größere Stückzahlen verlassen das 1937 in Dornier-Werke GmbH umbenannte Unternehmen. Dann bricht der Zweite Weltkrieg aus. Fast die gesamte Kapazität muß in den Dienst des Krieges gestellt werden. Die berühmten Atlantik-Flugboote werden auf Aufklärungs-, Transport- und Seenotrettungsaufgaben umkonstruiert bzw. umgebaut. Immer neue Versionen der Do 17 entstehen, später als Do 215 und Do 217 bezeichnet. Mehrere tausend dieser Maschinen werden abgeliefert, als Aufklärer, Kampfflugzeuge und Nachtjäger.
Daneben laufen die Arbeiten an der Do 214. 1938 hatte Dr. Dornier die Lufthansa und das Luftfahrtministerium für die Entwicklung eines großen, schnellen Flugschiffes für den Passagierdienst über den Nordatlantik interessieren können.
Im Sommer 1939 wurde der Vorbescheid für die Entwicklung erteilt. Ein gigantisches Flugschiff mit einem Abfluggewicht von

Do 335

fast 150 t soll entstehen. Nach Kriegsbeginn werden die Arbeiten vorübergehend eingestellt, dann wieder unter Dringlichkeit weitergeführt und schließlich 1943, auf Anordnung des RLM endgültig aufgegeben. Das Flugboot, mit dem höhere Flugsicherheit, größerer Komfort und niedrigere Transportkosten erreicht werden sollten, das größte Nutzlasten über die offenen Meere hinweg befördern sollte, muß verschrottet werden.

In dieser Zeit erfolgt Dr. Dorniers Ernennung zum Professor.
Am 26. Oktober 1943 fliegt zum ersten Male die Do 335, ein Kampfflugzeug von ganz neuartiger Linienführung. Angetrieben wird es durch zwei Motoren, von denen der eine eine Zugschraube im Bug, der andere eine Druckschraube im Heck antreibt. Die jahrzehntelang bewährte Tandemanordnung ist in diesem Flugzeug zur letzten Konsequenz entwickelt worden.
In einer Höhe von 7,1 km erreicht die Do 335 eine Geschwindigkeit von 732 km/h. Damit ist sie eines der schnellsten, durch Kolbenmotoren angetriebenen Flugzeuge des zweiten Weltkrieges.
Die Vielseitigkeit der Unternehmenstätigkeit zeigt auch die erfolgreiche Entwicklung moderner leichter Schnellboote.

Seitenansicht und Schnitt Do 335

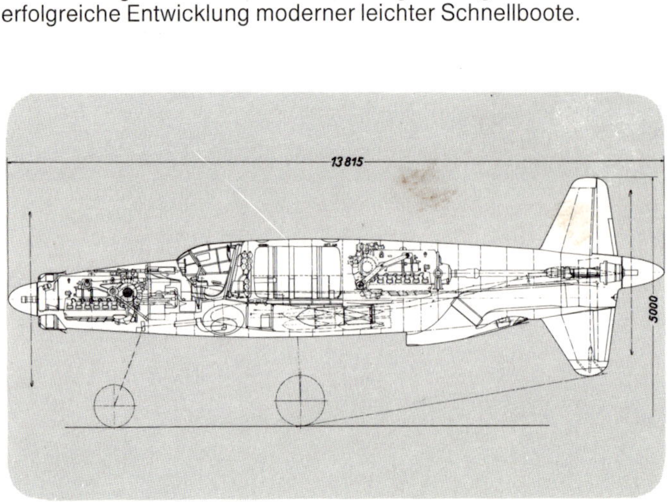

Wiederbeginn in Spanien

1945. Nahezu alle Anlagen der Dornier-Werke sind durch Bomben zerstört. Die Reste werden demontiert, die Fabrikeinrichtungen und Maschinen abtransportiert. Die in Mitteldeutschland gelegenen Zweigwerke sind verloren. Die Betriebe in den Westzonen stehen unter Zwangsverwaltung. Das Stammwerk wird vom Sequester verkauft. Der Flugzeugbau ist in Deutschland verboten.
In einer fast aussichtslosen Situation beginnt Prof. Dr. Dornier erneut den Wiederaufbau fast aus dem Nichts heraus. Dabei kann er auf die Mitwirkung seiner Söhne und langjähriger Mitarbeiter, die ihm auch in schwerster Zeit die Treue halten, rechnen. Es war ein schwieriger Anfang, mit bitteren Stunden und vielen Demütigungen.
In Deutschland gelingt es, die Werke Lindau-Rickenbach und Pfronten wieder freizubekommen. Aber noch ist nicht abzusehen, ob und wann das Verbot des Flugzeugbaus aufgehoben wird. Da entschließt sich Prof. Dr. Dornier, Entwicklungen auf einem ganz neuen Gebiet zu beginnen. 1950 gründet er zum Bau von Textilmaschinen die Lindauer Dornier Gesellschaft mbH. Die Leitung überträgt er seinem Sohn Peter. Die Einarbeitung auf dem neuen Gebiet gelingt. Aus kleinsten Anfängen heraus bauen die früheren Flugzeugkonstrukteure ein Werk auf und in der Folge entstehen hier neue Webautomaten und Maschinen für die Ausrüstungsindustrie.
Für den Flugzeugbau bleibt vorerst wieder, wie nach dem Ersten Weltkrieg, nur im Ausland eine Betätigungsmöglichkeit. Parallel zum Aufbau der Lindauer Dornier Gesellschaft wird in Spanien, in Madrid, ein technisches Büro, die "Oficinas Técnicas Dornier", eröffnet. Hier beginnt eine kleine Gruppe von erfahrenen Mitarbeitern unter Leitung des ältesten Sohnes von Prof. Dr. Dornier im Februar 1951 wieder mit der Entwicklung von Flugzeugen. Schon bald ergibt sich die erste Möglichkeit zur Bewährung. Das spanische Luftfahrtministerium gibt eine Ausschreibung für ein Verbindungsflugzeug mit Kurzstarteigenschaften heraus. Es entsteht das Projekt Do 25. Der Auftrag auf Fertigentwicklung und Bau von Prototypen folgt. Mit Begeisterung

Die Do 27, das von Dornier bei der CASA in Spanien entwickelte STOL-Flugzeug wurde nach dem Zweiten Weltkrieg als erstes Serienflugzeug in Deutschland gebaut

geht es an die Arbeit. Nach einem halben Jahr sind Berechnung und Konstruktion beendet; der Bau erfolgt bei der befreundeten CASA, und am 25. Juni 1954 erfolgt der erste Flug.

Kurzstartflugzeuge sind Trumpf

Schon 1920 hatte Professor Dornier die ersten Patente auf schwenkbare Luftschraubenanordnung und Steilschrauber erhalten. Mit der Weitsicht des Luftfahrtpioniers hatte er die technischen Probleme angepackt, die später zur Lösung der Kurzstarttechnik führten. Der Erstflug der Do 25 im Juni 1954 in Spanien und der noch leistungsfähigeren Do 27 im Oktober 1956 ist der Startschuß für eine ganze Familie von Kurzstart-Arbeitsflugzeugen. Die Do 27 wird zu einem der klassischen Kurzstartflugzeuge, die unter dem Begriff STOL (Short take-off and landing) in der Weltluftfahrt zu einem Begriff werden.
Als 1955 nach zehn Jahren Unterbrechung das Verbot des Flugzeugbaues in der Bundesrepublik Deutschland aufgehoben wird, ermöglicht ein Auftrag der jungen deutschen Bundeswehr die Serienproduktion der Do 27, und damit ist das erste Flugzeug, das nach dem zweiten Weltkrieg in Deutschland in Serie gebaut wird, eine Dornier-Konstruktion. 1958 läuft in Spanien der Lizenzbau von 50 Do 27 bei der CASA an. Aus vielen Ländern treffen nun wieder Exportaufträge bei Dornier ein, teils für die militärische, teils für die zivile Ausführung der Do 27. Auf internationalen Luftfahrtausstellungen und bei Vorführtouren in allen Erdteilen ist die Do 27 mit ihren verblüffenden Kurzstart- und

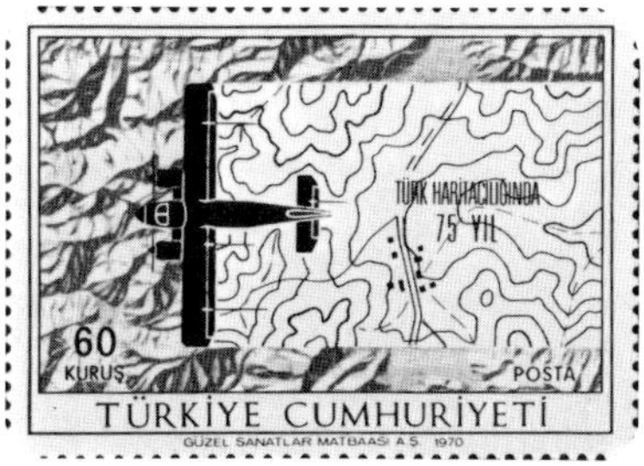

Dornier-Skyservant – ein vielseitiges Mehrzweckflugzeug für den militärischen und zivilen Einsatz

Skyservant Do 28 D 2 Marine

Langsamflugeigenschaften ein eindrucksvoller Repräsentant des deutschen Nachkriegsflugzeugbaus. Im Laufe von einem Jahrzehnt werden weit über 600 Do 27 produziert und in alle Welt verkauft. Aufgrund von Kundenwünschen entsteht die Do 28, eine zweimotorige Ausführung der Do 27. Der Erstflug findet im April 1959 statt, und wenige Jahre später ist eine Serie von 120 Maschinen dieses Typs im Einsatz. So ist auch das erste, nach dem Krieg in die USA exportierte deutsche Flugzeug eine Do 28.
Die Entwicklung geht weiter. Um die technischen Möglichkeiten des Kurzstarts bis an die Schwelle des Senkrechtstarts auszuloten, entsteht 1958 die Do 29, ein Versuchsflugzeug mit zwei schwenkbaren Propellern, die direkt zum Auftrieb beitragen und Start- und Landestrecken von nur wenigen Metern ermöglichen. Die wertvollen Flugversuchsergebnisse der Do 29 im Vorfeld des reinen Senkrechtstarts geben wichtige Hinweise für dieses weit in die Zukunft reichende Gebiet der Luftfahrttechnik.
Der Weltmarkt der Kurzstart-Arbeitsflugzeuge, an dem Dornier in wenigen Jahren einen erheblichen Anteil gewinnen konnte, verlangt nach größeren, leistungsfähigeren Typen. So entwickelt Dornier, aufbauend auf den Erfahrungen mit der Do 27 und Do 28 die Skyservant, einen zweimotorigen STOL-Transporter für maximal 15 Personen. Im Februar 1966 fliegt die neue Maschine zum ersten Mal, und ab 1967 läuft die Serienproduktion an. Die Bestellungen kommen wieder fast ausschließlich aus dem Ausland und oft von Kunden, die schon mit den kleineren Vorgängertypen hervorragende Einsatzerfahrungen gemacht haben, wie z. B. die Türkei, Kanada und viele Länder Afrikas.
Nach Ablauf dieser zivilen Verkäufe meldet auch die Bundeswehr ihren Bedarf an und bestellt insgesamt 125 Maschinen, die bis 1974 für Luftwaffe und Marine produziert werden. Mit sechs FAI-Weltrekorden wird 1972 die Leistungsfähigkeit der Skyservant bestätigt.
Rund 200 Maschinen stehen in über 25 Ländern aller Klimazonen im Einsatz für Passagier- und Frachtflüge, Photogrammetrie, Erderkundung, Ambulanz, Pipeline-Überwachung, Pilotentraining und nicht zuletzt für Forschungsaufgaben verschiedenster Art.

Die Dornier Skyservant ist heute eines der vielseitigsten Kurzstart-Arbeitsflugzeuge und wird mit marktgerechten Verbesserungen noch viele Jahre konkurrenzfähig sein. Für die Typenfamilie Do 27, Do 28 und Skyservant kann Dornier rund 1000 Aufträge verbuchen und hat damit schon zwei Jahrzehnte lang die größten Exporterfolge der deutschen Luftfahrtindustrie. Wenn Dornier-STOL-Flugzeuge heute in aller Welt zu einem Wertbegriff geworden sind, so ist das auf die konsequente Entwicklung einer den Markterfordernissen entsprechenden Typenreihe, hohe Produktqualität und zuverlässige Kundenbetreuung zurückzuführen. Diese Verkaufserfolge sind um so höher einzuschätzen, als eine international vergleichbare Exportforderung nicht existiert.

Zauberwort VSTOL

Ein grauverhangener Wintermorgen 1967 auf dem Dornier-Werksflugplatz Oberpfaffenhofen. Am Start zum Erstflug steht die Do 31, der erste VSTOL-Strahltransporter der Welt. VSTOL (vertical/short take off and landing), die Abkürzung für Senkrechtstarter, gewinnt in den sechziger Jahren große Bedeutung, da gerade in der Bundesrepublik Deutschland ein anspruchsvolles Entwicklungs- und Versuchsprogramm für strahlgetriebene VSTOL-Kampf- und Transportflugzeuge gestartet worden ist. Die Durchführbarkeit für einen VSTOL-Strahltransporter in der Größe der Do 31 mit rund 25 t Fluggewicht wird Anfang der sechziger Jahre allerdings von der Fachwelt noch skeptisch beurteilt. Steuerbarkeit und Rezirkulationsprobleme im strahlgetragenen Flug und die schwierige Transitionsphase zum aerodynamischen Flug scheinen zu große Hürden zu sein. Doch Dornier-Ingenieure bemühen sich in einem mehrjährigen Entwicklungs- und Ver-

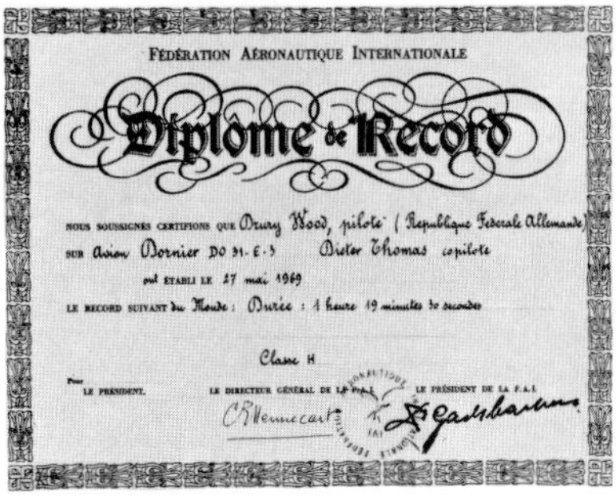
FÉDÉRATION AÉRONAUTIQUE INTERNATIONALE

Diplôme de Record

NOUS SOUSSIGNÉS CERTIFIONS QUE Drury Wood, pilote (République Fédérale Allemande)
SUR Avion Dornier DO 31-E-3 Dieter Thomas copilote
ont ÉTABLI LE 27 mai 1969
LE RECORD SUIVANT du Monde: Durée: 1 heure 19 minutes 30 secondes

Classe H

Pour LE PRÉSIDENT. LE DIRECTEUR GÉNÉRAL DE LA F.A.I. LE PRÉSIDENT DE LA F.A.I.

suchsprogramm mit Simulationen, Prüfständen und freifliegenden Schwebegestellen frühzeitig um eine Vorklärung der Probleme und planen ein detailliertes, vorsichtiges Stufenprogramm in der Flugerprobung. So können alle Flugphasen schrittweise einzeln untersucht und beherrscht werden. Nun sollte die erste volle VSTOL-"Platzrunde" geflogen werden. Die beiden Hub/Schub-Triebwerke und die acht Hubtriebwerke laufen, die Schwenkdüsen in den Hub/Schub-Triebwerken werden nach unten gerichtet, und nun gibt der Pilot Startschub für alle Triebwerke. Die Do 31 hebt nach wenigen Metern Rollstrecke ab, ist in 25 Sekunden schon so schnell, daß die Hubtriebwerke gestoppt werden können und fliegt mit der hohen Reisegeschwindigkeit eines Strahltransporters eine ausgedehnte Platzrunde. Wenige Kilometer vor dem Flugplatz werden im Landeanflug die Hubtriebwerke wieder gezündet, die Do 31 bremst ab und setzt sich genau in den vorgesehenen Landekreis. Ein Meilenstein der Luftfahrttechnik ist erreicht! Es ist der Erfolg jahrelanger intensiver Arbeit von Ingenieuren, Arbeitern und Piloten – die einwandfreie Funktionsfähigkeit eines senkrechtstartenden und -landenden Strahltransporters ist bewiesen.
Fünf Weltrekorde für Senkrechtstarter erfliegt die Maschine 1969 während eines Überführungsfluges zum Aerosalon Paris, wo sie

Do 31 großes Schwebegestell

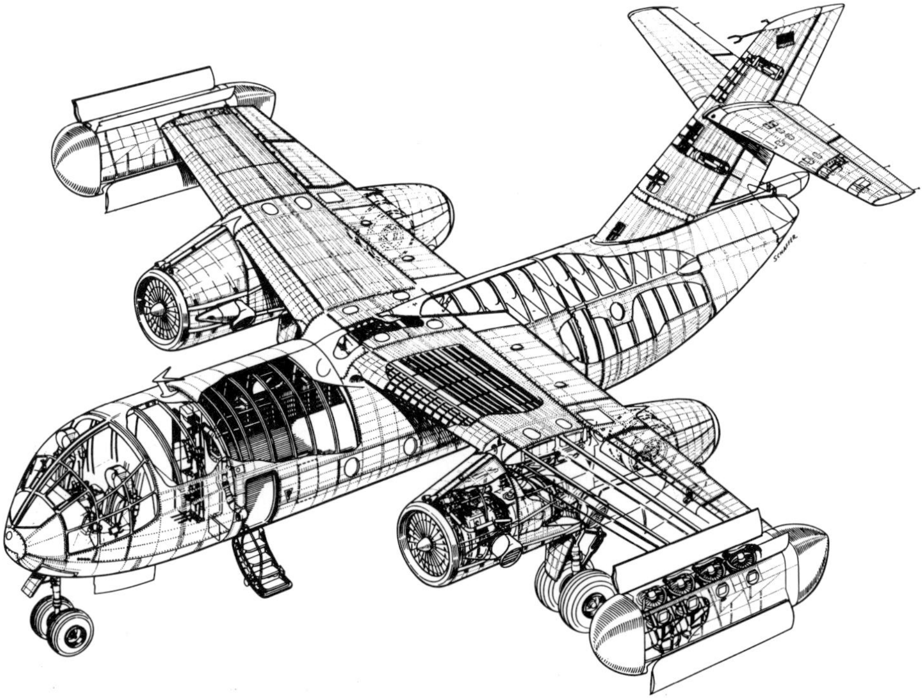

Erster und einziger senkrechtstartender Strahltransporter der Welt, ist die von Dornier entwickelte Do 31

mit sensationellen Demonstrationen großes Aufsehen in der internationalen Fachwelt erregt. Die amerikanische Luft- und Raumfahrtbehörde NASA führt mit der Do 31 ein mehrmonatiges Versuchsprogramm durch, um die Eignung des von Dornier entwickelten VSTOL-Konzepts für eventuelle zivile Verwendung zu prüfen. Das Urteil fällt überzeugend positiv aus: Das NASA-Expertenteam stellt fest, daß das Strahlkonzept der Do 31 hervorragende Voraussetzungen für den Einsatz künftiger VSTOL-Verkehrsflugzeuge bietet. Aber – die Do 31 ist ihrer Zeit zu weit voraus. Die militärischen Auftraggeber haben zunächst das Interesse an VSTOL-Flugzeugen wieder zurückgestellt.
Eines aber bleibt: Dornier hat sich mit dieser bahnbrechenden Entwicklung als eine der führenden Firmen der Senkrechtstarttechnik qualifiziert.

Logistik

Eine der wichtigsten Dienstleistungen unserer Zeit ist die Logistik. Sowohl im militärischen wie auch im zivilen Bereich macht die Logistik die immer komplexer werdenden Systeme beherrschbar. Sie garantiert die optimale Nutzung, minimiert das Risiko und erhöht die Wirtschaftlichkeit. Im Rahmen des Dornier-Konzerns wurden alle entsprechenden Aktivitäten im Bereich Logistik zusammengefaßt, so daß die Problemstellungen aller Kunden des Unternehmens optimal gelöst werden können.
Die Logistik stellt sicher, daß für Leistungen und Projekte alle benötigten Fachkräfte, Versorgungsgüter, technischen Hilfsmittel und Informationen am richtigen Ort, zur richtigen Zeit und in ausreichender Menge zur Verfügung stehen. Diese Aufgabenstellung bedeutet eine Herausforderung an Spezialisten, die in Systemen denken. Von Anfang an sind sie bei deren Definition und Planung dabei. Praxisgerechtes Know-how fließt bereits in die Entwicklung und Konstruktion mit ein. Materialbeschaffungskonzepte für Geräte, Systeme und Anlagen

werden erstellt, dazu technische Dokumentationen nach nationalen und internationalen Richtlinien und Verfahren. Dornier erarbeitet spezielle Ausbildungskonzepte, nach denen in partnerschaftlicher Zusammenarbeit mit dem Anwender mit modernsten Kommunikationshilfen Schulungslehrgänge durchgeführt werden. Denn auch das beste Gerät ist nur so gut wie die Menschen, die damit umgehen.
Aus aller Welt kommen sie zu Dornier nach München und werden in Theorie und Praxis auf die Nutzung von komplexen, anspruchsvollen Systemen vorbereitet.
Für eine Vielzahl von Waffensystemen in- und ausländischer Streitkräfte hat Dornier bereits logistische Konzepte erstellt. Aber auch zivile Auftraggeber aus dem öffentlichen und privatwirtschaftlichen Bereich bedienen sich des hochspezialisierten Know-how der Dornier-Logistik. Sie ist die Voraussetzung für den effizienten Einsatz von modernen Systemen während ihrer gesamten Nutzungsdauer.

Technische Redakteure der Logistik bei der Arbeit

oben: Dornier Skyservant
unten: DORNIER 228

Zivile Flugzeugproduktion

Langjährige Erfahrungen im weltweiten Verkauf von mehr als 1000 Mehrzweck-Arbeitsflugzeugen waren die Basis für die Entwicklung einer konsequent an den Markterfordernissen ausgerichteten, erweiterten Palette von Utility-Commuter-Flugzeugen der Baureihen DORNIER 128 und 228.
Auf der Grundlage der bewährten Do 28 D2 »Skyservant« mit Lycoming-Triebwerken von je 380 PS – jetzt unter der Bezeichnung DORNIER 128-2 – entstand die weiterentwickelte Version DORNIER 128-6. Damit wurde man der weltweiten Nachfrage nach wirtschaftlichen Tubroprop-Flugzeugen dieser Klasse gerecht. Die mit Pratt & Whitney-PT6-Propellerturbinen mit je 400 PS ausgerüstete Maschine bietet u. a. eine größere Leistung und ist wesentlich leiser als die bisherigen Kolbentriebwerke. Bessere Ausrüstung, größere Nutzlastkapazität, vierfach längere Lebensdauer, dreifach höhere Betriebsstundenzahl zwischen den Überholungen und wesentlich bessere Steigleistung unter »hot and high«-Bedingungen machen die DORNIER 128-6 noch wettbewerbsfähiger.
Schwerpunkt der zivilen Flugzeug-Baureihe ist die DORNIER 228. Mit einem völlig neuen aerodynamischen Konzept, dem von Dornier entwickelten »Tragflügel Neuer Technologie« (TNT), gehören diese Maschinen zu den leistungsfähigsten und wirtschaftlichsten Flugzeugen ihrer Klasse. Der Treibstoffverbrauch liegt um 20–30 % niedriger als bei vergleichbaren Typen in konventioneller Auslegung. Erreicht wurde diese der weltweiten Problematik des Utility- und Commuterbetriebes entsprechende Innovation durch eine Profilform und Flügelgeometrie, die bei geringen Widerstandswerten sehr hohen Auftrieb liefert. Die Tragflächen werden in modernster Integralbauweise auf numerisch gesteuerten Fräsautomaten hergestellt – eine Voraussetzung nicht nur für sehr glatte Oberflächen, sondern auch für rationelle Fertigungsabläufe. Als lärmarmer, wirtschaftlicher Antrieb dienen zwei 715 PS leistende Propellerturbinen von Garrett AiResearch. Das Fahrwerk ist im Gegensatz zur DORNIER 128 einziehbar. Die DORNIER 228-100 wird mit 15, die verlängerte DORNIER 228-200 mit 19 Sitzen

A.S NORVING

DORNIER 128-6
Turboprop

angeboten. Die Kabinengestaltung bietet hohen Passagierkomfort, und die Maschinen sind schnell und einfach umrüstbar für eine Vielzahl von Verwendungszwecken. Die DORNIER 128 und 228 sind für Personen-, Geschäftsreise-, Zubringerflüge und Frachttransport ebenso geeignet, wie für Such- und Rettungseinsätze, aber auch für die Seeraumüberwachung und für vielfältige militärische Aufgaben.
Alle Dornier Utility-Commuter-Flugzeuge zeichnen sich durch solide und robuste Bauweise aus. Niedrige Betriebskosten, leichte Wartbarkeit und vielseitige Einsatzmöglichkeiten führen zu optimaler Wirtschaftlichkeit, ein entscheidender Wettbewerbsvorteil im Zeichen ständig steigender Kosten in der internationalen Luftfahrt. Die ersten Verkaufserfolge der neukonzipierten Familie von Dornier-Zivilflugzeugen bewiesen, daß die harten Anforderungen dieses schwierigen Teilmarktes der Allgemeinen Luftfahrt voll erfüllt werden konnten. In enger Zusammenarbeit zwischen Entwicklungs- und Vertriebsabteilung entstanden moderne Produkte, die sich im scharfen internationalen Wettbewerb erfolgreich durchsetzen können. Dornier beobachtet die künftigen Trends dieses vielversprechenden Marktes weiterhin mit größter Aufmerksamkeit und bereitet sich mit Studien- und Projektarbeiten darauf vor, wie bisher zur richtigen Zeit mit konkurrenzfähigen Maschinen den traditionellen Kundenkreis nicht nur zu erhalten, sondern noch weiter auszubauen.
Abgerundet werden die Aktivitäten im zivilen Flugzeugbau durch die Beteiligung an der Produktion des Airbus A310. Dornier baut im Auftrag der Deutschen Airbus GmbH einige technisch anspruchsvolle Rumpf- und Flügelkomponenten dieses modernen europäischen Großraumflugzeugs der 80er Jahre. Seit mehr als 60 Jahren erwarb sich Dornier als eines der traditionsreichsten Luftfahrtunternehmen in aller Welt Anerkennung und Vertrauen. Überschaubare Programme mit kalkulierbarem unternehmerischem Risiko werden auch künftig den zivilen Flugzeugbau bei Dornier kennzeichnen.

Militärflugzeuge

Militärische Entwicklungs- und Beschaffungsprogramme gehören zu den Schwerpunkten des Dornier-Flugzeugbaus. Seit dem Aufbau der Bundeswehr wurden 316 Erdkampfflugzeuge vom Typ Fiat G91 und 352 leichte Transporthubschrauber Bell UH1D in Lizenz hergestellt. In internationaler Zusammenarbeit entsteht die Breguet 1150 Atlantic unter Mitarbeit von Dornier.
An weiteren Fertigungsprogrammen wie F-104 Starfighter, F-4 Phantom und Sikorski CH-53 – insgesamt 796 Fluggeräte – war Dornier mit maßgeblichen Baugruppen beteiligt.
In deutsch-französischer Partnerschaft wurde gemeinsam mit Dassault Breguet das fortschrittliche Schulungs- und Kampfflugzeug Alpha Jet entwickelt und gebaut. Die zügige, termingerechte und kosteneffektive Durchführung und die Erfüllung aller gestellten Forderungen waren herausragende Merkmale dieses Programms. Als Schulungs- und Kampfflugzeug mit exzellenten Flugeigenschaften und hoher Einsatzflexibilität, d. h. Eignung für Einsätze gegen Boden- und Luftziele (Hubschrauber), mit langer Lebensdauer und großer Wirtschaftlichkeit ist der Alpha Jet ein Flugzeug, für dessen Beschaffung sich neben Frankreich und Deutschland auch andere Länder entschieden haben. Außer guten Aussichten für weitere Exportaufträge bietet die Auslegung des Alpha Jet ein beachtliches Entwicklungspotential.
Für das taktische Kampfflugzeug der 90er Jahre führt Dornier im Auftrag des BMVg's auch Studien und Projektuntersuchungen durch. Im Vordergrund stand dabei eine Auslegungsphilosophie, die das Schwergewicht auf kostengünstige Alternativen für künftige Waffensysteme legte. In einem umfassenden Modernisierungsprogramm wurden der U-Jagd- und Seeaufklärer Breguet 1150 Atlantic, an deren Entwicklung und Bau Dornier beteiligt war, in ihrem Kampfwert erheblich gesteigert.
Mit einer Reihe anspruchsvoller militärischer Flugzeugprogramme erwies sich Dornier als zuverlässiger und leistungsfähiger Partner für die Luftwaffe, die Heeres- und Marineflieger. Das Beherrschen modernster Spitzentechnologie, verbunden mit konsequentem Kostendenken bietet die Gewähr, daß künftig auch höchste Anforderungen des militärischen Auftraggebers erfüllt werden können.

oben: Alpha Jet beim Jabo G 49
unten: Alpha Jet Formationsflug

Luftfahrttechnologien

Anwendungsorientierte Technologieprogramme dienen der Vorbereitung künftiger ziviler und militärischer Flugzeugprojekte. Dornier hat sowohl mit Förderung der öffentlichen Hand als auch mit erheblichen Eigenmitteln auf breiter Basis begonnen, in luftfahrttechnisches Neuland vorzustoßen.
Seit Herbst 1980 stand ein Alpha Jet mit einem »Transonischen Flügel« (TST) und Manöverklappen in Flugerprobung. Ziel dieses Experimentalprogramms ist der Nachweis, daß mit diesem neuartigen aerodynamischen Konzept die Leistung und Manövrierfähigkeit eines Unterschall-Kampfflugzeugs erheblich gesteigert werden kann. Die bisherige Erprobung bestätigte die in Theorie und Windkanalversuchen gewonnenen Erkenntnisse – der TST erlaubt höhere Machzahlen ohne starke Verdichtungsstöße und Strömungsablösungen sowie wesentlich kleinere Kurvenradien bei großer Geschwindigkeit.
Früher nicht realisierbare Flugbahnänderungen verspricht ein von Dornier entwickeltes System der direkten Seitenkraft- und Widerstandssteuerung (DSFC), das ebenfalls an einem Alpha Jet untersucht wird. Die Qualitäten eines Kampfflugzeugs als Waffenplattform können dadurch deutlich verbessert werden.
Für künftige Hochleistungs-Kampfflugzeuge im Überschallbereich erarbeitet Dornier in aerodynamischen Studien und Windkanalversuchen neue Flügelauslegungen. Gleichzeitig werden integrierte elektronische Flugführungssysteme untersucht und erprobt.
Große Bedeutung wird der Entwicklung und Einführung neuer Werkstoffe beigemessen. Die Bremsklappen des Alpha Jet sind die ersten Carbonfaser-Bauteile (CFK), die in der europäischen Luftfahrtindustrie in den Großserienbau übernommen wurden. Auch Seiten- und Höhenruder in CFK-Bauweise wurden bereits erprobt und stehen vor der Einführung in die Produktion. Ein weiterer wesentlicher Schritt zur Anwendung dieser Technologie bei lebenswichtigen, tragenden Strukturen stellt die Erprobung eines kompletten Tragflügels des Alpha Jet in CFK-Bauweise dar. Bei künftigen Kampfflugzeugprojekten werden diese neuartigen Verbundwerkstoffe eine entscheidende Rolle spielen, sie erlauben eine erhebliche Reduzierung des Gewichts, bessere

Gestaltungsmöglichkeiten und vereinfachte Produktionsmethoden.
Im zivilen Bereich steht im Vordergrund der Aktivitäten die Entwicklung und Erprobung relevanter Schlüsseltechnologien für Flugzeuge der Allgemeinen Luftfahrt, insbesondere in der Kategorie der Utility- und Commuterflugzeuge. Das zukunftsweisende Konzept des »Tragflügels Neuer Technologie« (TNT) wurde seit 1979 im TNT-Experimentalflugzeug erprobt. Neben der leistungssteigernden und energiesparenden aerodynamischen Auslegung zeichnet sich dieser für den mittleren Geschwindigkeitsbereich optimierte Flügel durch in dieser Klasse absolut neue Herstellungsmethoden aus – sowohl die Quer- als auch die Längsverrippung der Flügelkästen werden integral gefräst, so daß nur noch ein Minimum an Nietarbeit nötig ist. Diese neue Technologie wurde mit der Utility-Commuter-Baureihe DORNIER 228 bereits erfolgreich in den Serienbau

Im April 1983 startete das Experimental Amphibium Do 24 TT zum Erstflug

*Experimental-
flugzeug TNT*

übernommen. Eine beachtliche Zahl von Sekundärbauteilen wie Randbogen, Flügelendkästen und Fahrwerksverkleidungen sind in gewichtssparender Verbundbauweise ausgelegt.
Der TNT-Versuchsträger dient weiterhin zur Erprobung neuer Technologien der zivilen Luftfahrt. So wurden neuentwickelte, fortschrittliche Luftschrauben untersucht, die eine weitere Leistungssteigerung bei gleichzeitiger Reduzierung des Lärmpegels erlauben. Ein Böenabminderungssystem wird den Passagierkomfort in den für Commuter-Flugzeuge typischen relativ geringen Flughöhen wesentlich verbessern. Zur Vereinfachung der Navigation und des Blindflugs werden neue, integrierte Avioniksysteme entwickelt.
Die weltweit wachsende Bedeutung der Ozeane führte zu einem Programm zur experimentellen Erprobung neuer Technologien für hochseefähige Amphibien-Flugboote. Dornier baut auf der Basis der berühmten Do 24 den Versuchsträger Do 24TT (Technologie-Träger). Mit einem aerodynamisch und strukturell neu konzipierten Flügel auf der Grundlage des erfolgreichen TNT-Prinzips und drei wirtschaftlichen, lärmarmen Propellerturbinen sollen die gesteigerte Hochseefähigkeit, verbesserte STOL-Eigenschaften und die erweiterten Einsatzmöglichkeiten eines modernen Amphibiums eingehend erprobt werden.
Dornier erschließt mit modernsten Technologien in der militärischen und zivilen Luftfahrt neue Wege für die Entwicklung leistungsfähiger, wirtschaftlicher und umweltfreundlicher Flugzeuge für die harten Anforderungen des Marktes von morgen.

Wehrtechnik

Wehrtechnische Projekte erfordern sowohl breites technologisches Wissen wie auch genaue Kenntnis des Projekt-Scenarios. Als erfahrene Systemfirma erfüllt Dornier diese Forderungen in hohem Maße. Eine Vielzahl anspruchsvoller Programme beweist dies.
Einen Programmschwerpunkt bilden die Aufklärungssysteme, z. B. das System ARGUS. Es besteht aus einer unbemannten Rotorplattform mit mobiler Bodenstation und einem Radarsensor, der es gestattet, das Gefechtsfeld aus großer Höhe und bei nahezu allen Wetterbedingungen zu beobachten.

CL 289

Luftzieldarstellungs-gerät DATS

Zusammen mit Canadair realisiert Dornier das Drohnen-Aufklärungssystem CL 289, eine Weiterentwicklung der bereits eingeführten und von Dornier betreuten Drohne CL 89. Mini-Drohnen eröffnen zudem neue Möglichkeiten sowohl der Aufklärung, als auch der Zielortung, Feuerleitung und Punktzielbekämpfung.
Ein von Dornier konzipierter Aufklärungsbehälter ergänzt die Aufklärung durch den Einsatz von Flugzeugen. Im Rahmen eines internationalen Gemeinschaftsprogrammes ist Dornier verantwortlich für den Einbau und die Prüfung der operationellen Avioniksysteme des AWACS-Programms, eines der wichtigsten gemeinsamen Beschaffungsvorhaben der NATO.
Seit mehr als 15 Jahren ist Dornier auch auf dem Gebiet der Ausbildungssysteme für die Flugabwehr tätig. Neben Ausbildungssimulatoren entwickelte Dornier die Schleppzielsysteme DATS mit SK 3, SK 4, SK 5, SK 10, die als Schleppzielflugkörper eine Zieldarstellung für verschiedene Geschwindigkeitsbereiche und Einsatzaufgaben erlauben.
Neben verschiedenen Studien werden auf dem Gebiet der Lenkflugkörper Vorarbeiten für zukünftige Luft/Luftlenkwaffen weitergeführt.
Federführend konzipierte und definierte Dornier für die Luftwaffe das Führungs- und Informationssystem EIFEL und für das Heer das System HEROS.
Auf dem Gebiet der Marinetechnik beschäftigte sich Dornier mit einer Reihe von Projekten, wozu vor allem die Arbeiten an der Seegrundmine sowie an einem modernen Torpedo gehören.
Für das Heer wurde ein mobiles Kabinensystem entwickelt.
Darüber hinaus sind der mobile Teleskopmast und militärische Brücken zu erwähnen.

Wartung und Betreuung

Auf der Basis langjähriger Erfahrungen in der technischen Betreuung von Militärflugzeugen wurden die Aktivitäten seit einigen Jahren gezielt auch auf den Bereich der zivilen Luftfahrt ausgedehnt. Frühzeitig erkannte die Dornier Reparaturwerft GmbH die wachsende Bedeutung der Geschäftsreisefliegerei, die international zu einem unverzichtbaren Transportsystem der Industriestaaten wurde.

18 Maschinen des Frühwarnsystems NATO E-3A AWACS werden bei Dornier mit der Einsatzelektronik ausgerüstet.

Das Zentrum der zivilen Flugzeugwartung und Betreuung von Dornier ist in Oberpfaffenhofen, wo seit einigen Jahren schon die Flugzeuge vom Typ Piper und Cessna betreut werden.

Die modernen Maschinen mit ihrer immer komplexeren Ausrüstung erfordern für ihren sicheren, zuverlässigen und wirtschaftlichen Einsatz hochqualifizierte Wartungs- und Überholungskapazitäten. Eine breite Typenpalette namhafter Hersteller wie Canadair, Cessna, Dassault-Breguet (Falcon), und Piper, vom Kolbenmotor- und Turboprop- bis zum Jet-Flugzeug wird von Dornier-Spezialisten laufend betreut. Periodische Inspektionen gehören ebenso dazu wie Grundüberholungen und Änderungen, Reparaturen und Umrüstungen. Auf Kundenwunsch werden Sondereinbauten wie die Installation von modernen Avioniksystemen und individuellen Kabinenausstattungen durchgeführt. Vorbildlich ausgerüstete Werftanlagen stehen in Oberpfaffenhofen zur Verfügung ebenso wie am Rhein-Main Flughafen in Frankfurt, wo neben Maschinen der allgemeinen Luftfahrt auch Großflugzeuge betreut werden. Für Fluggesellschaften, die nicht über eigene technische Wartungskapazitäten verfügen, wurde von Dornier in Frankfurt ein leistungsfähiges Betreuungsprogramm aufgebaut. Die Dornier Reparaturwerft-Aktivitäten in der zivilen Flugzeugbetreuung beschränken sich nicht nur auf den europäischen Markt und die angrenzenden Gebiete. Dornier dringt mit diesem erworbenen Service-Know-how auch in afrikanische und südamerikanische Länder vor, um der allgemeinen Luftfahrt der Dritten Welt qualifizierte technische Betreuung zu bieten.
Mit unternehmerischem Augenmaß und gezielter Planung erschließt Dornier damit einen Markt, der auf privatwirtschaftlicher Basis vielversprechende Zukunftschancen bietet.

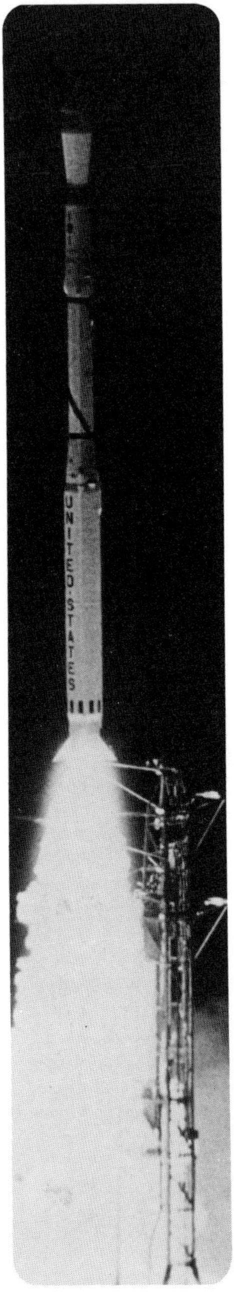

Start des Satelliten AEROS

Raumfahrt

Das Gründungsjahr der Dornier System GmbH – 1962 – ist zugleich auch das Jahr des Beginns der raumfahrttechnischen Entwicklung bei Dornier. In den Folgejahren sind mit dem Anstieg der nationalen und europäischen Raumfahrtprogramme auch die Raumfahrtaktivitäten der Dornier System gestiegen. Heute zählt Dornier zu den führenden Raumfahrt-Systemfirmen in Europa.
In den 60er Jahren waren die Arbeiten ausgerichtet auf Höhenforschungsraketen, stabilisierte Nutzlastspitzen und Ballongondeln sowie auf Rückführung und Bergung der Nutzlasten. Ein Generalvertrag mit der europäischen Raumfahrtorganisation ESRO sicherte Dornier Entwicklung, Bau und Operation der Hälfte aller europäisch gestarteten Raketen-Nutzlasten.
Ende der 60er Jahre wurde das Unternehmen Hauptauftragnehmer für verschiedene Satelliten und Satellitenuntersysteme im nationalen Programm. Bisher sind mehr als 120 von Dornier entwickelte Experimente und Nutzlasten in Forschungsraketen und Satelliten erfolgreich eingesetzt worden. Die Satelliten Azur, Aeros A/B und Röntgensatellit Rosat wurden federführend von Dornier bearbeitet. Eine große Zahl der europäisch bzw. national gestarteten Raumflugsysteme wurde mit Satelliten-Bordsystemen von Dornier ausgerüstet.
Anfang 1970 wurde Dornier Hauptauftragnehmer für den European Space Agency (ESA) Satelliten ISEE-B (International Sun Earth Explorer). Damit war Dornier der entscheidende Schritt, auf internationaler Ebene federführend für ein Satellitenprojekt verantwortlich zu sein, gelungen. Auch für die Projekte Faint Object Camera (FOC) und Interplanetary Sun Polar Mission (ISPM) konnte der Hauptauftrag gewonnen werden. Die Raumsonde ISPM wird 1985 gestartet werden und hat eine Missionsdauer von 2–3 Jahren.
Nach der 1973 zwischen USA und Europa getroffenen Vereinbarung über eine Kooperation auf dem Gebiet der bemannten Raumfahrt wurde Dornier System mit der Entwicklung und Fertigung des Lebenserhaltungssystemes von Spacelab beauftragt.
Diese für Europa neue technologische Entwicklungsaufgabe

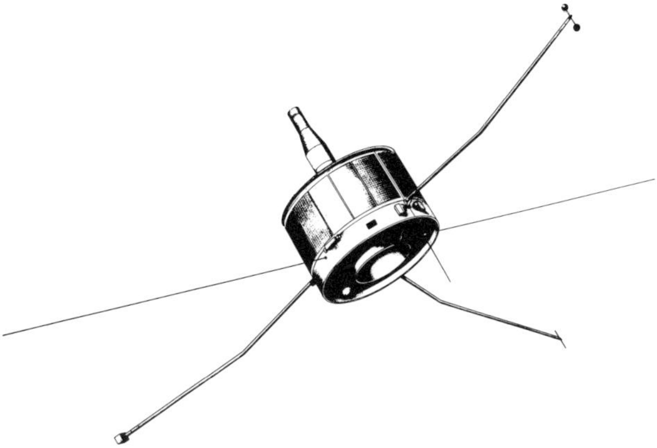

Satellit ISEE-B

konnte zur Zufriedenheit der Auftraggeber abgeschlossen werden – eine zweite Einheit dieses Systems wurde für die NASA bestellt. Im Rahmen der US/europäischen Kooperation wurde eine extrem genau stabilisier- und ausrichtbare Vorrichtung, das Instrument Pointing System, entwickelt. Es dient als Instrumententräger auf der Spacelab-Plattform und kann wissenschaftliche Instrumente bis 2000 kg Gewicht zur Langzeitbeobachtung auf die Sonne, die Erde, die Sterne oder den Weltraum ausrichten.
Für die europäische Trägerrakete ARIANE entwickelte und baute Dornier System die Tankstruktur der zweiten Stufe. Als Gründungsmitglied ist die Firma an der ARIANESPACE beteiligt.
Dornier System verfolgt seit mehr als fünf Jahren das Spezialgebiet der Fernerkundung der Erde mit Hilfe der Mikrowellen aus dem Orbit – das Experimentalgerät MRSE (Microwave Remote Sensing Experiment) wird bei der ersten

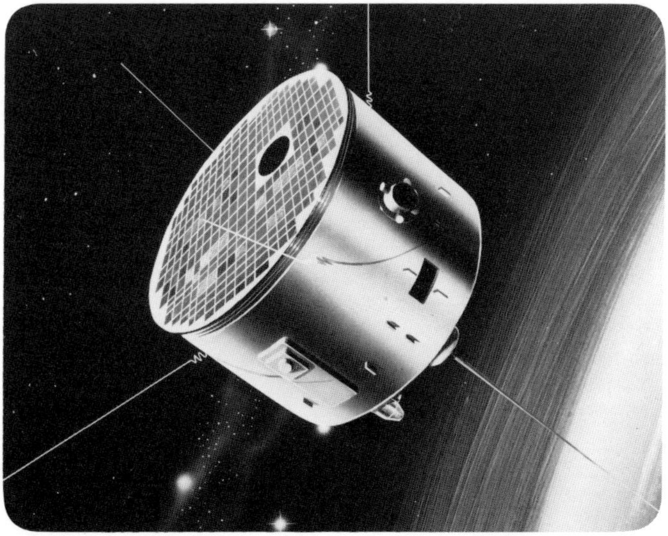

Satellit AEROS

Satellit GEOS im cleanroom

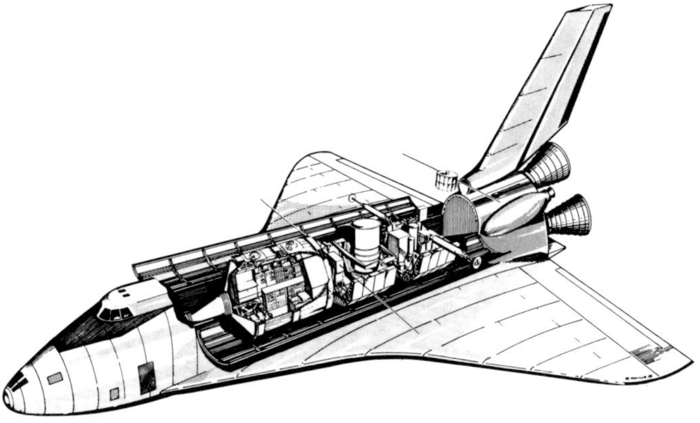

Spacelab im Shuttle

europäischen Mission des Weltraumlabors Spacelab mitfliegen. Gegenüber optischen Sensoren kann diese MRSE unabhängig von der Wolkenbedeckung der Erde bei Tag und Nacht eingesetzt werden und eröffnet somit der Meteorologie, der Meeresüberwachung, der Kontrolle der Atmosphäre und Umwelt neue Perspektiven. Die MRSE-Messungen dienen als Vorstufe für einen europäischen Mikrowellen-Fernerkundungs-Satelliten. 1982 schließlich wurde für die Phase B des ersten europäischen Erderkundungssatelliten (ERS-1, Earth Resources Satellite Nr. 1) Dornier als Prime ausgewählt. Der Satellit hat eine Entwicklungszeit von 5 Jahren und soll 1987/88 in seine Umlaufbahn gebracht werden.
Nachdem 1982 auch der Beschluß der Bundesregierung zur Förderung eines Röntgensatelliten (ROSAT) mit nationalen Mitteln getroffen wurde, definiert Dornier z. Zt. als Hauptauftragnehmer diesen Satelliten und seine Teilsysteme. Es

Tankstruktur der II. ARIANE-Stufe

ist beabsichtigt, ROSAT 1987 mit Hilfe der Weltraumfähre in den Orbit zu bringen.
Seit Jahren baut und installiert Dornier als Spezialist für Bodenstationen, z. B. für die Wettersatelliten TYROS und METEOSAT, Empfangsstationen mit Signalverarbeitungs- und Bildwiedergabegeräten. Für die Kommunikation Schiff/Land sind stabilisierte Schiffsantennen einschließlich der für Telephonie bzw. Telegraphie notwendigen Ein-/Ausgabeterminals entwickelt worden. Ortsfeste und mobile Bodenstationen für die Kommunikation via Satellit gehören ebenso zum Fertigungsprogramm wie auch Satelliten-Kontroll-Stationen zur Steuerung und Überwachung der Satelliten.
Dornier System hat sich durch die Arbeiten und Entwicklungen in den zurückliegenden 20 Jahren für die Durchführung komplexer und technisch hochstehender Projekte qualifiziert und wird aufgrund seines Know-hows auch künftige Aufgaben moderner Raumfahrttechnologie, sowohl als Systemverantwortlicher wie auch in Kooperationsprogrammen entscheidend mitgestalten.

Planungsberatung

Der Bereich Planungsberatung – gegründet 1962 – beschäftigt sich mit der herstellerunabhängigen Beratung bei System-Planungen z. B. für Transport- und Umweltsysteme, für Organisationssysteme sowie militärische Aufgabenstellungen. Vorstudien, Realisierungsabschätzungen, Projektbewertungen über Organisationsanalysen, Entwurf und Erstellung von EDV-Software bis hin zu Ingenieur-Entwürfen, Projektierung und Bauleitung in ausgewählten Bereichen sind die Hauptarbeitsgebiete. Für die Verteidigungsplanung werden Operations- und Waffensystemanalysen, logistische Systemplanungen und militärische Führungssysteme für Marine und Heer bearbeitet. Eine Dienstleistung besonderer Art ist die Unterstützung der Kunden bei Planung, Überwachung und Steuerung von Großprojekten. Hier fließen die vielfältigen Erfahrungen des Hauses Dornier aus der Bearbeitung komplexer Entwicklungsprojekte der Wehrtechnik und Raumfahrt ein.

Schwimmende Gewässerkontroll-station

Neue Technologien

In der Tradition des Flugzeugbaus wurzelnd, erweiterte Dornier nach dem Zweiten Weltkrieg das Tätigkeitsspektrum nicht nur auf Flugzeugwartung und -betreuung sowie Raumfahrt, sondern auch auf eine Vielzahl weiterer Technologien, in denen systemtechnisches Know-how aus der Luft- und Raumfahrt in vielfältiger Form zur Anwendung kommen konnte. Auf Gebieten wie Elektronik und Informatik, Werkstoff-, Energie-, Umwelt- und Medizintechnik ist das Unternehmen inzwischen in vielfältiger Form als Entwicklungsbetrieb und Projektträger zu einem Begriff geworden, sowohl bei öffentlichen wie privaten Auftraggebern im In- und Ausland. Mit einem kleinen, aber leistungsfähigen Bereich beschäftigt sich Dornier zur Unterstützung dieser Aktivitäten in gezielter Form mit anwendungsorientierten Forschungsprojekten. Ein wichtiges Schwerpunktprogramm bildet die Energietechnik, vor allem die Nutzung regenerativer Energiequellen zur Ablösung klassischer Ressourcen, wie der fossilen Rohstoffe. In internationaler Zusammenarbeit entwickelt, baut und erprobt

Dornier Solaranlagen für Warmwasserbereitung und Kühlung, für Stromerzeugung und Klimatisierung sowie für Meerwasserentsalzung und für Pumpstationen. Auch ein neuartiges System zur Windenergienutzung, ein Ring-Rotor nach dem Darrieus-Prinzip, steht bereits in der Langzeiterprobung. Auf dem Gebiet der großtechnischen, wirtschaftlichen Erzeugung des zukunftsträchtigen Energieträgers Wasserstoff hat Dornier neue Produktionsprozesse erarbeitet. Und mit der Entwicklung und Produktion von Gasultrazentrifugen zur Urananreicherung können wertvolle Beiträge in der Kernenergietechnik geleistet werden.
Nach neuartigen, praktikablen Lösungen sucht Dornier auch im Bereich der Verkehrstechnik. Flexibilität und Wirtschaftlichkeit können mit neuen Nahverkehrssystemen gesteigert werden, an denen Dornier im Rahmen verschiedener Pilot-Projekte maßgeblich beteiligt ist.
Daneben stellt Dornier seine Managementkapazitäten für die Projektbegleitung der Entwicklung eines Magnetbahn-Fernverkehrssystems zur Verfügung.

Solaranlage in La Paz

Ein sehr umfangreiches Programm bietet Dornier in der zukunftsorientierten Umwelttechnik an. Vielfältige Wechselbeziehungen zwischen Ökologie und vielen technischen Fachdisziplinen müssen dabei berücksichtigt werden. Automatische Meßnetze zur Überwachung der Umweltbereiche Luft, Lärm und Gewässer wurden entwickelt und stehen erfolgreich im Einsatz. Auch für die Eigenüberwachung von Industrieanlagen und Kernkraftwerken und zur Fernüberwachung komplexer, technischer Anlagen wurden entsprechende Systeme schlüsselfertig geliefert. Mit Verfahren zur Aufbereitung von industriellen und kommunalen Rückständen konnte Dornier mit fortschrittlichen Technologien zur Lösung drängender Umweltprobleme beitragen.
In engster Zusammenarbeit zwischen Kliniken und den Dornier-Entwicklungslabors entstanden neue Anlagen und Verfahren in der Medizintechnik. Die therapeutische Anwendung von

Nahverkehrssystem Rufbus

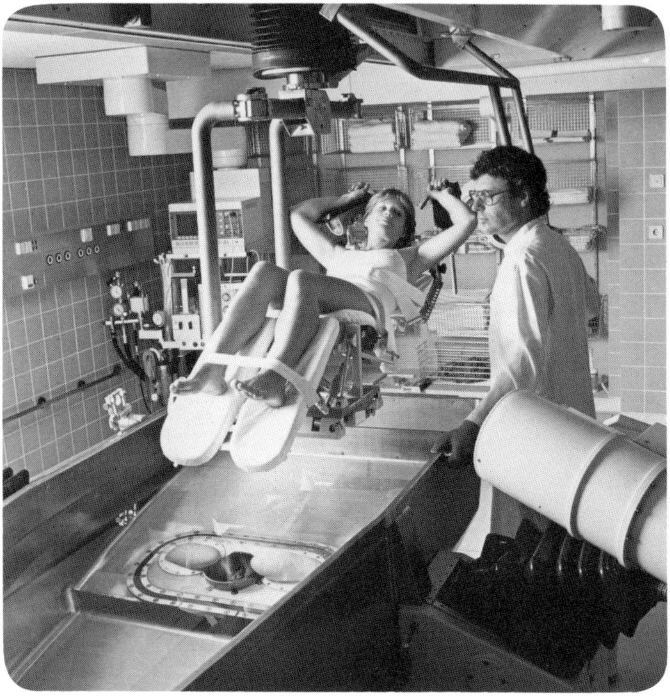

Berührungsfreie Nierensteinzer-trümmerung durch Lithotripter

Stoßwellen mit Hilfe des bei Dornier in Zusammenarbeit mit Münchner Medizinern entwickelten Nieren-Lithotripters erlaubt die berührungs- und schmerzfreie Zerstörung von Nierensteinen. Alle Bereiche der neuen Technologien sind auf die Anwendung modernster elektronischer Steuerungs-, Regelungs- und Datenverarbeitungssysteme angewiesen. Um bei der großen Vielfalt der Arbeitsgebiete der neuen Technologien nicht auf Spezialentwicklungen angewiesen zu sein, hat Dornier hochflexible Modulsysteme entwickelt, die an den jeweiligen Anwendungsbereich angepaßt werden können.
So entstanden Elektroniksysteme nicht nur für Programme der Luft- und Raumfahrt, sondern auch für Einsatzleitzentralen der Polizei, Feuerwehr und Rettungsorganisationen sowie für Auskunftsautomaten im Verkehrs- und Hotelwesen. Auch an der Entwicklung und Einführung des neuen Mediums Bildschirmtext hat Dornier maßgeblichen Anteil und bietet für diesen Dienst eine ganze Palette von Systemen an, darunter auch einen Redakteurs-Arbeitsplatz, der sich durch besondere Vielseitigkeit auszeichnet. Im Kundenauftrag wurden Datenverarbeitungsanlagen für vielfältige Anwendungsberiche in Produktion, Verwaltung und Dienstleistung geplant und realisiert. Mit neuen Technologien, hervorgegangen aus dem breiten fachlichen Spektrum eines Luft- und Raumfahrtunternehmens, trägt Dornier dazu bei, auf wissenschaftlicher Basis alle Möglichkeiten zu erschließen, um den Herausforderungen der Zukunft begegnen zu können.

Textilmaschinen und Sonderkonstruktionen

Als 1945 vorauszusehen war, daß eine Betätigung im Flugzeugbau für viele Jahre unmöglich sein werde, unternimmt Dornier 1948 zunächst im Werk Pfronten die ersten Schritte in Richtung auf ein neues Fertigungsprogramm. Unterlieferaufträge, vorwiegend für die Ausrüstung der Textilindustrie, bringen dabei die erste Berührung mit den Problemen des Textilmaschinenbaus. 1950 wird das Werk Lindau-Rickenbach – völlig demontiert – freigegeben. Ausgehend von den Vorarbeiten in Pfronten, erscheint der Bau von Webautomaten und Textilausrüstungsmaschinen naheliegend. Im Rahmen der neugegründeten Lindauer Dornier Gesellschaft mbH werden Webautomaten und später schützenlose Webmaschinen gebaut. Auch Textilveredlungsmaschinen werden hergestellt, d. h. Maschinen für die Bleicherei, Merzerisation und Appretur. Spezialmaschinen für nichttextile Verwendungszwecke wie z. B. Reckmaschinen für Kunststoffolien, Spezialtrockner für Pappe und Karton sowie Trockner für einseitig beschichtete Papiere und Filme werden entwickelt und finden schnell ihren Markt im In- und Ausland.

Nach dieser Aufbau- und Konsolidierungsphase gehört die Lindauer Dornier Gesellschaft mbH nun zu den größten Herstellern von Webmaschinen in der Bundesrepublik. Vor allem die schützenlose Webmaschine kann sich in kurzer Zeit auf dem Weltmarkt so überzeugend durchsetzen, daß die Produktion, vorwiegend für den Export, mit jedem Jahr außergewöhnliche Zuwachsraten verzeichnen kann. In bezug auf Vielseitigkeit in der Herstellung aller Arten von Geweben mit besonderem Schwierigkeitsgrad ist die Dornier-Webmaschine durch ihr in aller Welt patentiertes Schußeintragssystem im Augenblick unerreicht. Eine ähnlich marktführende Position halten die für die Herstellung hochwertiger Polyesterfolie entwickelten Bauarten von Reckmaschinen für Folien.

Schützenlose Greiferwebmaschinen

Seit Jahren führend in der Entwicklung dieser Maschinen, arbeitet die Lindauer Dornier Gesellschaft mbH heute an einer neuen Generation noch leistungsfähigerer Typen, um den ständig wachsenden Ansprüchen der führenden Unternehmen auf Jahre hinaus entsprechen zu können.
Die Werksanlagen in Lindau und Pfronten werden laufend modernisiert, um mit rationeller Großserienfertigung dem harten Konkurrenzkampf ständig gewachsen zu sein.
Der Weg der Lindauer Dornier Gesellschaft mbH war und ist nicht leicht, da er gegen den Wettbewerb alteingeführter und großer Unternehmen in der ganzen Welt erkämpft werden muß. Die Chance zum Erfolg liegt im Willen zum technischen Fortschritt, verbunden mit einem unbestechlichen Sinn für Sparsamkeit und Solidität.

Professor Claude Dorniers Lebenswerk

Professor Dr. Claude Dornier, Gründer und Eigentümer der Dornier-Unternehmensgruppe, verstirbt am 5. Dezember 1969 im Alter von 85 Jahren. Ein langes, erfolgreiches Leben für die Luftfahrt ist zu Ende gegangen. Sein Verdienst ist es nicht nur, ein Flugzeugbau-Unternehmen in wirtschaftlich schweren Zeiten aufgebaut und über Höhen und Tiefen der Zeitgeschichte geführt zu haben, sondern er begründete zugleich mit seinem Werk maßgeblich den Ruf der deutschen Luftfahrtindustrie in aller Welt. Dornier-Flugzeuge sind es, die in der Pionierzeit der Luftfahrt viele Strecken für den Linienverkehr erschließen, die Pionierflüge in allen Erdteilen und Weltrekorde möglich machen. Seine bahnbrechenden Arbeiten im Metallflugzeugbau, bei der Konstruktion von hochseefähigen Flugbooten und Hochleistungs-Landflugzeugen sichern Professor Claude Dornier einen hervorragenden Ruf als einer der großen Persönlichkeiten der Luftfahrtgeschichte. Noch in hohem Alter leitete Prof. Dornier entscheidende Schritte ein, um sein aus der Pionierzeit des Flugzeugbaus stammendes Unternehmen organisch in eine neue Periode überzuleiten. Eine Periode, in der es gilt, die Arbeitsgebiete des Unternehmens wesentlich zu verbreitern. Die Chancen, die der klassische Flugzeugbau und später die artverwandte Raumfahrttechnik mit ihrer spezifischen interdisziplinären Arbeitsweise bieten, werden entschlossen genutzt. Die Söhne Professor Dorniers verwirklichen nach seinem Tod zusammen mit einem familienfremden Management diese Ausweitung der Palette von Produkten und Dienstleistungen. Heute gehört es zu den Selbstverständlichkeiten,

Prof. Claude Dornier mit seinem Sohn Claudius – 1957

daß sich die Dornier-Unternehmensgruppe erfolgreich auf vielen Arbeitsgebieten wie Umwelt-, Verkehrs-, Medizin- und Kerntechnik betätigt, die für die Bedürfnisse der modernen Gesellschaft von wachsender Bedeutung sind.
Der Flugzeugbau hat damit wieder einmal Schrittmacherdienste geleistet. In früheren Zeiten sind es die Impulse für die Leichtbau- und Werkstofftechnologie, für Strömungsmechanik und Triebwerksbau, die für den allgemeinen technischen Fortschritt von Nutzen sind – heute vor allem die Daten- und Regelungstechnik, die Systemtechnik und die neuen Managementverfahren. Eine zweite wichtige Entscheidung über die Zukunft des Unternehmens ist noch unter maßgeblichem Einfluß Professor Claude Dorniers getroffen worden. Die Entscheidung nämlich, sich als eigenständiges Unternehmen zu behaupten und nicht einer der neuen, in den sechziger Jahren aus Fusionen hervorgegangenen Firmengruppierungen anzuschließen. Dornier vertraut darauf, mit marktgerechten, ausgewogenen Kapazitäten sowohl der öffentlichen Hand, als auch privaten Auftraggebern kosteneffektiv, flexibel und rationell weiterhin ein Höchstmaß an Leistung bieten zu können. Dabei wird die Zusammenarbeit mit in- und ausländischen Firmen so sehr intensiviert, daß heute nahezu alle Programme in internationaler Kooperation durchgeführt werden. Der Erfolg dieser Firmenpolitik spiegelt sich in den Erfolgen der vielen Einzelprogramme wider.

Dornier-Werke
Friedrichshafen

Luftbild freigegeben durch Reg. v. Obb. G 16/2542 Juni 82

DORNIER

Flugzeuge

Aircraft

1915 Riesenflugboot Giant Flying Boat Rs I

Rs I – erstes Flugboot von Dipl.-Ing. Claude Dornier, das größte Flugzeug seiner Zeit, als neuartige Entwicklung fast ausschließlich in Metallbauweise gefertigt, Stoffbespannung nur beim Tragwerk, Leitwerk und Bootsdeck. Ober- und Unterflügel dieses Doppeldeckers, mit Streben gegeneinander abgestützt, waren als Ganzes drehbar auf dem Boot gelagert. Über eine vom Oberflügel nach dem Boot führende Strebe konnte der Einstellwinkel der Gesamtzelle während des Fluges verstellt werden. Zur Erhöhung der Stabilität dienten Stützschwimmer am Unterflügel. Das Boot wurde mit einer Querstufe versehen. Die drei Maybach-Motoren, auf einem gemeinsamen Bock montiert, arbeiteten auf Druckschrauben und konnten während des Betriebes gewartet werden. Die Kühler waren auf der Motorgondel ohne Verkleidung gegen den Motor angebracht. Die Holzluftschrauben mit Metallkanten hatten einen Durchmesser von 3,5 m.
Rs I wurde vor dem Erstflug bei einem Sturm am 21. Dezember 1915 an der Boje in Friedrichshafen-Seemoos zerstört.

Rs I – the first flying-boat designed by Dipl.-Ing. Claude Dornier – was the largest aircraft of its time, featuring a novel, nearly exclusive all-metal structure. Only the wing, empennage and the hull were covered with fabric. The upper and lower wing of this biplane were braced by struts and the complete wing unit was pivoted on the boat. The angle of attack of the fuselage was adaptable in flight by means of a strut extending from the upper wing into the hull. Outboard floats on the lower wing were used to increase overall stability. The hull had one cross-step. The three Maybach engines were mounted on a joint stand. They drove pusher propellers and were accessible for maintenance during flight. The radiators were installed without panelling against the engine nacelles. The wooden propellers, equipped with metal edges, had a diameter of 3.5 m.
Rs I was destroyed before its first flight during a storm at its Friedrichshafen-Seemoos buoy on 21 December 1915.

Technische Daten/Technical Data

Länge/Length	29,0 m	Gesamtflügelfläche/Total wing area	329,0 m^2
Höhe/Height	7,2 m	Höhenleitwerkfläche/Horizontal tail area	43,0 m^2
Spannweite Oberflügel/Wing span upper wing	43,5 m	Seitenleitwerkfläche/Vertical tail area	15,3 m^2
Tiefe Oberflügel/Depth upper wing	4,6 m	Bootsbreite/Hull width	3,5 m
Spannweite Unterflügel/Wing span lower wing	37,7 m	Triebwerk Maybach/Powerplant Maybach	3 × 240 PS
Tiefe Unterflügel/Depth lower wing	3,6 m	Fluggewicht (projektiert)/All-up weight (planned)	9500 kg

1916 Riesenflugboot Giant Flying Boat Rs IIa

Rs IIa – Eineinhalbdecker mit kurzem Unterflügel, Metallbauweise, teilweise Stoffbespannung beim Tragwerk und Boot. Oberflügel und Boot durch Streben und Drehlager verbunden, um Verstellung der Zelle während des Fluges zu ermöglichen. Das Boot mit zwei Querstufen war eigenstabil. Triebwerke im Boot angeordnet, um die Wasserstabilität zu verbessern und die Wartung der Motoren zu vereinfachen. Die drei Maybach-Motoren arbeiteten über Fernwellen und Getriebe auf Druckschrauben. Zweiflügelige Holzluftschrauben mit 3,6 m ∅ kamen zum Einbau. Die Kühlanlage war über dem Boot angeordnet. Das Höhenleitwerk bestand aus einer auf dem Leitwerksträger fest gelagerten Höhenflosse und einem im Flug verstellbaren Kastenleitwerk; zwei bewegliche Ruder ohne Vorfläche bildeten das Seitenleitwerk.
Erstflug am 30. Juni 1916. Die ersten Erprobungsflüge zeigten technische Schwierigkeiten auf, die den Umbau auf direkten Luftschraubenantrieb zur Rs IIb erforderlich machten.

The Rs IIa – a sesquiplane with a short lower wing – of all-metal design with partial fabric covering on the wings and the hull. The upper wing and the hull were connected by struts and pivots to allow position changes of the airframe in flight. The hull with two cross-steps was inherently stable. The powerplant was installed in the hull in order to improve stability on the water and simplify maintenance of the engines. The three Maybach engines drove pusher propellers via long shafts and gearboxes. Two-blade wooden propellers with a diameter of 3.6 m were used. The radiator system was installed above the hull. The horizontal tail assembly consisted of the horizontal stabilizer rigidly mounted to the boom and a box tail unit adjustable in flight; two moving plain rudders were used as vertical tail assembly.
First flight on 30 June 1916. The first test flights showed technical difficulties which required the installation of a direct propeller drive and the modification to Rs IIb.

Technische Daten/Technical Data

Länge/Length	25,7 m	Triebwerk/Powerplant Maybach	3 × 240 PS
Höhe/Height	7,0 m	Rüstgewicht/Empty weight	6475 kg
Spannweite Oberflügel/Wing span upper wing	32,0 m	Zuladung/Payload	2925 kg
Spannweite Unterflügel/Wing span lower wing	13,5 m	Fluggewicht/All-up weight	9400 kg
Gesamtflügelfläche/Total wing area	259,1 m^2	Startgeschwindigkeit/Take-off speed	80 km/h
Bootsbreite/Hull width	4,1 m	Höchstgeschwindigkeit/Maximum speed	105 km/h

1916 Jagdflugzeug Fighter Aircraft Do V1

Do V1 – Beginn der Entwicklung von Landflugzeugen. Verspannter Doppeldecker mit einem Unterflügel von geringer Tiefe. Metallbauweise, Tragflächen und Leitwerk mit Stoff bespannt. Rumpf als Gitterträger ausgebildet und verhältnismäßig kurz. Konstruktion des Tragwerk-Oberflügels zweiholmig, des Unterflügels einholmig mit aufgesetzten Duraluminium-Rippen. Als Triebwerk kam ein Mercedes-Motor mit einer Garuda-Druckschraube zum Einbau. Um das Schußfeld nach vorne frei zu halten, wurde das Triebwerk mit Luftschraube hinter dem Piloten angeordnet. Der Motor saß auf einem Stahlblechrahmen, an dem auch die Anschlüsse für das Fahrwerk und die Tragflächen montiert waren. In Verlängerung dazu ergab sich die Lagerung für den verstellbaren Führersitz. Vorderer Teil der Rumpfverkleidung zum Tanken und zur Kontrolle der Steuerorgane und Instrumente abnehmbar gestaltet. Knüppelsteuerung, für das Seitensteuer waren Fußhebel vorgesehen. Der Lamellen-Wasserkühler saß auf dem Vorderholm des Oberflügels und war zum Hinterholm abgestrebt.
September 1916 Beginn der Flugerprobung.

The Do V1 marks the beginning of landplane development. It was a braced biplane with a lower wing of reduced depth. All-metal design with the wings and empennage covered with fabric. The truss fuselage was relatively short. The upper wing was of the two-spar type, the lower wing of the single-spar type with additional duraluminium ribs. The powerplant consisted of a Mercedes engine and a Garuda pusher propeller. To keep the forward firing area free, the powerplant and the propeller were installed behind the pilot. The engine was mounted onto a sheet steel frame to which the landing gear and wing connections were also mounted. The extension of the frame was the installation point of the adjustable pilot seat. The front part of the fuselage panelling could be removed for refuelling and for checks of the controls and instruments. The aircraft had stick control, and pedals were provided for rudder control. The ribbed radiator was mounted on the front spar of the upper wing and was braced with the rear spar.
Flight testing started in September 1916.

Technische Daten/Technical Data

Länge/Length	7,1 m
Höhe/Height	2,6 m
Oberflügel-Spannweite/Upper wing span	10,5 m
Oberflügel-Tiefe/Upper wing depth	2,2 m
Oberflügel-Fläche mit Querruder/ Upper wing area with aileron	19,8 m^2
Unterflügel-Spannweite/Lower wing span	9,2 m
Unterflügel-Tiefe/Lower wing depth	0,6 m
Unterflügel-Fläche/Lower wing area	4,8 m^2
Gesamtflügel-Fläche/Total wing area	24,6 m^2
Höhenleitwerk-Fläche/Horizontal tail assembly area	2,7 m^2
Seitenleitwerk-Fläche/Vertical tail assembly area	1,5 m^2
Triebwerk/Powerplant Mercedes	160 PS

1916 Riesenflugboot Giant Flying Boat Rs II b

Rs II b – Umbau der dreimotorigen Rs II a mit ferngetriebenen Luftschrauben auf direkten Luftschraubenantrieb mit gleichzeitiger Erhöhung auf vier Triebwerke, Änderungen beim Ober- und Unterflügel, Leitwerk und Unterwasserform des Bootes.
Eineinhalbdecker mit kleinem Unterflügel. Metallbauweise, teilweise Stoffbespannung beim Tragwerk und Boot. Oberflügel und Boot mit Streben und Drehlager verbunden, dadurch Flügeleinstellwinkel im Flug verstellbar. Eigenstabiles Boot mit zwei Querstufen, gegenüber Rs II a den Kimm-Einstellwinkel zur Wasserlinie verkleinert und einen zusätzlichen Spornkasten angebracht. Erstmals wurden die vier Maybach-Motoren in zwei Tandemgondeln zwischen Boot und Oberflügel angeordnet. Die Durchmesser der zweiflügeligen Holzluftschrauben wechselten zwischen 2,8 und 3,0 m. Die Lamellen-Stirnkühler befanden sich auf den Motorgondeln direkt über den Motoren. Die Benzinbehälter waren im Boot untergebracht, von wo der Kraftstoff mittels Pumpe in die auf dem Motorbock gelagerten oberen Kraftstoffbehälter gefördert wurde. Einfache, auf dem Leitwerksträger aufgesetzte Höhenflosse, Seitenleitwerk als doppelkieliges Leitwerk ausgebildet. Das Flugboot hatte Doppelsteuerung.
Erstflug am 6. November 1916. Rs II b war bei der Marine noch nicht einsatzfähig und wurde später abgewrackt.

The Rs II b – a conversion of the three-engine Rs II a with the remotely driven propellers replaced by directly driven propellers and an increase to four engines – also featured modifications to the upper and lower wings, the tail assemblies and the underwater hull design.
Sesquiplane with a small lower wing. All-metal design with partial fabric covering of the wings and the hull. Upper wing and hull connected by means of struts and pivots to allow the adjustment of the wing angle in flight. Intrinsically stable hull with two cross-steps, with the bilge angle to the waterline reduced over that of the Rs II a and with an additional tail box. For the first time, the four Maybach engines were installed in two tandem nacelles between the hull and the upper wing. The diameter of the two-blade wooden propellers varied between 2.8 and 3.0 m. The ribbed front radiators were installed on the engine nacelles, directly above the engines. The fuel tanks were installed in the hull, and fuel was pumped into the upper tank on the engine mount. Simple horizontal stabilizer mounted on the tail boom, with the vertical tail assembly designed as a dual-keel unit. The flying-boat had dual controls.
First flight on 6 November 1916. The Rs II b never became operational with the Navy and was dismantled later.

Technische Daten/Technical Data

Länge/Length	23,9 m
Höhe/Height	7,6 m
Spannweite Oberflügel/Wing span upper wing	33,2 m
Tiefe Oberflügel/Depth upper wing	6,5 m
Spannweite Unterflügel/Wing span lower wing	16,0 m
Tiefe Unterflügel/Depth lower wing	3,6 m
Gesamtflügelfläche/Total wing area	276,0 m^2
Bootslänge/Hull length	11.8 m

Bootsbreite/Hull width	4,1 m
Bootshöhe/Hull height	2,1 m
Triebwerk/Powerplant Maybach	4 × 240 PS
Rüstgewicht/Empty weight	7158 kg
Fluggewicht/All-up weight	9158 kg
Höchstgeschwindigkeit/Maximum speed	128 km/h
Gipfelhöhe/Service ceiling	3000 m

1917 Aufklärungsflugzeug Reconnaissance Aircraft Cl I

Cl I – verspannter zweisitziger Doppeldecker, Metallbauweise, Stoffbespannung beim Tragwerk und Leitwerk. Das Neue an dieser Konstruktion war der Dural-Blechrumpf in Schalenbauweise, ohne Verstrebungen und Verspannungen. Der einteilige Oberflügel saß auf vier trompetenförmigen Streben, am unteren Ende mit dem Rumpf fest vernietet. Der Unterflügel war zweiteilig, jeweils am Rumpf gelenkig angeschlossen. Das Leitwerk bestand aus einem Metallgerippe mit Stoffbespannung. Zum Einbau kam ein Mercedes-Motor und eine zweiflügelige Holzluftschraube von 2,8 m ∅. Im oberen Tragwerk befand sich der Flächenkühler. Der Treibstofftank war unter dem Pilotensitz eingebaut und im Notfall abwerfbar. Das Fahrwerk bestand aus Duralblech-Tropfenprofilen.
Erstflug am 3. November 1917. Materialschwierigkeiten führten zum Bau der verbesserten Cl II.

The Cl I was a braced two-seat biplane of all-metal design with fabric covering on the wing and empennage. A new feature of this model was the dural sheet metal fuselage of monocoque design without struts and bracing. The continuous upper wing was held in place by four trumpet-shape struts riveted to the fuselage at their lower end. The lower wing consisted of two halves each hinged to the fuselage. The empennage was a metal structure covered with fabric. The aircraft was powered by a Mercedes engine driving a two-blade wooden propeller with a diameter of 2.8 m. A surface cooler was installed on the upper wing. The fuel tank was located under the pilot's seat and could be dropped in an emergency. The landing gear consisted of dural sheet metal profiles of drop shape.
First flight on 3 November 1917. Insufficient material led to the improved Cl II.

Technische Daten/Technical Data

Länge/Length	7,6 m
Höhe/Height	2,8 m
Spannweite Oberflügel/Upper wing span	10,5 m
Tiefe Oberflügel/Upper wing depth	1,4 m
Spannweite Unterflügel/Lower wing span	9,0 m
Tiefe Unterflügel/Lower wing depth	1,4 m
Gesamtflügelfläche mit Querruder/ Total wing area with ailerons	27,1 m^2

Triebwerk/Powerplant Mercedes	160 PS
Rüstgewicht/Empty weight	728 kg
Fluggewicht/All-up weight	1068 kg
Höchstgeschwindigkeit/Maximum speed	165 km/h
Gipfelhöhe/Service ceiling	5000 m

1917 Riesenflugboot Giant Flying Boat RsIII

Rs III – Hochdecker in Metallbauweise, Stoffbespannung beim Tragwerk und Leitwerkrumpf. Der Tragflügel wurde mit dem Leitwerkträger und Boot durch Spezialkabel verspannt und nur im Mittelteil durch Stahlprofile mit dem Boot fest verbunden. Eigenstabiles Boot in Schalenbauweise aus Duraluminium, Bootsboden mit Quer- und Längsstufen. Im Boot befanden sich der Waffenstand, das Cockpit für zwei Piloten, der Stand für den Maschinisten und die Kraftstoffanlage. Vier Maybach-Motoren wurden in Tandem-Anordnung in zwei Motorgondeln untergebracht und zwischen Boot und Tragwerk angeordnet. Die Wasserkühler waren über den Motoren montiert. Der Durchmesser der zweiflügeligen Holzluftschrauben betrug 3 m. Der Leitwerkträger saß auf dem Tragwerk. Das Höhenleitwerk war als Kastenleitwerk konstruiert, die Höhenruder geteilt und ohne Ausgleichsflächen; Seitenruder und Kielflossen durch den Rumpf in zwei Hälften geteilt.
Erstflug am 4. November 1917. Am 19. Februar 1918 Nonstop-Flug von Friedrichshafen nach Norderney in 7 Stunden zur weiteren Erprobung durch das Seeflugzeug-Versuchskommando Warnemünde. Rs III bestand die Seeprüfung mit Erfolg.

Rs III was a high-wing monoplane of all-metal design with fabric covering of the wing and empennage. The wing was braced with special cables to the empennage boom and the hull; only its centre part was rigidly connected to the hull by means of steel profiles. The intrinsically stable hull was a monocoque design made of duraluminium with traverse and longitudinal steps. The hull housed the gun station, the flight deck for two pilots, the engineer's station and the fuel system. The four Maybach engines were arranged in tandem in two nacelles and installed between the hull and the wing. The radiators were mounted above the engines. The diameter of the two-blade wooden propellers was 3 m. The tail boom was mounted on the wing and had a box-type horizontal tail assembly with split elevator without compensating surfaces; the rudders and tail fins were divided into halves by the fuselage.
First flight on 4 November 1917. On 19 February 1918, a 7-hour non stop flight was made from Friedrichshafen to Norderney for further testing by the Seaplane Test Command Warnemünde. The Rs III passed the sea test successfully.

Technische Daten/Technical Data

Länge/Length	22,7 m	Bootsbreite/Hull width	4,7 m
Höhe/Height	8,1 m	Rüstgewicht/Empty weight	7865 kg
Spannweite/Span	37,0 m	Fluggewicht/All-up weight	10670 kg
Flügeltiefe/Wing depth	6,5 m	Höchstgeschwindigkeit/Maximum speed	136 km/h
Flügelfläche/Wing area	238,0 m^2	Gipfelhöhe/Service ceiling	2700 m
Triebwerk/Powerplant Maybach	4 × 240 PS	Reichweite/Range	1380 km

1918 Jagd-Seeflugzeug Fighter Seaplane Cs I

Cs I – verspannter, zweisitziger Tiefdecker auf Schwimmern in Metallbauweise, Stoffbespannung beim Tragwerk, Höhen- und Seitenleitwerk. Der Tragflügel bestand aus zwei Hälften, die an einem fest mit dem Rumpf verbundenen Mittelstück verschraubt waren. Leichtmetall-Rumpf in Schalenbauweise, durch 12 tropfenförmige Stahlrohre mit den Schwimmern verbunden. Das Höhenleitwerk hatte negativ gewölbtes Profil. Flosse fest mit dem Rumpf verbunden. Das Seitenleitwerk war so angeordnet, daß der größte Teil der Fläche, mit Rücksicht auf ein gutes Schußfeld und Trudeleigenschaften, unter die Höhenflosse zu liegen kam. Einfache Knüppelsteuerung eingebaut. Cs I zuerst mit einem Benz-Motor IIIb ohne Getriebe und seitlich am Rumpf angebrachten Ohrenkühlern konstruiert. Unbefriedigende Flugergebnisse führten danach zum Einbau des Benz IIIa-Triebwerks mit Getriebe und eines Stirnkühlers zwischen Motor und Luftschraube. Verwendet wurde eine Holzluftschraube von 2,75 m Ø. Als Kraftstofftanks dienten zwei Aluminiumbehälter, hinter und unter dem Führersitz angeordnet. Zwei starre MG mit je 500 Schuß und ein bewegliches MG mit 1000 Schuß waren als Bewaffnung vorgesehen.
Erstflug am 11. Mai 1918. Drei Maschinen wurden gebaut und der Marine zur weiteren Erprobung ausgeliefert.

The Cs I was a braced two-seat low-wing monoplane on floats in all-metal design with fabric covering of the wing, the horizontal and vertical tail assembly. Its wing consisted of two halves rigidly bolted to a fuselage centre section. Light metal fuselage of monocoque design connected to the floats by means of 12 drop-shape steel tubes. The horizontal tail unit had a negative profile and the stabilizer was rigidly connected to the fuselage. The vertical tail assembly was arranged in such a way that the larger part of the surface was below the horizontal stabilizer to ensure a good firing area and improve the spin characteristics. The Cs I was initially powered by a Benz IIIb engine without gearbox and with lateral radiators. Unsatisfactory flight tests resulted in the installation of the Benz III a engine with gearbox and a face radiator between the engine and the propeller. The latter was an all-wood design with a diameter of 2.75 m. Two aluminium tanks installed behind and below the pilot seat held the fuel. Two rigid machine guns with 500 rounds each and a mobile machine gun with 1000 rounds made up the armament.
First flight on 11 May 1918. Three aircraft were built and delivered to the Navy for further testing.

Technische Daten/Technical Data

Länge/Length	8,9 m	Schwimmerlänge/Float length	5,8 m
Höhe/Height	3,0 m	Schwimmerinhalt gesamt/Total float volume	2600 Liter
Spannweite/Wing span	13,3 m	Rüstgewicht/Empty weight	950 kg
Flügelfläche/Wing area	31,6 m^2	Fluggewicht/All-up weight	1425 kg
Flügeltiefe/Wing depth	2,5 m	Höchstgeschwindigkeit/Maximum speed	133 km/h
Triebwerk/Powerplant Benz IIIa und b	195 PS	Gipfelhöhe/Service ceiling	3000 m

1918 Aufklärungsflugzeug Reconnaissance Aircraft Cl II

Cl II – verspannter zweisitziger Doppeldecker in Metallbauweise, Stoffbespannung beim Tragwerk und Leitwerk. Gegenüber der Cl I wurden bei diesem Baumuster bei der Tragwerk-Konstruktion einige Verstärkungen vorgenommen und die Tiefe des Oberflügels um 10 cm vergrößert. Rumpf und einteiliger Oberflügel mit Streben fest verbunden, der Abstand wurde jedoch um 10 cm erhöht, um die Sichtverhältnisse für den Piloten zu verbessern. Die zweiteilige Unterflügel-Konstruktion mit dem gelenkigen Rumpfanschluß entsprach der Cl I. Das Leitwerk, ein Metallgerippe mit Stoffbespannung, erfuhr in der Formgebung eine Verbesserung. Zum Einbau kam ein Mercedes-Triebwerk und eine zweiflügelige Holzluftschraube von 2,8 m ∅. Anstelle des Flächenkühlers wurde bei der Cl II ein Stirnkühler verwendet. Unter dem Pilotensitz befand sich der abwerfbare Treibstofftank. Die Bewaffnung bestand aus einem starren und einem beweglichen MG.
Erstflug am 17. August 1918. Die Cl II kam nicht zum Einsatz.

The Cl II was a braced two-seat biplane in all-metal design with fabric-covered wings and empennage. Compared with the Cl I, this model had several wing reinforcements and the depth of the upper wing was increased by 10 cm. The fuselage and the continuous upper wing were rigidly connected by struts, but the distance was increased by 10 cm to improve visibility for the pilot. The two-part lower-wing design with hinged connections to the fuselage corresponded to that of the Cl I. The empennage, a metal structure covered with fabric, was improved in its shape. The aircraft was powered by a Mercedes engine driving a two-blade wooden propeller with a diameter of 2.8 m. Instead of the surface radiator, the Cl II had a face radiator. The fuel tank located under the pilot's seat could be dropped. The armament consisted of a rigid and a mobile machine gun.
First flight on 17 August 1918. The Cl II was never used operationally.

Technische Daten/Technical Data

Länge/Length	7,5 m
Höhe/Height	2,9 m
Spannweite Oberflügel/Upper wing span	10,5 m
Tiefe Oberflügel/Upper wing depth	1,5 m
Spannweite Unterflügel/Lower wing span	9,0 m
Tiefe Unterflügel/Lower wing depth	1,4 m
Gesamtflügelfläche einschließlich Querruder Total wing area with ailerons	28,1 m^2

Triebwerk/Powerplant Mercedes	160 PS
Rüstgewicht/Empty weight	730 kg
Fluggewicht/All-up weight	1070 kg
Höchstgeschwindigkeit/Maximum speed	165 km/h
Gipfelhöhe/Service ceiling	5300 m

1918 Jagdflugzeug Fighter Aircraft D I

D I – freitragender einsitziger Doppeldecker in Metallbauweise. Die bisher für die Rümpfe angewandte Schalenbauweise wurde erstmals auf die Flügelgestaltung übertragen. Es entstand der erste, völlig mit glatten Blechen beplankte Flügel mit tragender Haut. Nur die Flügelnasen und -enden erhielten noch Stoffbespannung. Die Flügel- und Rumpfkonstruktion der D I war wegweisend für den Flugzeugbau im In- und Ausland. Der Oberflügel, über die ganze Spannweite durchlaufend, saß mit vier biegungssteifen Stielen abgestützt über dem Rumpf. Der Unterflügel war an der Rumpfunterseite eingelassen und an 6 Stellen verbunden. Es wurden verschiedene Triebwerke eingebaut: Mercedes (160 PS), Benz IIIb (195 PS) und BMW IIIa (185 PS). Die Luftschrauben aus Holz hatten einen Durchmesser von 2,7 m. Der abwerfbare Kraftstofftank hing in Form eines stromlinienförmigen Behälters unter dem Rumpf. Zwei tropfenförmige Dural-Hohlkörper, mit dem Rumpf fest vernietet, bildeten den tragenden Teil für die Radachsen. Für die Federung wurden Stahlfeder-Pakete verwendet. Die Bewaffnung bestand aus zwei starren Maschinengewehren.
Erstflug am 4. Juni 1918. Gute Ergebnisse bei den Vergleichsflügen in Berlin-Adlershof. Sieben Maschinen wurden gebaut. Nach Kriegsende wurden zwei D I-Flugzeuge in den USA getestet.

The D I was a cantilever single-seat biplane of all-metal design. The monocoque-type construction, hitherto only used for fuselages, was applied to the wing design for the first time. This resulted in the first completely flush metal wing with load-carrying skin. Only the leading and trailing edges of the wing had a fabric cover. The wing and fuselage design of the D I was setting the trend for aircraft construction in Germany and abroad. The upper wing extending over the entire span was braced on the fuselage by four struts resistant to bending. The lower wing was integrated into the fuselage underside and connected with it at six points. Different types of engines were installed: Mercedes (160 HP), Benz IIIb (195 HP) and BMW IIIa (185 HP). The wooden propellers had a diameter of 2.7 m. The jettisonable fuel tank was attached under the fuselage as a streamlined container. Two drop-shaped dural hollow struts, riveted to the fuselage, formed the load-carrying elements of the wheel axles. Steel spring packs were used for the suspension. The armament consisted of two rigid machine guns.
First flight on 4 June 1918. Good results were obtained during comparison flight evaluation in Berlin-Adlershof. Seven aircraft were built. After the First World War, two D I aircraft were tested in the United States.

Technische Daten/Technical Data

Länge/Length	6,4 m
Höhe/Height	2,6 m
Spannweite Oberflügel/Upper wing span	7,8 m
Spannweite Unterflügel/Lower wing span	6,5 m
Flügeltiefe/Wing depth	1,4 m
Gesamtflügelfläche/Total wing area	18,7 m^2
Leitwerkfläche/Control surface area	3,2 m^2
Rüstgewicht/Empty weight	725 kg
Fluggewicht/All-up weight	885 kg
Höchstgeschwindigkeit/Maximum speed	200 km/h
Gipfelhöhe/Service ceiling	8100 m

1918 Riesenflugboot Giant Flying Boat Rs IV

Rs IV – Hochdecker in Metallbauweise, Stoffbespannung beim Tragflügel und Leitwerk. Bei der Auslegung des Bootskörpers führte Dornier erstmals die Stabilitäts-(Flossen-) Stummel ein, das markante Merkmal der späteren Dornier-Flugboote. Die Flossenstummel verliehen dem Flugboot eine hohe Seitenstabilität, ergaben sowohl in der Luft als auch auf dem Wasser Auftrieb und, gegenüber Rs III, eine erhebliche Verringerung der Bootsbreite. Vier Maybach-Motoren waren in Tandem-Anordnung in zwei vergrößerten Motorgondeln eingebaut und für kleine Reparaturen während des Fluges vom Boot aus zugänglich. Die Wasserkühler der vorderen Motoren wurden als Stirnkühler mit in den Gondelquerschnitt einbezogen. Das Tragwerk saß auf den Verlängerungen der Motorböcke und war zum Boot und Rumpf verspannt. Am Leitwerksrumpf in Schalenbauweise, zentral auf dem Flügel gelagert, wurde am Bug eine Führerkanzel mit freier Sicht angebaut. Das Leitwerk bestand aus einem einfachen Höhen- und Seitensteuer.
Erstflug am 12. Oktober 1918. Juni 1919 Umbau für den zivilen Einsatz. Das Cockpit wurde vom Leitwerkrumpf in das Boot verlegt, der frei gewordene Raum als Passagierkabine für 6 Fluggäste genutzt. Im Herbst 1920 mußte die Rs IV auf Anordnung der Alliierten demontiert werden.

The Rs IV was a high-wing all-metal aircraft with fabric-covered wing and empennage. In designing the hull, Dornier introduced stability-increasing sponsons for the first time – a characteristic feature of all subsequent Dornier flying-boats. The sponsons gave the flying-boat a high lateral stability and provided lift both in the air and on the water and allowed a considerable reduction in hull width compared with the Rs III. The four Maybach engines were installed in tandem into two larger nacelles and were accessible for minor in-flight repairs from the hull. The radiator of the front engines, designed as face radiators, were integrated into the nacelle cross-section. The wing rested on the extensions of the motor stands and was braced with the hull and the fuselage. A flight deck with unobstructed visibility was installed into the monocoque fuselage carrying the empennage and centrally located on the wing. The empennage consisted of simple vertical and horizontal control surfaces.
First flight on 12 October 1918. In June 1919, conversion for civil use. The flight deck was transferred from the fuselage holding the empennage into the hull and the space thus gained was used as a cabin for six passengers. In autumn 1920, the Rs IV had to be dismantled upon instruction of the Allies.

Technische Daten/Technical Data

Länge/Length	22,8 m	Bootsbreite/Hull width	3,6 m
Höhe/Height	8,4 m	Triebwerk/Powerplant Maybach	4 × 270 PS
Spannweite/Wing span	37,0 m	Rüstgewicht/Empty weight	7235 kg
Flügeltiefe/Wing depth	6,5 m	Fluggewicht/All-up weight	10600 kg
Flügelfläche/Wing area	226,0 m^2	Höchstgeschwindigkeit/Maximum speed	138 km/h
Bootslänge/Hull length	14,2 m	Gipfelhöhe/Service ceiling	2000 m

1919 Verkehrsflugboot Commercial Flying Boat Gs I

Gs I – abgestrebter Hochdecker in Metallbauweise, Stoffbespannung beim Tragflügel und Leitwerk. August 1918 Konstruktionsbeginn für eine Militärversion, nach Kriegsende mußte behelfsmäßig auf eine Zivilausführung umgestellt werden. Das mehrfach abgeschottete Boot war mit den neuartigen Flossenstummeln versehen. Im Aufbau auf dem vorderen Bootsteil – eine Notlösung infolge des Umbaus – brachte man das Cockpit und den Passagierraum für 6 Fluggäste unter. Der Maschinist und vier Kraftstoffbehälter befanden sich im Boot. Die Motorenanlage bestand aus zwei Maybach-Triebwerken in Tandem-Anordnung, in einer völlig verkleideten Motorgondel untergebracht, mit dem Tragwerkmittelstück verbunden und durch den Motorbock auf das Boot abgestützt. Der Kühler für den vorderen Motor war als Stirnkühler ausgebildet. Der Kühler für den hinteren Motor, ein Kasten-Stirnkühler, befand sich oberhalb der Motorenanlage. Tragwerk und Flossenstummel waren durch Profilstiele verbunden und mit Diagonalkabeln gesichert. Die Gs I bekam ein Kastenleitwerk.
Erstflug am 31. Juli 1919. Oktober bis Dezember 1919 Erprobung bei der schweizerischen Luftverkehrsgesellschaft AD ASTRA. Holland und Schweden zeigten Interesse. Die Gs I flog von Friedrichshafen über Potsdam (in 5 Stunden), Norderney nach Holland zur Vorführung. Um der Auslieferung des Flugbootes an die Alliierten zu entgehen, wurde die Gs I von der Besatzung am 25. April 1920 in der Ostsee versenkt.

The Gs I was a high-wing strut-braced monoplane in all-metal design with fabric-covered wing and empennage. Construction started in August 1918 for a military version and had to be converted provisionally to a civil version after the end of World War I. The hull divided into several bulkheads was equipped with the novel sponsons. As a stopgap measure resulting from the conversion, the flight deck and the cabin for six passengers were housed in the structure on the front of the hull. The flight engineer and the four fuel tanks were located in the hull. The powerplant consisted of two Maybach engines arranged in tandem and housed in a fully enclosed nacelle connected to the centre section of the wing and resting on the hull through the engine stand. The radiator for the front engine was of the face-type while that of the rear engine was a box-type face radiator located above the powerplant. The wing and the sponsons were connected by means of profiled struts secured with diagonal cables. The Gs I had a box-type tail assembly.
First flight on 31 July 1919. Test flights with the Swiss airline AD ASTRA between October and December 1919. The Netherlands and Sweden showed an interest in the aircraft. The Gs I was flown from Friedrichshafen to the Netherlands via Potsdam (in five hours) and Norderney for demonstrations. In order to prevent handing over of the flying-boat to the Allies, the Gs I was sunk by the crew in the Baltic Sea on 25 April 1920.

Technische Daten/Technical Data

Länge/Length	15.3 m	Triebwerk/Powerplant Maybach Mb IV a	2 × 270 PS
Höhe/Height	4,7 m	Rüstgewicht/Empty weight	3115 kg
Spannweite/Wing span	21,0 m	Fluggewicht/All-up weight	4315 kg
Tiefe Tragflügel/Wing depth	4,0 m	Höchstgeschwindigkeit/Maximum speed	170 km/h
Flügelfläche/Wing area	80,0 m^2	Gipfelhöhe/Service ceiling	4250 m
Bootsbreite/Hull width	2,5 m	Steigzeit auf 4000 m/Climb to 4000 m	52,6 min

1920 Verkehrsflugboot Commercial Flying Boat Delphin I

Delphin I – einmotoriger Schulterdecker in Metallbauweise. Das zweistufig ausgebildete Boot mit stumpfem Vorschiff war mehrfach abgeschottet und mit den Dornier-Flossenstummeln versehen. Der Ganzmetallflügel bestand aus zwei Hälften, jeweils an der Bootsseitenwand montiert und durch zwei Stiele mit den Stummeln verstrebt. Zum Einbau kam ein BMW III a-Triebwerk. Der Stirnkühler saß zwischen der zweiflügeligen Holzluftschraube und dem Motor. Das offene Cockpit, versuchsweise auch mit einer Überdachung ausgeführt, befand sich unmittelbar hinter dem Triebwerk. Der Passagierraum für 4–5 Fluggäste und ein Gepäckraum waren im Boot untergebracht. Es wurde ein normales Kreuzleitwerk verwendet.
Erstflug am 24. November 1920. Bei der Erprobung wirkte sich der stumpfe Bootsbug sehr ungünstig auf den Startvorgang aus. Das Vorschiff wurde deshalb verlängert. Es wurden 4 Maschinen gebaut, davon zwei in dem neu gegründeten Werk in Marina di Pisa/Italien. U.a. wurde ein Delphin I von der US-Navy zur Erprobung des Ganzmetallflugzeugbaues übernommen. Ein Delphin I wurde an den japanischen Lizenznehmer, die Firma Kawasaki Dockyard Co. in Kobe, geliefert.

Delphin I was a single-engine all-metal high-wing monoplane. The two-step hull with its blunt bow was divided into several bulkheads and equipped with the Dornier sponsons. The all-metal wing consisted of two halves, each mounted to the lateral wall of the hull and braced with the sponsons by means of two struts. The powerplant consisted of a BMW III a engine with a face-type radiator between the two-blade wooden propeller and the engine. The open flight deck equipped with a cover for test purposes, was located immediately aft of the engine. The cabin for 4–5 passengers and a baggage hold were located in the hull. The aircraft had a standard cross-shaped empennage.
First flight on 24 November 1920. During the tests, the blunt bow of the hull was very unfavourable during the take-off phase. Therefore, the bow was extended. Four aircraft were built, two of them in the new Marina di Pisa/Italy plant. One Delphin I was taken over for testing of all-metal aircraft construction by the U.S. Navy. One Delphin I was delivered to the Japanese licensee, Kawasaki Dockyard Co. of Kobe.

Technische Daten/Technical Data

Delphin I mit verlängertem Vorschiff/Delphin I with extended bow

Länge/Length	11,5 m	Fluggewicht/All-up weight	2200 kg
Höhe/Height	3,1 m	Höchstgeschwindigkeit/Maximum speed	125 km/h
Spannweite/Span	17,1 m	Gipfelhöhe/Service ceiling	4000 m
Tragfläche mit Querruder/Wing area with ailerons	51,3 m^2	Passagiere/Passengers	4–5
Triebwerk/Powerplant BMW III a	185 PS	Besatzung/Crew	1
Rüstgewicht/Empty weight	1600 kg		

1920 Verkehrsflugzeug-Projekt / Transport Aircraft Project — Do G I Greif

Dieser Entwurf eines verspannungslosen Eindeckers sollte vollständig aus Metall gebaut werden, je nach Belastung aus hochwertigem Stahl oder Duraluminium. Die Trag- und Steuerflächen sah man wahlweise mit leicht auswechselbaren Duraluminiumplatten belegt oder mit Stoff bespannt vor. Raumaufteilung des Rumpfes: Führerraum, Gepäckraum, Kabine für 8–10 Fluggäste, Toilette. Neuartig war die Anordnung der beiden Motoren unter dem Flügel an seitlichen Auslegern, eine Anordnung, wie sie bei der 1959 gebauten Do 28 wiederkehrte. Dadurch sollte die Wartung der Triebwerke besonders leicht zugänglich gemacht werden. Die Luftschrauben waren weit nach vorne geschoben und außerdem gegeneinander versetzt, um bei einem auftretenden Propellerbruch Beschädigungen der Tragfläche, des Rumpfes oder der anderen Luftschraube zu vermeiden.

This design of an unbraced monoplane was to be built completely of metal, using either high-quality steel or Duraluminium, depending on the load. The wing and the control surfaces were either to be covered with easily replacable Duraluminium plates or with fabric. Subdivision of the fuselage: flight deck, baggage hold, cabin for 8–10 passengers, lavatory. The installation of the two engines under the wing, on lateral booms, an arrangement which was used again on the Do 28 built 1959, was a novelty and was used to facilitate engine maintenance. The propellers were installed in a forward, staggered position to avoid damage to the wing, the fuselage or the other propeller in the case of a blade break.

Technische Daten/Technical Data

Länge/Length	12,2 m	Rüstgewicht/Empty weight	2350 kg
Höhe/Height	3,3 m	Fluggewicht/All-up weight	3450 kg
Spannweite/Wing span	21,0 m	Höchstgeschwindigkeit/Maximum speed	180 km/h
Tragfläche/Wing area	80,0 m^2	Gipfelhöhe/Service ceiling	6000 m
Triebwerk/Powerplant BMW 185 PS/HP	2 × 185 PS/HP		

1921 Kleinflugboot Small Flying Boat Libelle I

Libelle I – Hochdecker in Metallbauweise, Stoffbespannung der hinteren Tragflügelteile und Ruderflächen. Das eigenstabile, mehrfach abgeschottete Boot mit Querstufe besaß die bewährten Dornier-Flossenstummel. Die Anbringung kleiner Gleitkufen am Bootsboden ermöglichten Start und Landung auf Eisflächen. In der Mitte des Bootsrumpfes waren drei Sitzplätze angeordnet, zwei vorne nebeneinander und mit Doppelsteuerung versehen, der dritte Sitz befand sich dahinter. Das Tragwerk bestand aus zwei Flügelhälften, am Tragwerkmittelstück angeschlossen und durch je zwei Streben gegen den Bootskörper abgefangen. Das Neue dieser Konstruktion bildeten die nach hinten klappbaren Tragflügel; bequemer Transport und geringer Platzbedarf bei der Unterbringung waren dadurch gewährleistet. Als Antrieb diente ein 5-Zylinder-Siemens-Sternmotor mit 55 PS, in einer Gondel auf dem festen Tragwerkmittelstück angeordnet. Der Kraftstoff wurde aus einem im Boot gelagerten Benzinbehälter über eine windgetriebene Pumpe in einen hinter dem Motor befindlichen Falltank befördert. Am Heck des Bootes befanden sich die feste Kiel- und Höhenflosse mit einteiligem Seiten- und Höhenruder.
Erstflug am 16. August 1921.

Libelle I, a high-wing monoplane of all-metal design, had the rear wing sections and the control services covered with fabric. The intrinsically stable hull with several bulkheads and a transverse step was equipped with the well-proven Dornier sponsons. Installation of small skids on the hull bottom allowed the take-off and landing on ice surfaces. Three seats were located in the centre of the hull, two in front and side by side equipped with dual controls, with the third seat behind those. The wing consisted of two halves connected to the wing centre section and braced against the hull by means of two struts each. The novelty of this design was the foldable wing to ensure small space requirements during transport and hangarage. The aircraft was powered by a five-cylinder Siemens radial engine rated at 55 HP and installed on a nacelle located on the rigid centre wing section. Fuel was delivered by a wind-driven pump from the tank in the hull to a gravity tank behind the engine. The hull tail was equipped with a rigid tail unit with one-piece rudder and elevator.
First flight on 16 August 1921.

Technische Daten/Technical Data

Länge/Length	7,2 m	Rüstgewicht/Empty weight	400 kg
Höhe/Height	2,3 m	Fluggewicht/All-up weight	650 kg
Spannweite/Wing span	8,5 m	Höchstgeschwindigkeit/Maximum speed	120 km/h
Breite bei zurückgeklappten Flügeln/ Width with wing halves folded back	3,2 m	Reisegeschwindigkeit/Cruise speed	100 km/h
Tragfläche/Wing area	14,0 m^2	Gipfelhöhe/Service ceiling	1600 m
Triebwerke 5 Zylinder Siemens/ Powerplant five-cylinder Siemens	55 PS	Besatzung/Passagiere Crew/passengers	3

1921 Verkehrsflugzeug / Commercial Aircraft — Komet I

Komet I – Schulterdecker in Metallbauweise. Der Rumpf mit rechteckigem Querschnitt war als Hohlkörper konstruiert. Er bestand aus Rahmenspanten mit glatter Blechbeplankung, verstärkt durch aufgenietete Spezialprofile. Das Tragwerk bildeten zwei Flügelhälften, jeweils an der Rumpfseitenwand lösbar angeschlossen und mit zwei Streben gegen den Rumpf abgestützt. Im vorderen Rumpfteil kam ein BMW III-Motor mit 185 PS zum Einbau. Ein Stirnkühler war dicht hinter der zweiflügeligen Holzluftschraube angebracht. Die bequem ausgestattete Kabine für vier Passagiere hatte eine Länge von 2,0 m, eine Höhe von 1,6 m und eine Breite von 1,2 m. Der offene, einsitzige Führerraum war hinter dem Tragwerk im Rumpf angeordnet. Die Kraftstoffanlage bestand aus einem Haupttank von 285 Litern Inhalt und einem Nottank mit 20 Litern. Als Leitwerk dienten für die Höhen- und Seitensteuerung einfache Leitflächen mit leichtgängigen Rudern, wovon das Seitensteuer auf normale Weise ausgeglichen war. Die ebenfalls ausgeglichenen Querruder konnten durch ein Handrad betätigt werden. Das Fahrwerk bestand aus zwei verkleideten Achs-Stümpfen. Der Sporn war als normaler Schleifsporn ausgebildet.
Erstflug im Sommer 1921.

Komet I, a high-wing monoplane of all-metal design, had a rectangular fuselage designed as a hollow structure. It consisted of airframe bulkheads with flush sheet-metal pannelling, reinforced by riveted special profiles. The wing consisted of two halves bolted to the fuselage sides and braced against the fuselage by means of two struts. A BMW III engine rated at 185 HP was installed in the front fuselage section. A face-type radiator was mounted closely behind the two-blade wooden propeller. The comfortable cabin for four passengers had a length of 2.0 m, a height of 1.6 m and a width of 1.2 m. The open, single-seat flight deck was located behind the wing inside the fuselage. The fuel system consisted of a 285-litre main tank and a 20-litre emergency tank. Simple, smooth-going control surfaces were used for horizontal and lateral control and normal balancing was used on the rudder. The balanced ailerons were operated by a hand wheel. The landing gear consisted of two enclosed axle stubs and a standard tail skid.
First flight in summer 1921.

Technische Daten/Technical Data

Länge/Length	9,5 m
Höhe/Height	2,8 m
Spannweite/Wing span	17,0 m
Tragfläche/Wing area	50.0 m²
Triebwerk/Powerplant BMW III	185 PS
Rüstgewicht/Empty weight	1450 kg
Fluggewicht/All-up weight	2120 kg
Höchstgeschwindigkeit/Maximum speed	160 km/h
Gipfelhöhe/Service ceiling	4000 m
Steigzeit bis 2000 m Höhe/ Climb to 2000 m	25 min
Fluggäste/Number of passengers	4
Besatzung/Crew	1

1922 Verkehrsflugzeug Commercial Aircraft Komet II

Komet II – Schulterdecker in Metallbauweise. Die Anordnung des Cockpits hinter dem Tragwerk beim Komet I war wegen der schlechten Sichtverhältnisse und der Abgase für den Piloten unbefriedigend. Den Führerstand verlegte man deshalb nach vorn, hinter den Tragflügel-Vorderholm. Der Rumpf wurde von 9,5 m auf 10,3 m verlängert; die Konstruktion als Hohlkörper, bestehend aus Rahmenspanten mit glatter Blechbeplankung und aufgenieteten Spezialprofilen, entsprach der Ausführung Komet I. Das Tragwerk, aus zwei Flügelhälften gebildet, wurde an der Rumpfseitenwand angeschlossen und mit zwei Streben gegen den Rumpf abgestützt. Gegenüber Komet I kam ein stärkeres Triebwerk zum Einbau, der BMW IV-Motor mit 250 PS oder der Rolls-Royce Falcon mit 260 PS. Verschiedene Kühleranordnungen (Stirnkühler, am Rumpf angebrachte Seitenkühler), zwei- und vierflügelige Holzluftschrauben wurden erprobt. Als Leitwerk dienten für die Höhen- und Seitensteuerung einfache Leitflächen mit leichtgängigen Rudern.
Erstflug am 9. Oktober 1922. Komet II-Flugzeuge kamen in Rußland (10 Stück), England, Spanien, Schweiz und Kolumbien (je 1 Maschine) zum Einsatz. Der Komet II flog als erstes deutsches Verkehrsflugzeug am 31. 12. 1922 nach England, was die Voraussetzung für die Aufnahme eines planmäßigen Luftverkehrs Berlin – London durch den Deutschen Aero Lloyd war.

Komet II was a high-wing monoplane aircraft of all-metal design. The location of the flight deck behind the wing on Komet I was unsatisfactory for the pilot because of poor visibility and engine exhausts. Therefore, the flight deck was moved forward, behind the front spar of the wing. The fuselage was extended from 9.5 m to 10.3 m and consisted of a hollow structure formed by airframe bulkheads with flush sheet-metal pannelling and riveted special profiles corresponding to the Komet I version. The wing, formed by two wing halves, was connected to the fuselage side wall and braced against the fuselage by means of two struts. The Komet II had a more powerful engine than the Komet I, i.e. either a BMW IV rated at 250 HP or a Rolls-Royce Falcon rated at 260 HP. Different radiator locations (face radiator, lateral radiator installed on the fuselage) and two and four-blade wooden propellers were tested. Horizontal and lateral control was by means of simple, smooth-moving control surfaces.
First flight on 9 October 1922. Komet II aircraft were used in Russia (10 units), Great Britain, Spain, Switzerland and Colombia (one unit each). The Komet II was the first German commercial aircraft to fly to Great Britain, on 31 December 1922, marking the start of scheduled air services between Berlin and London by Deutscher Aero Lloyd.

Technische Daten/Technical Data

Länge/Length	10,3 m	Rüstgewicht/Empty weight	1500 kg
Höhe/Height	2,8 m	Fluggewicht/All-up weight	2200 kg
Spannweite/Wing span	17,0 m	Höchstgeschwindigkeit/Maximum speed	165 km/h
Tragfläche/Wing area	50,0 m^2	Gipfelhöhe/Service ceiling	5000 m
Triebwerk/Powerplant BMW IV	250 PS	Fluggäste/Number of passengers	4
Rolls-Royce Falcon	260 PS	Besatzung/Crew	1

1922 Kleinflugboot Small Flying Boat Libelle II

Libelle II – Hochdecker in Metallbauweise, Teile des Tragwerks und Ruderflächen mit Stoff bespannt. Beim eigenstabilen, mehrfach abgeschotteten Boot mit Querstufe und den Dornier-Flossenstummeln wurde, gegenüber Libelle I, der Bug verlängert, was der Besatzung eine größere Spritzwasserfreiheit brachte. Der Kabinenraum für drei Personen blieb im Bootsrumpf angeordnet. Das Tragwerk, bei Libelle II um 1,3 m vergrößert, wurde mit je zwei Stielen gegen das Boot abgestützt. Es bestand aus zwei Tragflügelhälften und einem Tragwerkmittelstück. Wie bei Libelle I waren die Tragflächen nach hinten klappbar ausgeführt. Stärkere Triebwerke kamen zum Einbau: 7-Zylinder-Siemens-Sternmotoren und 4-Zylinder-Reihenmotoren Cirrus mit je 80 PS. Als Leitwerk wurde eine feste Kiel- und Höhenflosse mit einteiligem Seiten- und Höhensteuer vorgesehen. Die Steuerung war als Knüppel-Doppelsteuerung konstruiert, wobei die zweite Steuerung durch eine Kupplung ausgeschaltet werden konnte.
Libelle II-Flugboote wurden nach Neuseeland, Australien, Japan, Brasilien und den Fidschi-Inseln geliefert. Von den Fidschi-Inseln kehrte 1978 eine stark korrodierte Libelle per Seefracht zu Dornier zurück und dient seit ihrer Restaurierung als Ausstellungsstück.

Libelle II, a high-wing monoplane of all-metal design, had parts of the wing and control surfaces covered with fabric. Compared with Libelle I, the intrinsically stable hull with multiple bulkheads and a transverse step plus Dornier sponsons had an extended bow for a better protection of the crew against spray water. The cabin for three remained in the hull. The wing, extended by 1.3 m for Libelle II, was braced against the hull by two struts on either side. It consisted of two wing halves and a centre wing section. As on Libelle I, the wing halves folded backwards. More powerful engines were used: seven-cylinder Siemens radial engines and four-cylinder Cirrus in-line engines rated at 80 HP each. The tail unit consisted of rigid, one-piece rudder and elevator. There were dual joystick controls, one of which could be made ineffective by means of a clutch.
Libelle II flying boats were delivered to New Zealand, Australia, Japan, Brazil and to the Fiji Islands. A heavily corroded Libelle returned by seafreight to Dornier from the Fiji Islands in 1978. It has since been restored for exhibition purposes.

Technische Daten/Technical Data

Länge/Length	7,5 m
Höhe/Height	2,4 m
Spannweite/Wing span	9,8 m
Breite bei zurückgeklappten Flügeln/ Width with wing halves folded back	3,2 m
Tragfläche/Wing area	15,5 m^2
Triebwerk 7 Zylinder Siemens, 4 Zylinder Cirrus/ Powerplant seven-cylinder Siemens, four-cylinder Cirrus	80 PS
Rüstgewicht/Empty weight	475 kg
Fluggewicht/All-up weight	750 kg
Höchstgeschwindigkeit/Maximum speed	145 km/h
Reisegeschwindigkeit/Cruise speed	120 km/h
Gipfelhöhe/Service ceiling	2000 m
Besatzung/Passagiere Crew/passengers	3

1922 — Flugboot / Flying Boat — Wal

Dornier-Wal, eines der bedeutendsten Flugboote der deutschen Luftfahrt-Geschichte. Abgestrebter Hochdecker in Metallbauweise, Stoffbespannung beim Tragflügel und Leitwerk. Die Tragflächen waren am Mittelstück, das die Triebwerksgondel bildete, angeschlossen und mit je einem Strebenpaar zum Flossenstummel abgestrebt. Das eigenstabile, zweistufige Boot trug die bewährten Dornier-Flossenstummel. Boot und Stummel waren mehrfach abgeschottet. Raumaufteilung des Bootes: Beobachtersitz mit MG im Bug, zweisitziger Führerstand, Kraftstofftanks und Bombenabwurfvorrichtung, Beobachtersitz mit MG im Heck. Verschiedene Triebwerke in Tandem-Anordnung kamen zum Einbau: Hispano-Suiza, Rolls-Royce Eagle, Liberty, Napier Lion, Gnôme Jupiter, Lorraine-Dietrich, Isotta Asso und BMW VI. Unterschiedliche Kühleranordnungen, zwei- und vierflügelige Holzluftschrauben wurden erprobt. Das Leitwerk bestand aus je einer Kiel- und Höhenflosse mit angebauten Rudern.

Der Flugzeugbau war in Deutschland durch die Versailler Verträge stark eingeschränkt. 1922 erfolgte die Gründung der Costruzioni Meccaniche Aeronautiche SA in Marina di Pisa/Italien. Erstflug des Dornier-Wal am 6. November 1922. Lieferungen dieser Version an Spanien, Holland, Chile, Argentinien, Japan, Rußland und Jugoslawien. Lizenzbau in Holland, Spanien und Japan. Im Februar 1925 wurden mit diesem Dornier-Wal 20 Weltrekorde aufgestellt.

Dornier Wal, one of the most remarkable flying boats in German aviation history, was a braced high-wing monoplane of all-metal design with fabric-covered wing and control surfaces. The wing halves were connected to the centre section, which formed the engine nacelle, and were braced against the sponsons by means of one pair of struts each. The intrinsically stable two-step hull was equipped with the well-proven Dornier sponsons. Hull and sponsons had several bulkheads. Hull subdivision: observer's seat with machine gun in the nose, two-seat flight deck, fuel tanks and bomb dropping facilities, observer's seat with machine gun in the tail. Different engines installed in tandem were used: Hispano-Suiza, Rolls-Royce Eagle, Liberty, Napier Lion, Gnôme Jupiter, Lorraine-Dietrich, Isotta Asso and BMW VI. Different radiator arrangements, as well as two and four-blade wooden propellers were tested. The tail unit consisted of one tail fin and one horizontal stabilizer each with rudders attached.

Aircraft construction was heavily restricted in Germany by the Versailles Treaty. Costruzioni Meccaniche Aeronautiche SA was established at Marina di Pisa/Italy in 1922. The Dornier Wal made its first flight on 6 November 1922. This version was delivered to Spain, the Netherlands, Chile, Argentina, Japan, Russia and Yugoslavia. The aircraft was built under licence in the Netherlands, in Spain and in Japan. In February 1925, this Dornier Wal established 20 world records.

Technische Daten/Technical Data

Länge/Length	17,3 m
Höhe/Height	5,2 m
Spannweite/Wing span	22,5 m
Tragfläche/Wing area	96.0 m^2
Triebwerk/Powerplant Rolls-Royce Eagle	2 × 360 PS
Rüstgewicht/Empty weight	3560 kg
Fluggewicht (je nach Triebwerk) All-up weight (depending on powerplant)	5000/5700 kg
Höchstgeschwindigkeit/Maximum speed	180 km/h
Steigzeit auf 3000 m Höhe/Climb to 3000 m	33 min
Gipfelhöhe/Service ceiling	3500 m
Besatzung/Crew	3

1922 Jagdflugzeug Single-Seat Fighter Falke-Land

Falke – freitragender, einsitziger Hochdecker in Metallbauweise, Tragflügel und Leitwerk teilweise mit Stoff bespannt. Rumpf in Schalenbauweise, durch außen aufgenietete Längsprofile verstärkt. Das Tragwerk, vollständig freitragend konstruiert, wurde mit kurzen, starr befestigten Stielen am Rumpf angeschlossen. Der Flügel konnte dadurch mühelos als Ganzes abgenommen werden. Zum Einbau kam das Triebwerk Hispano-Suiza 300 PS. Als Leitwerk dienten für Höhen- und Seitensteuerung einfache Leitflächen mit leichtgängigen Rudern. Das Leitwerk war ebenfalls abnehmbar gestaltet. Als besonders bemerkenswert galt damals das robuste, achslose Fahrgestell, bei dem sich die Fahrgestellbeine scherenartig im Rumpf kreuzten und dort abgefedert wurden. Die Betriebsstoffanlage bestand aus einem im Rumpf untergebrachten Druckbenzin- und einem im Flügelmittelteil liegenden Fallbenzintank. Der Öltank lag direkt neben dem Motor. Verschiedene Kühleranordnungen wurden untersucht, ein französischer Lamblin-Lamellen-Kühler und normale Wabenkühler als Bauch- und Stirnkühler. Als Bewaffnung sah man zwei starr vor dem Cockpit eingebaute Maschinengewehre vor.
Erstflug am 1. November 1922. U.a. wurde ein Falke mit dem amerikanischen Wright-Hispano-Suiza-Lizenzmotor H-3 ausgerüstet und von der US-Navy erprobt. Ein anderer Falke ging nach Japan.

Falke, a cantilever single-seat high-wing monoplane of all-metal design, had its wing and control surfaces partially covered with fabric. The monocoque fuselage was reinforced externally by riveted longitudinal profiles. The cantilever wing was connected to the fuselage by short, rigidly mounted stubs. In this way, the fuselage could be removed completely and without problems. The aircraft was powered by a Hispano-Suiza engine rated at 300 HP. Smoothly operating simple control surfaces were used for lateral and horizontal control. The control surfaces could also be removed. A special feature was the rugged, axle-less landing gear whose legs crossed in the fuselage like the blades of scissors and were suspended there. The fuel system consisted of a pressure tank in the fuselage and a gravity tank in the wing centre section. The oil tank was next to the engine. Different radiator arrangements were tested, including a French Lamblin ribbed radiator and standard honeycomb radiators for the belly and face type. The armament consisted of two machine guns rigidly mounted in front of the flight deck.
First flight on 1 November 1922. One Falke was equipped with the U.S. Wright-Hispano-Suiza licence-built H-3 engine and tested by the U.S. Navy. Another Falke was sent to Japan.

Technische Daten/Technical Data

Länge/Length	7,4 m	Fluggewicht/All-up weight	1200 kg
Höhe/Height	2,7 m	Höchstgeschwindigkeit/Maximum speed	250 km/h
Spannweite/Wing span	10.0 m	Gipfelhöhe/Service ceiling	6000 m
Tragfläche/Wing area	20.0 m^2	Steigzeit bis 5000 m Höhe/ Climb to 5000 m	23 min
Triebwerk/Powerplant Hispano-Suiza	300 PS		
Rüstgewicht/Empty weight	890 kg		

1923 Jagd-Seeflugzeug Seaplane Fighter Falke-See

Falke – freitragender, einsitziger Hochdecker in Metallbauweise, Tragflügel und Leitwerk teilweise mit Stoff bespannt. Rumpf in Schalenbauweise, durch außen aufgenietete Längsprofile verstärkt. Das freitragende Tragwerk wurde mit dem Rumpf durch kurze, starr befestigte Stiele verbunden. Der Tragflügel und das Leitwerk waren abnehmbar konstruiert, um gute Transportmöglichkeit zu gewährleisten. Als Antrieb diente ein 6-Zylinder-BMW IVa-Motor mit 250/350 PS. Der Wasserkühler befand sich unter dem Rumpf. Die Betriebsstoffanlage bestand aus einem im Rumpf untergebrachten Druckbenzintank und einem im Flügelmittelteil liegenden Fallbenzintank. Als Leitwerk wählte man für die Höhen- und Seitensteuerung einfache Leitflächen mit leichtgängigen Rudern.
Der Falke-See wurde im neu gegründeten Werk Marina di Pisa/Italien aus einer Landversion in die Schwimmerausführung umgebaut. Dieses Baumuster übernahm im Rahmen eines Lizenzabkommens die japanische Firma Kawasaki Dockyard Co. im August 1924.

Falke, a cantilever single seat high-wing monoplane of all-metal design, had its wing and control surfaces partially covered with fabric. The monocoque fuselage was reinforced externally by riveted longitudinal profiles. The cantilever wing was connected to the fuselage by short, rigidly mounted stubs. The wing and the tail unit were designed for easy removal to ensure good transportation. The powerplant consisted of a sixcylinder BMW IVa engine rated at 250/350 HP. The radiator was below the fuselage. The fuel system consisted of a pressurized tank in the fuselage and a gravity tank in the wing centre section. Smoothly operating simple control surfaces were used for lateral and horizontal control.
Falke-See was converted from a land version to the float-equipped version at the new Marina di Pisa plant in Italy. This model was taken over by the Japanese Kawasaki Dockyard Co. under a licence agreement in August 1924.

Technische Daten/Technical Data

Länge/Length	8,4 m	Fluggewicht/All-up weight	1320 kg
Höhe/Height	3,1 m	Höchstgeschwindigkeit/Maximum speed	240 km/h
Spannweite/Wing span	10,0 m	Gipfelhöhe/Service ceiling	6800 m
Tragfläche/Wing area	20.0 m²	Steigzeit bis 5000 m/ Climb to 5000 m	18 min
Triebwerk/Powerplant BMW IV a	250/350 PS		
Rüstgewicht/Empty weight	1050 kg		

1924 Verkehrsflugboot Commercial Flying-Boat Delphin II

Delphin II – einmotoriger Schulterdecker in Metallbauweise. Das Boot mit den Dornier-Flossenstummeln war zweistufig ausgebildet und mehrfach abgeschottet. Gegenüber Delphin I verlegte man das Cockpit nach unten in den Bootskörper. Das Vorschiff wurde verlängert, was die Start- und Landeeigenschaften günstig beeinflußte. Die Konstruktion des Tragwerks bestand aus zwei Ganzmetallflügeln, jeweils mit der Bootsseitenwand fest verbunden und durch zwei Stiele mit den Stummeln verstrebt. Als Triebwerk kam ein Rolls-Royce Falcon III mit 260 PS zum Einbau. Es wurde ein Stirnkühler verwendet. Zwei- und vierflügelige Holzluftschrauben standen in Erprobung. Für das Leitwerk wählte man ein normales Kreuzleitwerk.
Erstflug 15. Februar 1924. Vier Maschinen wurden gebaut. U.a. konnte ein Delphin II an das englische Luftfahrtministerium geliefert werden. Zwei Flugboote wurden ab Juli 1925 beim Bodensee Aero Lloyd für Rundflüge eingesetzt. Der Deutsche Aero Lloyd erprobte mit einem dieser Flugboote im Spätsommer 1924 die See-Nachtflug-Versuchsstrecke Stettin – Kopenhagen.

Delphin II was a single-engine all-metal high-wing aircraft. The hull, featuring the Dornier sponsons, was a two-step design divided into several bulkheads. Compared with the Delphin I, the cockpit was relocated into the hull. The fore part (bow) was extended which had a favourable influence on take-off and landing characteristics. The wing design consisted of two all-metal halves each fixed to the side wall of the hull and braced with the sponsons by means of two struts. The powerplant consisted of a Rolls-Royce Falcon III of 260 HP equipped with a face-type radiator. Two and four-blade wooden propellers were tested. A standard cross-type empennage was selected.
First flight on 15 February 1924. Four flying-boats were built and one Delphin II was delivered to the British Air Ministry. Two flying-boats were used for sightseeing flights by Bodensee Aero Lloyd from July 1925. Deutscher Aero Lloyd tested one of these flying-boats in late summer of 1924 on the night-flying test route between Stettin and Copenhagen.

Technische Daten/Technical Data

Länge/Length	12,0 m	Fluggewicht/All-up weight	2525 kg
Höhe/Height	3,5 m	Höchstgeschwindigkeit/Maximum speed	135 km/h
Spannweite/Span	17,1 m	Gipfelhöhe/Service ceiling	3000 m
Tragfläche mit Querruder/Wing area with ailerons	51,3 m^2	Steigzeit auf 3000 m/Climb to 3000 m	60 min
Triebwerk/Powerplant Rolls-Royce Falcon III	260 PS	Passagiere/Passengers	5
Rüstgewicht/Empty weight	1700 kg	Besatzung/Crew	2

1924 Mehrzweckflugzeug Utility Aircraft Do C

Do C – Militärversion, im konstruktiven Aufbau und den Abmessungen der Komet III-Zivilversion entsprechend. Abgestrebter Hochdecker in Metallbauweise. Die Tragfläche bestand aus einem Mittelstück, mit dem Rumpf durch vier starre, kurze Stiele verbunden, und zwei Außenflügeln, mit je zwei Streben gegen den Rumpf abgestützt. Als Triebwerk wurden der BMW VI und der Napier Lion von je 460 PS eingebaut. Der Kraftstoff befand sich in einem Doppelbehälter im Flügelmittelstück und zwei Reservetanks unter den Führersitzen. Der Rumpf aus Rahmenspanten mit glatter Blechbeplankung war durch außen aufgenietete Spezialprofile verstärkt. Als Leitwerk dienten für Höhen- und Seitensteuerung einfache Leitflächen mit leichtgehenden Rudern. Die Höhenflosse war mit dem Rumpf fest verbunden; die Querruder saßen an den Flügelenden. Es wurde ein Stummelfahrwerk angebaut.
Erstflug am 25. September 1924. Je eine Maschine wurde an den japanischen Lizenznehmer, Firma Kawasaki Dockyard Co. in Kobe, und an die chilenische Marine geliefert.

Do C, the military version of the identical Komet III civil version, was a braced high-wing monoplane of all-metal design. The wing consisted of a centre section connected to the fuselage by means of four rigid short stubs, and of two outer wing halves braced against the fuselage by means of two struts each. The powerplant consisted either of the BMW VI or the Napier Lion engine rated at 460 HP each. Fuel was carried in a fuel tank located in the wing centre section and in two reserve tanks below the crew seats. The fuselage consisting of airframe bulkheads with a flush sheet-metal pannelling was reinforced on the outside by special profiles riveted to the pannelling. Simple, easily moved control surfaces were used for horizontal and lateral control on the tail unit. The elevator was rigidly connected to the fuselage while the ailerons were attached to the wing trailing edges. The landing gear featured a tail skid.
First flight on 25 September 1924. One aircraft each was delivered to the Japanese licensee, Kawasaki Dockyard Co, of Kobe, and to the Chilean Navy.

Technische Daten/Technical Data

Länge/Length	12,4 m	Tragfläche/Wing area	62.0 m^2
Höhe/Height	3,5 m	Triebwerk/Powerplant	
Spannweite/Wing span	19,6 m	BMW VI/Napier Lion	460 PS

1924 Aufklärungs- und Torpedoflugzeug Reconnaissance and Torpedo Aircraft Do D

Do D – abgestrebter Hochdecker in Metallbauweise. Das Tragwerk bestand aus einem Flügelmittelstück und zwei Flügelhälften. Das Flügelmittelstück war durch zwei kurze, starre Stielpaare mit dem Rumpf verbunden, die Flügelhälften wurden durch je zwei Streben gegen die Schwimmerabstützung abgefangen. Rumpfeinteilung: Motoreinbau im Bug, zweisitziges Cockpit, Raum für Lasten. Der Kraftstoff befand sich in zwei Tanks im Flügel.
Neukonstruktion 1924 für den japanischen Lizenznehmer, Firma Kawasaki Dockyard Co. in Kobe. Diese erste Do D besaß ein Rolls-Royce-Eagle-Triebwerk mit Bugkühler und einen vorn unter dem Tragwerk liegenden Führerraum. 1926/1927 wurde die Do D-Baureihe mit dem Triebwerk BMW VI ohne Getriebe fortgesetzt. Verschiedene Versionen kamen versuchsweise zur Ausführung: geschlossene und offene Schwimmerabstützung, Führerstand vorn unter dem Tragwerk und hinter dem Tragflügel, Bauch- und Ohrenkühler, unterschiedliche Leitwerksformen und Fensteranordnungen im Rumpf.
Jugoslawien erwarb 24 Do D-Flugzeuge, das Reichsverkehrsministerium 3 Maschinen. Ein weiterer Erfolg waren die im Juli/August 1927 aufgestellten 8 Weltrekorde.

Do D, a braced high-wing monoplane of all-metal construction, had a wing consisting of a wing centre section and two wing halves. The wing centre section was connected to the fuselage by two short, rigid pairs of struts. The wing halves were held in place by two struts each, attached to the floats. Fuselage subdivision: engine in the nose, two-seat flight deck, storage hold. Fuel was carried in two wing tanks.
New design of the year 1924 for the Japanese licensee, Kawasaki Dockyard Co, of Kobe. This first Do D was powered by a Rolls-Royce Eagle engine with nose radiator and had its flight deck below the wing. In 1926/1927, the Do D series was continued with a BMW VI engine without transmission. Different versions were tested: enclosed and open float struts, flight deck forward under the wing or behind the wing, belly or side radiator, different tail unit designs and wing arrangements in the fuselage.
Yugoslavia purchased 24 Do D aircraft, the German Ministry of Transport three units. A major success were the eight world records established in July/August 1927.

Technische Daten/Technical Data

Länge/Length	13,5 m	Rüstgewicht/Empty weight	2950 kg
Höhe/Height	4,6 m	Fluggewicht/All-up weight	3900 kg
Spannweite/Wing span	19,6 m	Höchstgeschwindigkeit/ Maximum speed	195 km/h
Tragfläche/Wing area	62,4 m^2	Gipfelhöhe/Service ceiling	3600 m
Triebwerk/Powerplant BMW VI	600 PS	Steigzeit auf 3000 m Höhe/Climb to 3000 m	36 min

1924 Aufklärungsflugboot Do E
Reconnaissance Flying Boat

Do E – abgestrebter Hochdecker in Metallbauweise. Das Boot trug diese Merkmale: außen durch aufgenietete Profile versteift, schwach gekielt, eine Querstufe mit einem dahinter liegenden festen Führungskiel, die bewährten Dornier-Flosenstummel, zu drei Räumen abgeschottet. Im zweiten Raum befand sich der offene Führerstand mit zwei Sitzen nebeneinander, im hinteren Bootsteil der Beobachtersitz mit Waffenstand oder Lichtbildeinrichtung. Das Tragwerk bestand aus zwei Hälften, an einem über dem Bootskörper stehenden Strebenbock lösbar angeschlossen und durch je zwei Streben zu den Stummeln abgestützt. Auf dem Strebenbock war die Triebwerksgondel aufgebaut. Zum Einbau kam der Rolls-Royce Eagle IX-Motor mit 360 PS oder der luftgekühlte Gnôme-Rhône-Motor (Lizenz Bristol) mit 420 PS. Die Rolls-Royce-Version war mit einem Stirnkühler, einer vierflügeligen Dornier-Holzluftschraube und einem Tragwerk mit Metallbeplankung ausgeführt. Die Gnôme-Rhône-Maschine hatte eine zweiflügelige Holzluftschraube und ein stoffbespanntes Tragwerk. Der Kraftstoff befand sich in zwei Aluminiumtanks im Boot unter dem Führerstand und wurde mittels einer Windflügelpumpe zu dem in der Triebwerkgondel befindlichen Entnahmebehälter gepumpt. Höhen- und Seitenleitwerk in Ganzmetallausführung, verstellbare Höhenflosse, durch Hilfsruder entlastetes Höhenruder.

Do E, a braced high-wing monoplane of all-metal design, had the following characteristics: the hull was reinforced by externally riveted profiles, a slightly shaped keel, a transverse step with an attached rigid guidance keel and the well-proven Dornier sponsons subdivided by bulkheads into three compartments. The second compartment housed the open flight deck with two seats side by side. The rear hull accommodated the observer's seat with weapons stand or photographic equipment. The wing consisted of two halves bolted to a strut support rising above the hull and braced against the sponsons by means of two struts each. The engine nacelle was also attached to the strut support. The flying boat was powered by a Rolls-Royce Eagle IX engine of 360 HP or an air-cooled Gnôme-Rhône engine (Bristol licence) of 420 HP. The Rolls-Royce version was equipped with a face radiator, a four-blade wooden Dornier propeller and a metal-pannelled wing. The Gnôme-Rhône version had a two-blade wooden propeller and a fabric-covered wing. Fuel was carried in two aluminium tanks in the hull, below the flight deck, and was pumped into the engine nacelle reservoir by means of an air-driven pump. The horizontal and lateral tail units were of all-metal design with an adjustable horizontal stabilizer and a tab-balanced elevator.

Technische Daten/Technical Data

Länge/Length	12,5 m
Höhe/Height	3,8 m
Spannweite/Wing span	17,1 m
Tragfläche/Wing area	51,0 m^2
Bootsbreite/Hull width	1,8 m
Breite über Stummel/Width across sponsons	5,5 m
Triebwerk/Powerplant	
Rolls-Royce Eagle/Gnôme-Rhône	360/420 PS
Rüstgewicht/Empty weight	1925 kg
Fluggewicht (je nach Triebwerk und Tragwerk)/ All-up weight (depending on powerplant and wing)	2600/2860 kg
Höchstgeschwindigkeit (je nach Triebwerk und Tragwerk)/ Maximum speed (depending on powerplant and wing)	156/165 km/h
Gipfelhöhe/Service ceiling	3600 m

1924 Verkehrsflugzeug Commercial Aircraft Komet III

Komet III – abgestrebter Hochdecker in Metallbauweise. Die Tragfläche bestand aus einem Mittelstück, mit dem Rumpf durch vier starre, kurze Stiele verbunden, und zwei Außenflügeln, mit je zwei Streben gegen den Rumpf abgestützt. Der Rumpf aus Rahmenspanten mit glatter Blechbeplankung wurde durch außen aufgenietete Spezialprofile verstärkt. Raumaufteilung: Rumpfvorderteil für den Triebwerkeinbau, Cockpit für Pilot und Bordwart, Kabine für 6 Fluggäste, Toilette, Gepäckraum. Als Triebwerksanlage wählte man den Rolls-Royce Eagle IX mit 360 PS, einen Stirnkühler und eine vierflügelige Dornier-Holzluftschraube. Der Kraftstoff befand sich in einem Doppelbehälter im Flügelmittelstück und zwei Reservetanks unter den Führersitzen. Als Leitwerk dienten für Höhen- und Seitensteuerung einfache Leitflächen mit leichtgehenden Rudern. Die Höhenflosse war mit dem Rumpf fest verbunden; die Querruder saßen an den Flügelenden. Das Fahrwerk, als offenes Dreibeinfahrwerk ausgebildet, konnte durch Schneekufen ersetzt werden.
Erstflug am 7. Dezember 1924. Erfolgreich eingesetztes Verkehrsflugzeug des Deutschen Aero Lloyd bzw. der 1926 gegründeten Deutschen Lufthansa, von schweizerischen und russischen Fluggesellschaften. April 1925 Flug München–Mailand, erste Überfliegung der Alpen durch ein Verkehrsflugzeug und Grundstein für den regelmäßigen Luftverkehr nach Italien.

Komet III, a braced high-wing monoplane of all-metal design, had a wing consisting of a centre section connected to the fuselage by means of four rigid, short stubs and of two outer wing halves braced against the fuselage by two struts each. The fuselage consisting of airframe bulkheads with flush sheet-metal pannelling was reinforced on the outside by riveted special profiles. Fuselage subdivision: powerplant in the nose, flight deck for pilot and aircraft mechanic, cabin for six passengers, toilet, baggage hold. The powerplant was a Rolls-Royce Eagle IX rated at 360 HP, equipped with a face-type radiator and a four-blade wooden Dornier propeller. Fuel was contained in a dual tank in the wing centre section and in two reserve tanks under the crew seats. Simple, easily moved control surfaces were used for horizontal and lateral control. The elevator was rigidly connected to the fuselage while the ailerons were attached to the wing trailing edges. The tricycle landing gear could be replaced by a ski landing gear.
First flight on 7 December 1924. The aircraft was successfully used for commercial operations by Deutscher Aero Lloyd and by Deutsche Lufthansa established 1926, by Swiss and Russian airlines. In April 1925, a Komet III made the first crossing of the Alps by a commercial aircraft on the Munich –Milan route, laying the bases for scheduled air traffic to Italy.

Technische Daten/Technical Data

Länge/Length	12,4 m	Rüstgewicht/Empty weight	2070 kg
Höhe/Height	3,5 m	Fluggewicht/All-up weight	3220 kg
Spannweite/Wing span	19,6 m	Höchstgeschwindigkeit/Maximum speed	168 km/h
Tragfläche/Wing area	62.0 m^2	Gipfelhöhe/Service ceiling	3500 m
Flügeltiefe/Wing chord	3,3 m	Fluggäste/Number of passengers	6
Triebwerk/Powerplant Rolls-Royce Eagle IX	360 PS	Besatzung/Crew	2

1924 Sportflugzeug Light Aircraft Spatz

Dornier-Spatz – Landversion des Flugbootes Libelle; Hochdecker in Metallbauweise, Stoffbespannung der hinteren Tragflügelteile und Ruderflächen. Die Tragfläche war dreiteilig. Die beiden Flügelhälften, am Tragwerkmittelstück angeschlossen, wurden durch je zwei Streben gegen den Rumpf abgefangen und konnten, wie bei der Libelle, nach hinten geklappt werden. Die Breite des Flugzeugs reduzierte sich von 9,8 m auf 3,0 m, dadurch gute Transport- und Unterbringungsmöglichkeit gegeben. Im Rumpf, Schalenbauweise in Bootsform, waren drei Sitze angeordnet, zwei Plätze nebeneinander mit Doppelsteuerung, ein Sitz dahinter. Als Triebwerk wählte man den 3-Zylinder-Sternmotor Bristol »Lucifer« mit 100 PS, in einer Gondel auf dem festen Tragwerkmittelstück untergebracht. Der Kraftstoff wurde aus einem im Rumpf gelagerten Benzinbehälter über eine windgetriebene Pumpe in einen hinter dem Motor befindlichen Falltank befördert. Das Leitwerk in Normalbauweise ausgeführt, festes Fahrwerk mit Achse im Rumpf und Hecksporn.
Erstflug am 12. Februar 1924.

Dornier Spatz, a land version of the Libelle flying boat, was a high-wing monoplane of all-metal design with fabric-covered rear wing sections and controls. The wing area was subdivided into three sections: the two wing halves, connected to the centre wing section, were braced against the fuselage by means of two struts each and folded backward, as in the case of Libelle. This reduced the width of the aircraft from 9.8 m to 3.0 m, thereby providing good transport and storage possibilities. The monocoque hull housed three seats, two side by side with dual controls and one behind these. The powerplant consisted of a three-cylinder Bristol "Lucifer" radial engine of 100 HP located in a nacelle on the rigid centre wing section. Fuel was delivered by a wind-driven pump from a fuel tank in the hull to a gravity tank behind the engine. The tail unit was of standard design, and the aircraft had a rigid landing gear with an axle passing through the fuselage and a tail skid.
First flight on 12 February 1924.

Technische Daten/Technical Data

Länge/Length	6,9 m
Höhe/Height	2,8 m
Spannweite/Wing span	9,8 m
Breite bei zurückgeklappten Flügeln/ Width with wing halves folded back	3,0 m
Tragfläche/Wing area	15,5 m^2
Triebwerk/Powerplant Bristol "Lucifer"	100 PS
Rüstgewicht/Empty weight	490 kg
Fluggewicht/All-up weight	800 kg
Sitzzahl/Number of seats	3
Höchstgeschwindigkeit/Maximum speed	140 km/h
Reisegeschwindigkeit/Cruise speed	120 km/h
Gipfelhöhe/Service ceiling	3500 m

1924 Verkehrsflugboot Commercial Flying Boat Wal

Dornier Wal – abgestrebter Hochdecker in Metallbauweise, Stoffbespannung beim Tragflügel und Leitwerk. Das Tragwerk befand sich in geringem Abstand über dem Rumpf. Beide Flügelhälften wurden an dem mit dem Rumpf durch acht Streben verbundenen Flügelmittelstück befestigt und durch je ein Stielpaar auf die Bootsstummel abgestützt. Das zweistufige Boot in Schalenbauweise und die seitlich angesetzten Flossenstummel waren mehrfach abgeschottet. Raumaufteilung des Bootes: Kollisionsraum für seemännische Ausrüstung, Kabine für 9 Fluggäste, zweisitziges Cockpit mit Doppelsteuerung, Tankraum, Post- und Gepäckraum. Verschiedene Triebwerke in Tandem-Anordnung kamen zum Einbau: Rolls-Royce Eagle, Gnôme-Rhône Jupiter, BMW VI, Isotta Asso und Fiat A 22 R. Unterschiedliche Kühleranordnungen, zwei-, drei- und vierflügelige Luftschrauben wurden erprobt. Das Leitwerk bildete ein auf der Heckspitze des Rumpfes aufgesetztes Flossenkreuz, beiderseits durch Strebenpaare gegen das Rumpfheck abgestützt. Höhen-, Seiten- und Querruder waren durch kleine Hilfsflügel entlastet.
Die Dornier-Wale wurden infolge der Einschränkungen durch die Versailler Verträge zunächst in der neugegründeten Costruzioni Meccaniche Aeronautiche SA in Marina di Pisa/Italien gebaut. Einsatz in Kolumbien, bei italienischen Fluggesellschaften auf Flugrouten bis Griechenland, Türkei und Spanien, auf deutschen Seefluglinien bis Dänemark, Schweden und Norwegen. Lizenzlieferung und Bau in Japan.

The Dornier Wal was a braced high-wing monoplane in all-metal design with fabric-covered wing and tail unit. The wing was only a short distance above the fuselage. The two wing halves were mounted to the wing centre section which was fastened to the fuselage by eight struts; each wing half was braced against the sponsons by means of a pair of struts. The two-step hull of monocoque design and the laterally attached sponsons were subdivided by several bulkheads. The subdivision of the hull was a follows: collision room for naval equipment, cabin for nine passengers, two-seat flight deck with dual controls, fuel storage room, mail and baggage room. Different engines arranged in tandem were installed: Rolls-Royce Eagle, Gnôme-Rhône Jupiter, BMW VI, Isotta Asso and Fiat A 22 R. Different radiator arrangements and two, three and four-blade propellers were tested. The tail assembly was a cross of fins attached to the tail tip of the fuselage and braced against the fuselage tail by means of pairs of struts. The horizontal stabilizers, rudders and ailerons were balanced by small tabs.
Dornier Wals were initially built by the newly-founded Costruzioni Meccaniche Aeronautiche SA in Marina di Pisa, Italy because of limitations imposed by the Versailles Treaties. The aircraft were used in Colombia, by Italian airlines on routes to Greece, Turkey and Spain, on German over-water air services to Denmark, Sweden and Norway. They were built under licence in Japan.

Technische Daten/Technical data

Länge/Length	17,3 m
Höhe/Height	5,2 m
Spannweite/Span	22,5 m
Tragfläche/Wing area	96,0 m^2
Triebwerk/Powerplant Rolls-Royce Eagle IX	2 × 360 PS
Rüstgewicht/Empty weight	3630 kg
Fluggewicht/All-up weight	5700 kg
Höchstgeschwindigkeit/Maximum speed	185 km/h
Gipfelhöhe/Service ceiling	3500 m
Steigzeit bis 3000 m Höhe/Climb to 3000 m	30 min
Fluggäste/Number of passengers	9
Besatzung/Crew	3

Pionierflüge mit Dornier Wal / Pioneering flights with the Dornier Wal

Januar 1924
Ramon Franco: Spanien – Kanarische Inseln, ca. 4500 km.

August 1924
Locatelli: Marina di Pisa/Italien – Reykjavik/Island, ca. 5300 km; Nordatlantik-Überquerung vor Grönland wegen Schlechtwetter aufgegeben.

Februar 1925
20 Weltrekorde, aufgestellt durch die Dornier-Piloten Richard Wagner und Guido Guidi.

Mai/Juni 1925
Amundsen: Nordpol-Expedition mit zwei Dornier-Walen bis 88° nördliche Breite (2200 km), nach mehrwöchigem Aufenthalt im Packeis Rückkehr mit einem Wal nach Spitzbergen.

August 1925
Studienflug der Dornier-Wale ATLANTICO und PACIFICO der deutsch-kolumbianischen Luftverkehrsgesellschaft SCADTA über die Länder Mittelamerikas.

Januar/Februar 1926
Ramon Franco: Spanien – Buenos Aires mit Wal PLUS ULTRA, erster Südatlantikflug in Ost-West-Richtung, 10270 km in 60 Stunden.

November 1926
Studienflug mit Wal ATLANTICO von Buenos Aires – Montevideo – Rio de Janeiro (2500 km) mit Reichskanzler Dr. Luther.

Dezember 1926
Geschwaderflug ATLANTIDA von 3 Walen von Melilla nach Santa Isabel/Fernando Poo, mit Rückflug ca. 14200 km.

März/April 1927
Sarmento de Beires aus Portugal: Lissabon – Rio de Janeiro – Pernambuco, 9000 km in 58 Stunden.

September 1927
Courtney aus England: Versuch der Atlantik-Überquerung mit dem Amundsen-Wal, wegen Schlechtwettereinbruch aufgegeben.

Juni 1928
Dornier-Wale Marina I und II: Italien – Spitzbergen, Beteiligung an der Nobile-Hilfsexpedition (Luftschiff Italia).

August 1928
Courtney: zweiter Atlantik-Flugversuch, Notlandung wegen Motorbrand zwischen den Azoren und Neufundland.

Mai 1929
Geschwaderflug Holland – Niederländisch-Indien, 15600 km.

Juni 1929
Ramon Franco: Versuch der Nordatlantik-Überquerung, Notlandung bei den Azoren wegen Benzinmangel.

August 1930
Wolfgang von Gronau: erster Nordatlantikflug mit Wal D-1422 über Island – Grönland nach New York, 6800 km in 44 Stunden.

August/September 1931
Wolfgang von Gronau: zweiter Nordatlantikflug mit Wal D-2053 nach New York, erste Überquerung Grönlands.

Juli/November 1932
Wolfgang von Gronau: Weltflug mit Wal D-2053 über Island, Grönland, Kanada, USA, Japan, China, Indien, Vorderer Orient und Südeuropa, 44400 km in 270 Stunden.

January 1924
Ramon Franco: Spain – Canary Islands; approx. 4500 km.

August 1924
Locatelli: Marina di Pisa/Italy – Reykjavik/Iceland, approx. 5300 km; crossing of the North Atlantic Ocean was given up off Greenland because of bad weather.

February 1925
Twenty world records established by the Dornier pilots Richard Wagner and Guido Guidi.

May/June 1925
Amundsen: North Pole expedition with two Dornier Wals as far north as 88° latitude (2200 km), return with one Wal to Spitsbergen after having been icebound for several weeks.

August 1925
Test flight of the Dornier Wals ATLANTICO and PACIFICO of the German-Colombian airline SCADTA across the countries of Central America.

January/February 1926
Ramon Franco: Spain – Buenos Aires with the Wal PLUS ULTRA; first South Atlantic flight from the east to the west; 10,270 km in 60 hours.

November 1926
Test flight with the Wal ATLANTICO from Buenos Aires via Montevideo to Rio de Janeiro (2500 km) with Chancellor of the Reich, Dr Luther.

December 1926
ATLANTIDA formation flight of the three Wals from Melilla to Santa Isabel/Fernando Poo; approx. 14,200 km with return flight.

March/April 1927
Sarmento de Beires from Portugal: Lisbon – Rio de Janeiro – Pernambuco; 9000 km in 58 hours.

September 1927
Courtney from England: trial crossing of the Atlantic Ocean with the Amundsen Wal, given up because of bad weather coming up.

June 1928
Dornier Wals Marina I and II: Italy – Spitsbergen; participation in the Nobile rescue expedition (Italia airship).

August 1928
Courtney: second trial acrossing of the Atlantic Ocean; emergency landing between the Azores and Newfoundland because of a fire in the engine.

May 1929
Formation flight from the Netherlands to the Dutch Indies (Indonesia); 15,600 km.

June 1929
Ramon Franco: trial crossing of the North Atlantic Ocean; emergency landing near the Azores because of a lack of fuel.

August 1930
Wolfgang von Gronau: first North Atlantic crossing with the Wal D-1422 via Iceland and Greenland to New York; 6800 km in 44 hours.

August/September 1931
Wolfgang von Gronau: second North Atlantic crossing with the Wal D-2053 to New York, first crossing of Greenland.

July/November 1932
Wolfgang von Gronau: flight around the world with D-2053 via Iceland, Greenland, Canada, the United States, Japan, China, India, the Middle East and southern Europe; 44,400 km in 270 hours.

1924

Rennflugzeug-Projekt
Race Plane Project

Auch der Entwicklung einseitiger Spitzenleistungen, wie z. B. höchster Geschwindigkeit, widmete Claude Dornier sein besonderes Interesse. Aus dem Jahr 1924 stammt das Projekt eines Rennflugzeugs für den »Schneider-Pokal-Wettbewerb«.
Der Entwurf trug diese Merkmale: normaler Eindecker mit zwei runden, zugespitzten Schwimmern von 5,4 m Länge und einem Abstand von 1,2 m, dünne verspannte Tragfläche, Triebwerk im Rumpfbug und Führersitz hinter Tragfläche.

Claude Dornier also devoted his special interest to developing high-performance aircraft in particular fields, e.g. for high speeds. The project of a race plane for the "Schneider Cup competition" dates from the year 1924.
The design had the following characteristics: standard monoplane with two round, tapering floats, 5.4 m long and 1.2 m apart; thin, braced wing; engine in the nose section and pilot's seat behind the wing.

Technische Daten/Technical Data

Spannweite/Wing span	8,8 m	Leergewicht/Empty weight	950 kg
Flügeltiefe/Wing chord	1,9 m	Fluggewicht/All-up weight	1250 kg
Triebwerk/Powerplant Curtiss	1 × 450 PS/HP	Höchstgeschwindigkeit/Maximum speed	330 km/h
Fiat	1 × 500 PS/HP		

1925 Sanitätsflugzeug Ambulance Aircraft Komet III

Komet III – abgestrebter Hochdecker in Metallbauweise. Die Tragfläche bestand aus einem Mittelstück, mit dem Rumpf durch vier starre, kurze Stiele verbunden, und zwei Außenflügeln, mit je zwei Streben gegen den Rumpf abgestützt. Der Rumpf aus Rahmenspanten mit glatter Blechbeplankung wurde durch außen aufgenietete Spezialprofile verstärkt. Gegenüber der Komet III-Verkehrsausführung war der Innenraum durch Einbeziehung der Toilette und des hinteren Gepäckraumes wesentlich erweitert. Eine stehende und eine hängende Trage an der Steuerbordseite, eine Sitzbank für vier Personen und ein Sitz für den Wärter an der Backbordseite, ein Medikamentenschrank an der Rückwand bildeten die Einrichtung. Mit Seilen, in Gummizügen gefedert, und Gummipuffern wurden die Tragen und Sitze gegen Erschütterungen gesichert. Durch eine breite, nach oben aufklappbare Ladeklappe konnten die Tragen auf einer Leitschiene hineingerollt oder seitlich hineingehoben werden. Auf der Backbordseite befand sich eine normale Einstiegtür. Vor dem Sanitätsraum war der zweisitzige Führerraum untergebracht. Triebwerk Rolls-Royce Eagle mit 360 PS, Stirnkühler, vierflügelige Dornier-Holzluftschraube, Kraftstofftanks im Flügelmittelteil und unter den Führersitzen sowie Leitwerk entsprachen der Komet III-Verkehrsversion.

Komet III, a braced high-wing monoplane of all-metal design, had a wing consisting of a centre section connected to the fuselage by means of four rigid, short stubs and two outer wing halves braced against the fuselage by two struts each. The fuselage was made up of airframe bulkheads with flush sheet-metal pannelling reinforced on the outside by riveted special profiles. Compared with the commercial Komet III version, the cabin was much extended by including a toilet and the rear baggage hold. One standing and one hanging litter on the starboard side, seating for four persons and a seat for a nurse on the port side, plus a medicine chest at the rear wall made up the special equipment. The litters and seats were protected against shocks by elastic cables and rubber buffers. The litters were rolled in on a guiding rail or lifted in laterally through a wide door folding upward. A normal access door was on the port side. The two-seat flight deck was in front of the ambulance compartment. The Rolls-Royce Eagle powerplant rated at 360 HP, the face-type radiator, four-blade wooden Dornier propeller, fuel tanks in the wing centre section and below the pilots seats and the tail unit all corresponded to those of the Komet III commercial version.

Technische Daten/Technical Data

Länge/Length	12,4 m	Tragfläche/Wing area	62,0 m²
Höhe/Height	3,5 m	Flügeltiefe/Wing chord	3,3 m
Spannweite/Wing span	19,6 m	Triebwerk/Powerplant Rolls-Royce Eagle IX	360 PS

1925 Sanitätsflugzeug auf Schwimmer Komet III
Ambulance Aircraft on Floats

Komet III – abgestrebter Hochdecker in Metallbauweise. Sonderausführung des Sanitätsflugzeuges mit Schwimmeranordnung. Das Grundkonzept des Komet III wurde beibehalten. Die Tragfläche bestand aus einem Mittelstück, mit dem Rumpf durch vier starre, kurze Stiele verbunden, und zwei Außenflügeln, mit je zwei Streben gegen den Rumpf abgestützt. Der Rumpf aus Rahmenspanten mit glatter Blechbeplankung wurde durch außen aufgenietete Spezialprofile verstärkt. Raumaufteilung: Rumpfvorderteil für den Triebwerkseinbau (Rolls-Royce Eagle IX mit 360 PS), Cockpit für Pilot und Bordwart, Sanitätsraum. Eine stehende und eine hängende Trage an der Steuerbordseite, eine Sitzbank für vier Patienten und ein Sitz für den Wärter an der Backbordseite, ein Medikamentenschrank an der Rückwand bildeten die Ausstattung. Mit Seilen, in Gummizügen gefedert, und Gummipuffern wurden die Tragen und Sitze gegen Erschütterungen gesichert. Durch eine breite, nach oben aufklappbare Türe für die Tragen und eine normale Einstiegtüre gelangten die Patienten in die Kabine. Als Leitwerk dienten für Höhen- und Seitensteuerung einfache Leitflächen mit leichtgehenden Rudern. Die Höhenflosse war mit dem Rumpf fest verbunden; die Querruder saßen an den Flügelenden. Gegenüber der Landversion wurde bei der Schwimmerausführung das Seitenruder bezüglich des Einflusses der Schwimmer auf die Richtungsstabilität vergrößert.

Komet III, a braced high-wing monoplane of all-metal design, was built in a special version as ambulance aircraft on floats. The basic concept of the Komet III was retained. The wing consisted of a centre section connected to the fuselage by means of four rigid, short stubs, and of two outer wing halves braced against the fuselage by two struts each. The fuselage was made up of airframe bulkheads with flush sheet-metal pannelling reinforced on the outside by riveted special profiles. Fuselage subdivision: powerplant (Rolls-Royce Eagle IX rated at 360 HP) in the nose, flight deck for pilot and flight mechanic, ambulance compartment. One standing and one hanging litter on the starboard side, seating for four patients and one nurse on the port side, and a medicine chest at the rear wall made up the special equipment. The litters and seats were protected against shocks by elastic cables and rubber buffers. Patients entered the cabin through a wide door opening upward when on a litter or through a normal access door. Simple, easily moved control surfaces were used for horizontal and lateral control on the tail unit. The elevator was rigidly connected to the fuselage while the ailerons were attached to the wing trailing edges. Contrary to the land-based version, the rudder of the float version was enlarged to compensate for the influence of the floats on directional stability.

Technische Daten/Technical Data

Länge/Length	13,3 m	Rüstgewicht/Empty weight	2400 kg
Höhe/Height	4,7 m	Fluggewicht/All-up weight	3200 kg
Spannweite/Wing span	19,6 m	Höchstgeschwindigkeit/Maximum speed	160 km/h
Tragfläche/Wing area	62.0 m^2	Gipfelhöhe/Service ceiling	2900 m
Triebwerk/Powerplant Rolls-Royce Eagle IX	360 PS		

1925 Verkehrsflugzeug Commercial Aircraft Merkur I

Merkur I – Weiterentwicklung des Komet III mit diesen Merkmalen: Steigerung der Flugleistungen und Erhöhung des Fluggewichtes durch den Umbau auf das leistungsstärkere BMW VI-Triebwerk ohne Untersetzung, Verstärkungen an der Zelle, Bauch- statt Bugkühler.
Das Tragwerk bestand aus einem Flügelmittelstück, mit dem Rumpf durch vier starre, kurze Stiele verbunden, und zwei Flügelhälften, mit je einem Strebenpaar gegen den Rumpf abgestützt. Im Rumpfbug war der Motor mit direkt auf die Kurbelwelle aufgesetzter Zugschraube eingebaut. Darunter befand sich der Gepäckraum. Es folgten der Führerraum mit Doppelsteuerung, die sechssitzige Passagierkabine und die Toilette. Der Kraftstoff wurde in zwei Behältern im Flügel und zwei Reservetanks unter den Führersitzen untergebracht. Das Leitwerk war lösbar auf die Heckspitze des Rumpfes aufgesetzt; Flossen und Seitenruder blechbeplankt, Höhenruder stoffbespannt ausgeführt. Nach entsprechender Umrüstung kam dieser Merkur auch als Sanitäts-, Lasten- oder Vermessungsflugzeug zum Einsatz.
Erstflug am 10. Februar 1925. Im Juni 1926 Aufstellung von 7 Weltrekorden. Der Merkur erwies sich als erfolgreiches und wirtschaftliches Flugzeug und wurde in größerer Stückzahl vor allem bei der Deutschen Lufthansa und russischen Fluggesellschaften eingesetzt. Lizenzbau in Japan.

Merkur I was a developed version of the Komet III with the following features: increased performances and all-up weight by installation of the more powerful BMW VI engine without reduction gear, reinforcements on the fuselage, and the use of a belly radiator instead of a nose radiator.
The wing consisted of a centre section connected to the fuselage by means of four rigid, short struts and two wing halves braced against the fuselage by a pair of struts each. The engine was installed in the bow and had the tractor propeller directly connected to the crankshaft. The baggage hold was under the engine. To the rear of the engine was the flight deck with dual controls and the six-seat passenger cabin, followed by the toilet. Fuel was carried in two tanks in the wing and in two reserve tanks under the pilot seats. The tail unit was mounted on the fuselage tail for easy removal; the fins and the rudder were covered with metal panels, while the elevators were fabric-covered. This Merkur was also used as an ambulance, cargo or surveying aircraft, when suitably converted.
First flight on 10 February 1925. Seven world records were established in June 1926. The Merkur was a successful and economical aircraft and was used in large numbers mainly by Deutsche Lufthansa and Russian airlines. It was built under licence in Japan.

Technische Daten/Technical data

Länge/Length	12,5 m	Fluggewicht/All-up weight	3300/3900 kg
Höhe/Height	3,5 m	Höchstgeschwindigkeit/Maximum speed	190 km/h
Spannweite/Span	19,6 m	Gipfelhöhe/Service ceiling	5200 m
Tragfläche/Wing area	62,0 m^2	Steigzeit auf 3000 m Höhe/Climb to 3000 m	19–23 min
Triebwerk BMW VI ohne Untersetzung		Fluggäste/Number of passengers	6
Powerplant BMW VI without reduction gear	460/600 PS	Besatzung/Crew	2
Rüstgewicht/Empty weight	2280 kg		

1926 Verkehrsflugzeug Merkur I auf Schwimmer
Commercial Aircraft

Merkur I auf Schwimmer – diese Sonderausführung wurde für Walter Mittelholzer (Direktor der schweizerischen Ad Astra-Aero-Gesellschaft) für seinen Afrika-Forschungsflug gebaut. Im Juni 1926 hatte Walter Mittelholzer zusammen mit dem Dornier-Piloten Georg Zinsmaier 7 Weltrekorde mit der Merkur-Landversion aufgestellt und dabei die Eignung dieses Flugzeugs festgestellt. Die Hochdecker-Bauart bot gute Sichtmöglichkeiten beim Fotografieren und Filmen. Im geräumigen Rumpf war hinter dem zweisitzigen Cockpit ein Aufenthalts- und Schlafraum für die vierköpfige Besatzung und eine Dunkelkammer untergebracht. Am 17. Dezember 1926 starteten Walter Mittelholzer und seine Begleiter in Zürich mit dem Merkur »Switzerland«.
Nach 76 Tagen erfolgreicher Expedition, einer Flugstrecke von etwa 20000 km in 97 Stunden Flugzeit, war am 20. Februar 1927 das Endziel Kapstadt erreicht.
Merkur I auf Schwimmer im Einsatz bei der SCADTA in Kolumbien als Verkehrsausführung.

Merkur I on floats – this special version was built for Walter Mittelholzer (General Manager of the Swiss Ad Astra-Aero-Gesellschaft) for his exploration flight to Africa. In June 1926, Walter Mittelholzer and Dornier pilot Georg Zinsmaier had established seven world records with the Merkur land-based version and had established the excellent suitability of this aircraft for such an exploration. The high-wing design offered good visibility for taking pictures and filming, the spacious fuselage lodgings and sleeping quarters for the four-men crew as well as a dark chamber behind the two-seat flight deck. On 17 December 1926 Walter Mittelholzer and his team started from Zürich with the Merkur "Switzerland".
After a successful expedition of 76 days covering approx. 20,000 km in 97 hours of flying time, the final destination, Cape Town was reached on 20 February 1927.
Merkur I on floats was also used by SCADTA in Colombia as a commercial aircraft.

Technische Daten/Technical data

Länge/Length	13,3 m
Höhe/Height	4,7 m
Spannweite/Span	19,6 m
Tragfläche/Wing area	62,0 m^2
Triebwerk BMW VI ohne Untersetzung	
Powerplant BMW VI without reduction gear	460/600 PS
Rüstgewicht/Empty weight	2570 kg
Fluggewicht/All-up weight	3600 kg
Höchstgeschwindigkeit/Maximum speed	182 km/h
Gipfelhöhe/Service ceiling	4800 m
Schwimmer-Inhalt/Floath volume	3650 Liter
Fluggäste/Number of passengers	6
Besatzung/Crew	2

1926 Militärflugzeug Military Aircraft Do N

Do N – im Aufbau die Landversion des Flugbootes Dornier-Wal. Das Tragwerk bestand aus zwei Hälften, die am Flügelmittelteil (Triebwerkgondel) angeschlossen waren. Jede Flügelhälfte setzte sich aus einem Mittelteil, einem jeweils abnehmbaren Nasenteil und Tragwerkende zusammen. Das Tragwerk war durch den Motorgondelbock und durch je zwei seitliche Streben gegen den Rumpf abgestützt. Der Ganzmetallrumpf wurde unterteilt in MG-Bugstand, Führerraum, Tankraum und MG-Heckstand. Verschiedene Triebwerke in Tandem-Anordnung kamen zum Einbau: Napier Lion, BMW VI und Rolls-Royce Condor.
An diesem Projekt zeigte der japanische Lizenznehmer, Firma Kawasaki Dockyard Co. aus Kobe, Interesse. Man traf diese Vereinbarung: Dornier stellte die Konstruktionsunterlagen zur Verfügung, lieferte die Rohmaterialien, Profile, Einzelteile und Instrumente. Der Zusammenbau erfolgte in Japan. Ein kleines Team von Dornier-Mitarbeitern übernahm an Ort und Stelle die Einarbeitung der japanischen Firma in den Ganzmetallbau. Selbst Professor Dr. Claude Dornier stand monatelang beratend bei. Am 19. Februar 1926 fand der Erstflug statt; 28 Maschinen wurden gebaut.

The Do N was the land version of the Dornier-Wal flying boat. The wing consisted of two halves connected beneath the engine nacelle. Each wing half consisted of a centre wing section, a removable leading edge and wing tip. The wing was braced against the fuselage by means of the engine nacelle and two lateral struts on either side. The all-metal fuselage was subdivided into a machine gun station in the bow, the flight deck, a fuel storage room and a machine gun tail station. Different engines installed in tandem were used: Napier Lion, BMW VI and Rolls-Royce Condor.
The Japanese licensee, Kawasaki Dockyard Co, of Kobe, was interested in this project. The following agreement was entered: Dornier provided the construction documentation and supplied raw materials, profiles, parts and instruments, while the assembly was to take place in Japan. A small team of Dornier collaborators instructed Japanese workers in all-metal design work on the spot. Even Professor Dr. Claude Dornier was available for many months to give advice. The first flight took place on 19 February 1926; 28 aircraft were built.

Technische Daten/Technical data

Länge/Length	18,0 m	Rüstgewicht/Empty weight	4200 kg
Höhe/Height	6,5 m	Fluggewicht/All-up weight	6300 kg
Spannweite/Span	26,8 m	Höchstgeschwindigkeit/Maximum speed	180 km/h
Tragfläche/Wing area	129,0 m²	Gipfelhöhe/Service ceiling	3000 m
Triebwerk/Powerplant Napier Lion	2 × 475 PS	Steigzeit auf 3000 m Höhe/Climb to 3000 m	40 min
BMW VI	2 × 500 PS		
Rolls-Royce Condor	2 × 650 PS		

1926 Verkehrsflugboot 2-mot. Superwal
Commercial Flying Boat

Superwal – abgestrebter Hochdecker in Metallbauweise. Am vorn schwach gekielten Boot mit Querstufe, Spornkasten und Wasserruder waren die bewährten Dornier-Flossenstummel angebracht. Das mehrfach abgeschottete Boot hatte diese Raumaufteilung: Bugraum für seemännische Ausrüstung, vordere Kabine für 11 Fluggäste, geschlossenes Cockpit mit zwei Sitzen und Doppelsteuerung an Backbord, Toilette, Funk- und Navigationsraum an Steuerbord, Tankraum für 8 Kraftstoffbehälter, Gepäckraum und Toilette, hintere, 8sitzige Passagierkabine. Die Tragfläche bestand aus einem Mittelstück mit Triebwerkgondel und zwei Außenteilen, jeweils mit einem Strebenpaar gegen die Flossenstummel abgestützt. Ein Aufstiegschacht vom Tankraum zur Motorgondel sicherte den Zugang zu den Motoren auch während des Fluges und bildete, zusammen mit einem Strebengerüst, die Abstützung der Motorgondel mit Flügelmittelteil und des Tragwerks gegen den Bootskörper.
Erstflug am 30. September 1926; 3 Maschinen kamen bei der Deutschen Lufthansa zum Einsatz.

The Superwal was a braced high-wing monoplane of all-metal design. The slightly keeled bow of the hull with cross-step, skid box and water rudder also carried the well-proven Dornier sponsons. The hull with several bulkheads was subdivided as follows: bow used for naval equipment; front cabin for eleven passengers; fully enclosed flight deck with two seats and dual controls on the port side, toilet, radio and navigation room on the starboard side; storage room for eight fuel tanks; baggage room and toilet; rear eight-seat passenger cabin. The wing consisted of a centre section with the engine nacelle and two outer sections, each braced against the sponsons by a pair of struts. An access shaft from the fuel storage room to the engine nacelle provided access to the engines even in flight and, together with a strut structure, supported the engine nacelle on the wing centre section and the wing on the hull.
First flight on 30 September 1926; three aircraft were used by Deutsche Lufthansa.

Technische Daten/Technical data

Länge/Length	24,6 m	Rüstgewicht/Empty weight	8000/8100 kg
Höhe/Height	5,9 m	Fluggewicht/All-up weight	10500 kg
Spannweite/Span	28,6 m	Höchstgeschwindigkeit/Maximum speed	180/195 km/h
Tragfläche/Wing area	143,0 m^2	Gipfelhöhe/Service ceiling	1700/2670 m
Triebwerk/Powerplant Rolls-Royce Condor	2 × 650 PS	Passagiere/Number of passengers	19
Packard	2 × 800 PS	Besatzung/Crew	4

1927 Verkehrsflugboot 4-mot. Superwal
Commercial Flying Boat

Viermotoriger Superwal – Gesamtaufbau entsprach der zweimotorigen Version. Die Raumaufteilung wurde beibehalten, die Ausstattung der Passagierkabinen jedoch verbessert und runde Kabinenfenster eingesetzt. Verschiedene luft- und wassergekühlte Triebwerke kamen zum Einbau: je 4×480 PS Gnôme-Rhône »Jupiter VI«, 525 PS Siemens Jupiter-Sternmotoren mit Getriebe, 460 PS Napier Lion und 550 PS Pratt & Whitney »Hornet« – dadurch ein Mehr an Geschwindigkeit, Gipfelhöhe und Fluggewicht erreicht.
Der viermotorige Superwal entwickelte sich zu einem erfolgreichen Baumuster. Im Januar/Februar 1928 stellte Dornier-Chefpilot Richard Wagner 12 Weltrekorde auf. Sechs Superwale wurden an die italienische Fluggesellschaft SANA überführt. Die Deutsche Lufthansa setzte sieben Maschinen im regelmäßigen Passagierdienst u.a. nach Kopenhagen, Stockholm und Oslo ein. Zwei Stück wurden nach den USA geliefert, und bei CASA in Madrid wurde ein in Teilen gelieferter Superwal montiert.

Four-engine Superwal – overall design similar to that of the twin-engine version. The space allocation was the same, but the passenger cabin furnishing was improved and round cabin windows were used. Different air and water-cooled engines were installed: four each of the 480 HP Gnôme-Rhône "Jupiter VI", of the 525-HP Siemens Jupiter radial engine with transmission, of the 460-HP Napier Lion, and of the 550-HP Pratt & Whitney "Hornet" – increasing the aircraft's speed, service ceiling and all-up weight.
The four-engine Superwal developed into a successful model. In January/February 1928, Dornier Chief Pilot Richard Wagner established twelve world records. Six Superwals were ferried to the Italian airline SANA. Deutsche Lufthansa used seven aircraft on scheduled passenger services, e.g. to Copenhagen, Stockholm and Oslo. Two aircraft were delivered to the United States, and one Superwal delivered in parts was assembled by CASA in Madrid.

Technische Daten/Technical data

Version mit Siemens Jupiter-Sternmotoren
Version with the Siemens Jupiter radial engines

Länge/Length	24,6 m	Fluggewicht/All-up weight	14000 kg
Höhe/Height	6,0 m	Höchstgeschwindigkeit/Maximum speed	210 km/h
Spannweite/Span	28,6 m	Gipfelhöhe/Service ceiling	2000 m
Tragfläche/Wing area	143,0 m²	Steigzeit auf 2000 m Höhe/Climb to 2000 m	31 min
Triebwerk/Powerplant	4×525 PS	Fluggäste/Number of passengers	19
Rüstgewicht/Empty weight	9850 kg	Besatzung/Crew	4

1928 Verkehrsflugboot Commercial Flying Boat Delphin III

Delphin III – einmotoriger Schulterdecker in Metallbauweise. Gegenüber Delphin II wurde diese Version in der Gesamtauslegung vergrößert, 10 statt bisher 5 Passagiere sollten befördert werden. Das Boot wurde einstufig, mit scharf gekieltem, ausgewölbten Bootsbug ausgeführt. Boot und Flossen waren mehrfach abgeschottet, die Bootsoberseite im hinteren Bereich auf eine abgerundete Form geändert. Die beiden Flügelhälften, durch ein zur Flosse führendes Strebenpaar abgestützt, verband man mit dem an der Rumpfoberseite fest angebrachten Flügelmittelstück. Der Kraftstoff wurde in den Flügelhälften unmittelbar neben dem Rumpf in zwei Behältern untergebracht. Als Triebwerk entschied man sich für den BMW VI-Motor mit 450/600 PS. Ein Kastenkühler saß auf dem verkleideten Motor. Eine zweiflügelige Dornier-Holzluftschraube kam zum Einbau. Beim Leitwerk verwendete man ein Kreuzleitwerk. Der Führerstand besaß Doppelsteuerung.
Erstflug am 30. März 1928. Bau von drei Flugbooten im neu gegründeten Dornier-Werk in Altenrhein/Schweiz. 1928 Präsentation des Delphin III auf der Internationalen Luftfahrtausstellung in Berlin. Einsatz beim Bodensee Aero Lloyd.

Delphin III was a single-engine all-metal high-wing aircraft compared with the Delphin II, this version was larger and could carry ten passengers instead of five. The hull was designed with a single step and an arched bow with a pronounced keel. The hull and the fins had several bulkheads, and the rear upper side of the hull was rounded. The two wing halves, braced by a pair of struts with the sponsons, were rigidly connected to the wing centre section mounted on the upper side of the fuselage. Fuel was stored in the two wing halves in two containers located next to the fuselage. The BMW VI engine with 450/600 HP was selected for propulsion. A box-type radiator was located on the fully enclosed engine. The propeller was a two-blade Dornier propeller. A cross-type empennage was used for the tail unit. The flight-deck had fuel controls.
First flight on 30 March 1928. Three flying-boats were built in the new Dornier plant at Altenrhein/Switzerland. The Delphin III was presented at the International Aviation Exposition in Berlin in 1928 and was in operational use with Bodensee Aero Lloyd.

Technische Daten/Technical Data

Länge/Length	14,3 m	Rüstgewicht/Empty weight	2900 kg
Höhe/Height	4,0 m	Fluggewicht/All-up weight	3900 kg
Spannweite/Wing span	19,6 m	Höchstgeschwindigkeit/Maximum speed	180 km/h
Tragfläche mit Querruder/Wing area with ailerons	62,0 m^2	Gipfelhöhe/Service ceiling	4500 m
Flügeltiefe/Wing depth	3,3 m	Passagiere/Passengers	10
Triebwerk/Powerplant BMW VI	450/600 PS	Besatzung/Crew	2

1928 Verkehrsflugzeug Commercial Aircraft Merkur II

Merkur II – im Aufbau der Version Merkur I entsprechend. Diese Änderungen sind zu nennen: Erhöhung des Fluggewichtes von 3900 auf 4100 kg, dies erforderte Verstärkungen an der Zelle. Der Tragflügel wurde im Mittelteil mit je zwei weiteren Stielen gegen die Tragwerk-Abstützstreben abgefangen, die zusätzlich durch Zwischenstreben gegen Ausknicken gesichert waren. Als Triebwerk kam anstelle des BMW VI ohne Untersetzung die Version BMW VI mit Untersetzung zum Einbau. Der Führerstand war wahlweise in offener oder geschlossener Form lieferbar. Die Raumaufteilung sah im Bug den Motor auf zwei Trägern vor, die auf den vordersten Spanten des Rumpfes festgeschraubt wurden. Darunter war zum Gewichtsausgleich ein öldicht abgeschlossener Gepäckraum vorgesehen. Nach dem zweisitzigen Führerraum folgte die Passagierkabine mit 1,72 m Höhe, 3,05 m Länge und 1,45 m Breite und danach die Toilette. Der Kraftstoff befand sich in zwei Behältern im Tragwerk und in zwei Reservetanks unter den Führersitzen. Beim Leitwerk waren die Flossen und das Seitenruder mit Blech beplankt, das Höhenruder mit Stoff bespannt. Die Höhen- und Querruder wurden durch mit ihrer Drehachse verbundene Hilfsflächen entlastet; Höhenflosse im Stand verstellbar.

Merkur II was identical in design to Merkur I. These were the differences: increase of the all-up weight from 3900 kg to 4100 kg, requiring reinforcements in the fuselage. The wing was supported in its centre section by two further rods, resting on the wing support struts. These were additionally secured against bending by intermediate struts. Instead of the BMW VI engine without reduction gear, the BMW VI version with reduction gear was installed. The flight deck was either open or available fully enclosed.
The engine was housed in the nose, resting on two supports screwed to the very first spars of the fuselage. For weight balancing reasons, an oil-tight baggage hold was located beneath the engine compartment. Behind the two-seat flight deck was the passenger cabin with a height of 1.72 m, a length of 3.05 m and a width of 1.45 m, followed in the rear by the toilet. Fuel was carried in two tanks in the wing and in two reserve tanks under the pilot seats. The fins and the rudder of the tail unit were covered with metal panels, while the elevator was fabric-covered. The elevators and ailerons were balanced by taps connected in the axis of rotation; the horizontal stabilizer was adjustable on the ground.

Technische Daten/Technical data

Länge/Length	12,9 m
Höhe/Height	3,6 m
Spannweite/Span	19,6 m
Tragfläche/Wing area	62,0 m^2
Triebwerk BMW VI mit Untersetzung	
Powerplant BMW VI with reduction gear	500 PS
Rüstgewicht/Empty weight	2780 kg
Fluggewicht/All-up weight	4100 kg
Höchstgeschwindigkeit/Maximum speed	192 km/h
Gipfelhöhe/Service ceiling	4000 m
Steigzeit auf 2000 m Höhe/Climb to 2000 m	15,6 min
Fluggäste/Number of passengers	6
Besatzung/Crew	2

1928 Rennflugzeug-Projekt Race Plane Project

Im Jahre 1928 entwickelte Dornier einen weiteren Entwurf eines Rennflugzeugs. Das Modell wurde im Oktober 1928 auf der Internationalen Luftfahrt-Ausstellung in Berlin ausgestellt, wo es großes Aufsehen erregte, da es von den üblichen Formen solcher Baumuster stark abwich.
Dieser Dornier-Entwurf stellte einen Zweischwimmer-Tiefdecker dar. Der über dem Tragflügel gelagerte kurze Rumpf trug nicht wie üblich das Höhen- und Seitenleitwerk, sondern nur 2 Motoren in Tandem-Anordnung, von denen der eine die Zug-, der andere eine Druckschraube antrieb. Projektiert waren 2 BMW VI-Spezial mit je 1000 PS. Zwischen den Motoren lag der Führersitz. Das Höhen- und Seitenleitwerk wurde von den Schwimmern getragen, die dementsprechend sehr lang gehalten waren. Bemerkenswert war auch die Form der Schwimmer, die einen dreieckigen Querschnitt hatten und gekielt waren. Der kleine Tragflügel war gegen die Rumpfoberkante und das Schwimmergestell mittels Profildrähten verspannt.

In 1928, Dornier made a further design of a race plane. The model was shown at the International Aviation Exposition in Berlin in October 1928, where it caused a great stir because of its unconventional design.
This Dornier design was a two-float low-wing aircraft. The short fuselage above the wing did not carry the horizontal and vertical tail assemblies but only two engines in tandem, one of which driving a tractor propeller and the other a pusher propeller. Two BMW VI-special engines rated at 1000 HP each were planned to provide the power. The flight deck was between the engines. The tailplane was carried by the floats, which were very long accordingly. The float shape was also remarkable by its triangular cross-section with keel. The small wing was braced against the fuselage top and the float structure by means of profiled wires.

1929 Verkehrsflugzeug Commercial Aircraft Do K1

Do K1 – abgestrebter Schulterdecker. Bei der Rumpfkonstruktion der Do K-Baureihe beschritt Dornier versuchsweise einen neuen Weg: rechteckiges Rumpfgerüst aus Stahlrohr und Duralprofilen mit Stoffbespannung. In der Rumpfspitze war das Triebwerk Siemens-Jupiter VI mit einer vierblättrigen Dornier-Holzluftschraube eingebaut. Es folgten das geschlossene Cockpit mit Doppelsteuerung, die 8sitzige Passagierkabine, Toilette und Gepäckraum. Das dreiholmige stoffbespannte Tragwerk von gleichbleibender Flügeltiefe mit kreisförmig abgerundeten Enden war dreiteilig: auf dem Kabinendach aufgesetztes Mittelstück und zwei Außenflügel. Die Kraftstoffbehälter befanden sich im Tragwerk. Das Leitwerk war leicht lösbar auf das Rumpfheck aufgesetzt; Flossen und Ruder erhielten Stoffbespannung. Normales Dreibeinfahrwerk; die Hauptstrebe, als Federbein ausgebildet, führte von der Radachse zum Flügelvorderholm-Rumpfanschluß.
Erstflug am 7. Mai 1929. Do K1 kam nicht zum Einsatz. Nach den Abnahmeprüfungen erfolgte der Umbau auf eine viermotorige Version, die Do K 2.

The Do K1 was a braced high-wing monoplane. In the fuselage construction of the Do K series, Dornier covered new ground: square fuselage structure made of steel tubes and Dural profiles covered with fabric. The Siemens Jupiter VI with a four-blade Dornier wooden propeller was installed in the nose. Behind the engine was the fully enclosed flight deck with dual controls, followed by the eight-seat passenger cabin, the toilet and baggage hold. The three-spar fabric-covered wing of uniform depth with circular tips had three sections: a centre section located on the cabin roof, and two outer wing sections. The fuel tanks were located in the wing. The tail unit was attached to the rear fuselage and was easily removable; the fins and rudders were fabric-covered. The aircraft had a standard tricycle landing gear; the main strut, designed as a shock-absorbing leg, connected the wheel axle with the front wing spar/fuselage mating point.
First flight on 7 May 1929. The Do K1 was never used commercially. Following the acceptance tests, it was converted to a four-engine version, the Do K 2.

Technische Daten/Technical data

Länge/Length	15,3 m	Fluggewicht/All-up weight	4100 kg
Höhe/Height	4,5 m	Gipfelhöhe/Service ceiling	3100 m
Spannweite/Span	20,6 m	Steigzeit auf 2000 m Höhe/Climb to 2000 m	17,5 min
Tragfläche/Wing area	76,0 m^2	Höchstgeschwindigkeit/Maximum speed	190 km/h
Triebwerk/Powerplant Siemens Jupiter VI	1 × 510 PS	Passagiere/Number of passengers	8
Rüstgewicht/Empty weight	2700 kg	Besatzung/Crew	2

1929 Verkehrsflugzeug Commercial Aircraft Do K 2

Do K 2 – abgestrebter Schulterdecker; Umbau der einmotorigen Do K 1 auf eine viermotorige Version. Je zwei luftgekühlte 5-Zylinder-Gnôme-Rhône-»Titan«-Motoren wurden in Tandem-Anordnung vor dem Flügel, seitlich des Rumpfvorderteils, angeordnet. Die Triebwerke befestigte man durch Streben an Rumpfober- bzw. Rumpfunterkante. Um jedes Triebwerkpaar war eine stromlinienförmige Blechverkleidung angebracht. Beim vorderen Triebwerk verwendete man eine vierblättrige, hinten eine zweiblättrige Dornier-Holzluftschraube mit gegenläufigem Drehsinn. Rumpf, Tragfläche, Leitwerk und Fahrwerk wurden von Do K 1 übernommen.
Im Dezember 1929 fand der Erstflug statt. Die Do K 2 ging nicht in Serienbau.

The Do K 2 – a braced high-wing monoplane – was a four-engine version of the single-engine Do K 1. Two air-cooled five-cylinder Gnôme-Rhône "Titan" engines each were housed in tandem in front of the wing, off the front section of the fuselage. The engines were attached with struts to the upper and lower side of the fuselage. Each pair of engines had an aerodynamic sheet metal fairing. The front engine drove a four-blade and the rear engine a two-blade Dornier wooden propeller, running in opposite senses. The fuselage, the wing, tail unit and landing gear were taken over from the Do K 1.
First flight in December 1929. The Do K 2 was not built in series.

Technische Daten/Technical data

Länge/Length	15,0 m	Fluggewicht/All-up weight	5000 kg
Höhe/Height	4,1 m	Höchstgeschwindigkeit/Maximum speed	195 km/h
Spannweite/Span	20,6 m	Gipfelhöhe/Service ceiling	2800 m
Tragfläche/Wing area	76,0 m^2	Steigzeit auf 2000 m Höhe/Climb to 2000 m	18,0 min
Triebwerk/Powerplant Gnôme-Rhône »Titan«	4 × 240 PS	Fluggäste/Number of passengers	8
Rüstgewicht/Empty weight	3400 kg	Besatzung/Crew	2

1929 Verkehrs-Flugschiff Commercial Flying Boat Do X

DoX–ein Meilenstein in der Geschichte der Luftfahrt und eine noch heute bewunderte Pionierarbeit von Claude Dornier.
Abgestrebter Eindecker in Ganzmetallbauweise, durch je 3 Stiele gegen die Bootsstummel abgestützt. Neuartige Beplankung des dreiholmigen Flügels mit sogenannten Flügelhautfeldern aus Duralblech oder Stoff. Querruder an der Flügelhinterkante, durch Ausgleichsflächen entlastet. Die 12 luftgekühlten Siemens Jupiter-Motoren wurden in 6 Tandemgondeln über dem Flügel eingebaut und untereinander durch einen Hilfsflügel verbunden; Motoren im Flug zugänglich. Eigenstabiles Boot mit scharfem Bug, in flachen Boden übergehend, Längsstufung, Querstufe und Spornkasten mit Wasserruder. Besonderes Merkmal war die Aufteilung in drei Decks. Oberdeck: Cockpit, Navigations- und Funkraum, Maschinenzentrale; Hauptdeck: luxuriöse Räume für etwa 66 Passagiere; Unterdeck: Kraftstoff- und Vorratslagerung. Das verstrebte und verspannte Leitwerk befand sich in üblicher Weise auf dem hochgezogenen Heck; Höhensteuer nach oben versetzt, alle Ruder durch Hilfsflächen ausgeglichen.
Zum Bau der DoX wurde 1926/1927 in Altenrhein eine moderne Flugzeugwerft zum See erstellt. Dornier-Chefpilot Richard Wagner startete am 12. Juli 1929 zum Erstflug. Am 21. Oktober 1929 sensationeller Rekordflug mit 169 Personen an Bord – rund 20 Jahre lang nicht überboten.

DoX – a milestone in aviation history – is a still admired pioneering achievement of Claude Dornier.
All-metal monoplane, braced with three struts on either side against the sponsons. Novel planking of the three-spar wing with so-called wing skin panels made of Dural sheet metal or fabric. Ailerons on the wing trailing edge, balanced by tabs. The 12 air-cooled Siemens Jupiter engines were installed in 6 tandem nacelles over the wing and were connected with each other by an auxiliary airfoil. The engines were accessible in flight. The flying boat had an intrinsically stable hull with a pointed bow with a transition into a flat floor, with longitudinal step, cross-step and a tail skid box with three water rudders. A special feature was the subdivision into three decks: upper deck with the flight deck, navigation and radio room, engine control stand; main deck with luxurious facilities for about 66 passengers; lower deck with fuel and store facilities. The strutted and braced tail unit was installed in the usual way on the raised tail; the horizontal tail assembly was raised, and all rudders were balanced by tabs.
For building the Do X a modern aircraft plant was built at Altenrhein Lake Constance, in 1926/1927. Dornier Chief Pilot Richard Wagner took off for the first flight on 12 July 1929. A sensational record flight with 169 people on board was made on 21 October 1929 – and it took 20 years to break this record.

Technische Daten/Technical Data

Länge/Length	40,1 m
Höhe/Height	10,1 m
Spannweite/Wing span	48,0 m
Tragfläche (Hauptflügel)/Wing area (main wing)	450,0 m^2
Tragfläche (Hilfsflügel)/Wing area (auxiliary airfoil)	30,8 m^2
Triebwerk/Powerplant Siemens Jupiter	12 × 525 PS
Rüstgewicht/Empty weight	28250 kg
Fluggewicht/All-up weight	48000 kg
Treibstoff/Fuel capacity	23300 Liter
Reisegeschwindigkeit/Cruising speed	175 km/h
Höchstgeschwindigkeit/Maximum speed	210 km/h
Besatzung/Crew	14
Fluggäste/Passengers	66

1930 — Militärflugzeug / Military Aircraft — Do P

Do P – abgestrebter Schulterdecker, im Aufbau die Landversion des viermotorigen Superwal. Das dreiholmige Tragwerk mit einer Tiefe von 5,3 m bestand aus einem Mittelstück mit den abnehmbar aufgesetzten Triebwerkgondeln und zwei Außenflügeln mit leichter V-Stellung. Stoffbespannung, im Bereich der Triebwerkgondeln metallbeplankt. Jede Flügelhälfte wurde mit je 4 Hauptstreben gegen den Rumpf abgestützt. Der Ganzmetallrumpf mit sickenverstärkter Beplankung war nicht unterteilt, hatte rechteckigen Querschnitt, eine maximale Breite von 1,6 m und eine größte Höhe von 2,3 m. Im Bug sah man einen oberen und unteren Waffenstand vor. Es folgten unmittelbar vor der vorderen Luftschraubenebene das zweisitzige, offene Cockpit mit Doppelsteuerung, der Bombenraum, wiederum ein oberer und unterer Waffenstand und am Heckende ein Drehkranz für ein MG. Als Antrieb wählte man 4 Siemens-Jupiter-Motoren mit Untersetzung und 4flügelige Dornier-Holzluftschrauben. Das Fahrwerk wurde als normales Dreibeinfahrwerk mit Federung in der senkrechten Abstützstrebe ausgeführt; Spornrad um 180° schwenkbar. Das Leitwerk wurde während der Erprobung mehrfach verändert; das Höhenleitwerk erhielt eine zusätzliche Höhenflosse.
Erstflug am 31. März 1930. In der Schweiz auf die Militärversion umgerüstet und erprobt; ab März 1931 als Transporter beim RVM eingesetzt.

Do P, a braced high-wing monoplane, was a land-based version of the four-engine Superwal. The three-spar wing with a depth of 5.3 m consisted of a centre section with the removable engine nacelles and two outer wing sections with a slight dihedral. The wing was covered with fabric except for the metal-panelled section between the engine nacelles. The all-metal fuselage with corrugated panelling was not subdivided, had a square cross-section, a maximum width of 1.6 m and a maximum height of 2.3 m. The nose had an upper and a lower weapons station. The two-seat open flight deck with dual controls followed immediately in front of the forward air screw plane; after the flight deck came the bomb storage facility, another upper and lower weapons station, and a rotating MG ring at the far end of the tail. The aircraft was powered by four Siemens Jupiter engines with reduction gears driving four-blade Dornier wooden propellers. The tricycle landing gear was sprung in the vertical strut; the castor tailwheel rotated through 180°. The tail unit was modified several times during the testing period; an additional horizontal stabilizer was added to the horizontal tail unit.
First flight on 31 March 1930. Converted to the military version and tested in Switzerland; used as a transport aircraft by the Transport Ministry of the Reich from March 1931.

Technische Daten/Technical data

Länge/Length	23,4 m	Triebwerk/Powerplant Siemens Jupiter	4 × 500 PS
Höhe/Height	7,3 m	Höchstgeschwindigkeit/Maximum speed	210 km/h
Spannweite/Span	30,0 m	Gipfelhöhe/Service ceiling	3500 m
Tragfläche/Wing area	152,6 m^2	Steigzeit auf 2000 m Höhe/Climb to 2000 m	13,2 min
Rüstgewicht/Empty weight	8000 kg	Besatzung/Crew	6
Fluggewicht/All-up weight	12000 kg		

1930 Verkehrsflugboot Commercial Flying Boat Do S

Do S – Eineinhalbdecker in Ganzmetallbauweise. Das Tragwerk bestand aus dem metallbeplankten Flügelmittelstück und zwei Außenteilen mit Stoffbespannung. Ein kleiner Oberflügel mit Blechbeplankung verband zwei Motorgondeln mit den in Tandem-Anordnung eingebauten 4 Hispano-Suiza 12 Lbr-Motoren. Der Hauptflügel wurde zum Oberflügel mit Stahldrähten verspannt, gegen die Stummel abgestrebt und verspannt. Ähnlich wie bei der Do X erfolgte getrennte Unterbringung der Passagiere im Hauptdeck und der Besatzung im Oberdeck. Aufteilung des Hauptdecks: Bugraum für Seeausrüstung, Gepäckraum, vordere und hintere Kabine für 22–30 Passagiere, Einstiegsraum mit Garderobe, Aufstieg zum Oberdeck, Waschraum, Küche und Heckraum. Im Oberdeck befanden sich das zweisitzige Cockpit mit Doppelsteuerung, Navigations-, Maschinisten- und Funkraum. Normales Dreiecksleitwerk am Rumpfende aufgesetzt, durch Strebenpaare abgestützt, Flossen und Ruder mit Stoff bespannt, Ruder durch Hilfsflächen entlastet. Unterbringung der Kraftstoffbehälter in den Stummeln.
Erstflug am 23. September 1930. Im Dezember 1930 beim Pariser Aero-Salon ausgestellt; 1933 an die Deutsche Verkehrsfliegerschule in List auf Sylt ausgeliefert.

Do S was a sesquiplane of all-metal design. The wing consisted of a metal-covered centre section and two fabric-covered outer wing halves. A small, metal-covered upper wing connected the two engine nacelles with the four Hispano-Suiza 12 Lbr engines arranged in tandem. The main wing and the upper wing were braced with steel cable and struts connected to the sponsons. As in the case of the Do X, passenger accommodation was on the main deck while the crew was in the upper deck. Subdivision of the main deck: stowage facility for naval equipment, baggage hold, front and rear cabin for 22 to 30 passengers, boarding room with wardrobe, staircase to upper deck, lavatory, galley, and tail storage facility. The upper deck housed the two-seat flight deck with dual controls, and the navigation/flight engineer/radio room. The aircraft had a standard triangular tail assembly installed on the tail boom and braced by a pair of struts on either side. The fins and rudders were fabric-covered and rudders were balanced by tabs. Fuel was stored in the sponsons.
First flight on 23 September 1930. The Do S was exhibited at the Paris Air Show in December 1930 and delivered to the German Commercial Aviation School at List on Sylt in 1933.

Technische Daten/Technical data

Länge/Length	25,8 m
Höhe/Height	7,9 m
Spannweite/Span	31,0 m
Tragfläche (Hauptflügel)/Wing area (main wing)	176,0 m^2
Tragfläche (Oberflügel)/Wing area (upper wing)	10,0 m^2
Triebwerk/Powerplant Hispano-Suiza 12 Lbr	4 × 600 PS
Rüstgewicht/Empty weight	10620 kg
Fluggewicht/All-up weight	16000 kg
Höchstgeschwindigkeit/Maximum speed	205 km/h
Steigzeit bis 2000 m Höhe/Climb to 2000 m	20 min
Passagiere/Number of passengers	22–30
Besatzung/Crew	4

1930 Verkehrs-Flugschiff Commercial Flying Boat Do X

DoX – im Februar 1930 begann man, die luftgekühlten Siemens Jupiter-Motoren mit je 525 PS gegen wassergekühlte 640 PS Curtiss-Conqueror zu ersetzen. Die Motorgondeln lagerten nun auf offenen, unverkleideten Strebenböcken. Der bisher die Motorgondeln verbindende Hilfsflügel wurde durch eine einfache Queraussteifung ersetzt. Erstflug am 4. August 1930.
Nach einer weiteren Erprobung am Bodensee startete die Do X am 5. November 1930 zum aufsehenerregenden Vorführungsflug von Europa nach Afrika, Süd- und Nordamerika. Die Flugroute führte über Holland, England, Frankreich, Spanien und Portugal. Ein Großbrand an der Tragfläche am 29. November 1930 in Lissabon verzögerte den Weiterflug. Am 31. Januar 1931 Start von Lissabon zum Atlantikflug über Las Palmas, Bubaque, Porto Praia, Fernando Noronha, Natal nach Rio de Janeiro. Am 5. August Weiterflug entlang der Ostküste Süd- und Nordamerikas, New York war am 27. August 1931 das Ziel. Rückflug vom 19. bis 24. Mai 1932 von New York zum Müggelsee bei Berlin mit Zwischenlandungen auf Neufundland, den Azoren und England. Zu erwähnen ist das Startgewicht von 58200 kg beim Flug über den Nordatlantik. Hunderttausende besichtigten die Do X auf ihrem Deutschlandflug 1932/1933. Überführung 1934 in das Luftfahrtmuseum Berlin am Lehrter Bahnhof; 1945 Zerstörung der Do X bei Luftangriffen.

In February 1930 the air-cooled Siemens Jupiter engines rated at 525 HP each of the Do X were replaced by water-cooled 640-HP Curtiss Conqueror engines. The engine nacelles were now installed on open, unfaired strut supports. The former auxiliary airfoil connecting the engine nacelles was replaced by a simple cross strutting. First flight on 4 August 1930.
After further testing on Lake Constance, the Do X took off on 5 November 1930 for its sensational demonstration flight from Europe to Africa, South and North America. The route was via the Netherlands, England, France, Spain and Portugal. A large fire in the wing in Lisbon on 29 November 1930 delayed the flight. On 31 January 1931 the aircraft took off from Lisbon for its flight across the Atlantic via Las Palmas, Bubaque, Porto Praia, Fernando Noronha, Natal to Rio de Janeiro. The flight continued along the east coast of South and North America on 5 August 1931 and reached New York on 27 August 1931. After overhaul work, the aircraft returned from New York to Müggelsee near Berlin with intermediate stops on Newfoundland, the Azores and England between 19 and 24 May 1932. The take-off weight for the flight across the North Atlantic of 58,200 kg is worth mentioning. Hundreds of thousand people visited the Do X on its flight across Germany 1932/1933. In 1934, the flying boat was transferred to the Berlin Air Museum at Lehrter Bahnhof; the Do X was destroyed in air attacks in 1945.

Technische Daten/Technical Data

Länge/Length	40,1 m	Fluggewicht/All-up weight	52000 kg
Höhe/Height	10,1 m	Treibstoff/Fuel capacity	23300 Liter
Spannweite/Wing span	48,0 m	Reisegeschwindigkeit/Cruising speed	175 km/h
Tragfläche/Wing area	450,0 m^2	Höchstgeschwindigkeit/Maximum speed	210 km/h
Triebwerk/Powerplant Curtiss Conqueror	12 × 640 PS	Reichweite/Range	2300 km
Rüstgewicht/Empty weight	32675 kg	Besatzung/Crew	14
		Fluggäste/Passengers	66

1931 Seeaufklärungsflugzeug Maritime Reconnaissance Aircraft Do C3

Do C3 – Eineinhalbdecker in Metallbauweise. Tragflügel und Rumpf wurden vom Landflugzeug Do 10 übernommen. Der dreiholmige Tragflügel war zweiteilig, hatte halb-elliptischen Grundriß und Stoffbespannung. Die Flügelhälften wurden an einem kurzen, aus dem Rumpf herauswachsenden Baldachin abnehmbar angeschlossen. Jede Flügelhälfte erhielt je zwei Stielpaare als Abstützung gegen Unterflügel bzw. Rumpfunterkante. Ungewöhnliche Flügelkonstruktion: größte Dicke in der Ebene des Stielanschlusses, nach außen und gegen die Flugzeugmitte stark abnehmend, um dem hinter dem Tragwerk sitzenden Piloten gute Sicht zu geben; Tragwerk-Vorderkante stark nach hinten gezogen, dadurch leichte Pfeilstellung. Den Rumpf bildete eine Rohrkonstruktion mit Stoffbespannung. Das metallbeplankte Rumpfvorderteil mit dem Triebwerk Hispano Suiza samt Wasserkühler war abnehmbar. Der Kraftstofftank befand sich zwischen Motor und Führerstand im Rumpfboden. Die abgeschotteten Schwimmer waren einstufig, vorn leicht gekielt und mit Wasserrudern ausgestattet. Vom Backbord-Schwimmer führte eine Aufstiegleiter zum Rumpf. Leitwerk mit Stoffbespannung, Höhenflosse gegen den Rumpf abgestützt.
Erstflug am 18. September 1931. Erprobung führte zum Umbau des Eineinhalbdeckers Do C3 auf die Do C2A, die als abgestrebter Hochdecker ausgeführt wurde.

The Do C3 was a sesquiplane of all-metall design. The wing and fuselage were taken over from the Do 10 landplane. The three-spar wing consisted of two sections and had a semi-elliptical design and fabric covering. The wing halves were connected removably to a short canopy extending from the fuselage. Each wing half had two pairs of struts braced against the lower wing or the lower fuselage edge. The wing design was unconventional: it was thickest at the connections of the struts, decreasing rapidly to the edges and to the aircraft centre to offer good visibility to the pilots seated behind the wing; the wing leading edge was drawn backward considerably, resulting in a slightly swept wing. The fuselage consisted of a tubular structure and was fabric covered. The metal-covered fuselage front section with the Hispano Suiza engine and water radiator was removable. The fuel tank was located in the fuselage floor between the engine and the flight deck. The floats with bulkheads had a single step, a slight keel shape in the front, and were equipped with water rudders. From the port float, a ladder provided access to the fuselage. The tail unit was fabric-covered, with a horizontal stabilizer braced against the fuselage.
First flight on 18 September 1931. Flight trials led to the conversion of the Do C3 sesquiplane to the Do C2A, designed as a strutted high-wing monoplane aircraft.

Technische Daten/Technical data

Länge/Length	12,7 m	Rüstgewicht/Empty weight	2700 kg
Höhe/Height	4,7 m	Fluggewicht/All-up weight	3300 kg
Spannweite/Span	15,0 m	Höchstgeschwindigkeit/Maximum speed	235 km/h
Tragfläche (mit Unterflügel)/ Wing area (with lower wing)	44,6 m^2	Gipfelhöhe/Service ceiling	5500 m
Triebwerk/Powerplant Hispano Suiza	725 PS	Steigzeit auf 3000 m Höhe/Climb to 3000 m	13 min

1931 Verkehrsflugzeug Commercial Aircraft Do K3

Do K 3 – gegenüber dem Vorgänger Do K 2 wies dieser Typ wesentliche Konstruktionsunterschiede auf: freitragender Schulterdecker, größeres Tragwerk in neuer Form, verbesserte Rumpfform und Triebwerkanordnung, vergrößerter Fluggastraum. Der Rumpf, wieder als Stahlrohr-Fachwerkkonstruktion mit Stoffbespannung, jedoch mit aerodynamisch günstigerem ovalen Querschnitt ausgesführt, war unterteilt in: vorderen Gepäckraum, Führerraum mit Doppelsteuerung, 10sitzige Passagierkabine, Vorraum und Toilette, hinteren Gepäckraum. Der durchgehende, freitragende Flügel mit Stoffbespannung war dreiholmig, V-förmig und direkt auf den Rumpf aufgesetzt. Er hatte im Grundriß eine parabelförmige Vorderkante, gerade Hinterkante und war an den sich verjüngenden Spitzen stark abgerundet. Gegenüber Do K 2 verlegte man die Tandemgondel mit je zwei luftgekühlten Walter-Castor-Motoren unter den Flügel. Sie wurden beiderseits des Rumpfes an einem N-Stabzug unter dem Tragwerk aufgehängt und zum Rumpf abgestrebt. Diese Streben mußten auch die Fahrwerkskräfte aufnehmen. Das Fahrwerk bestand aus zwei windschnittig verkleideten und mit hydraulischen Bremsen versehenen Laufrädern und einem Spornrad, schwenkbar im Rumpf gelagert.
Erstflug am 17. August 1931. Erprobung bei der DLH.

The Do K 3 differed considerably in design from its predecessor, the Do K 2: it was a cantilever high-wing monoplane with a larger wing of a new shape, improved fuselage form and engine arrangement, and a larger cabin. The fuselage, again designed as a steel tube framework with fabric covering, but with an aerodynamically more favourable oval cross-section, was subdivided in: front baggage hold; flight deck with dual controls; ten-seat passenger cabin; anteroom and toilet; rear baggage hold. The through-going cantilever wing with fabric covering had three spars, a V-shape and was directly attached to the fuselage. The leading edge was the shape of a parabola, while the trailing edge was straight; its tapering tips were rounded. Compared with the Do K 2, the tandem nacelles, each with two air-cooled Walter-Castor engines were located below the wing and attached by means of an N-strut and braced against the fuselage. These struts also absorbed the landing gear forces. The landing gear consisted of two aerodynamically faired wheels with hydraulic brakes and a castor tail wheel attached to the fuselage.
First flight on 17 August 1931, tested by DLH.

Technische Daten/Technical data

Länge/Length	16,7 m	Fluggewicht/All-up weight	6200 kg
Höhe/Height	4,6 m	Höchstgeschwindigkeit/Maximum speed	225 km/h
Spannweite/Span	25,0 m	Gipfelhöhe/Service ceiling	5200 m
Tragfläche/Wing area	89,0 m²	Steigzeit auf 3000 m Höhe/Climb to 3000 m	19 min
Triebwerk Walter-Castor-Motoren		Passagiere/Number of passengers	10
Powerplant Walter-Castor engines	4 × 305 PS	Besatzung/Crew	2
Rüstgewicht/Empty weight	4265 kg		

1931 Jagdflugzeug Fighter Aircraft Do 10

Do 10 – abgestrebter Hochdecker. Der dreiholmige Tragflügel war zweiteilig, stoffbespannt und durch je ein Stielpaar gegen den Rumpf abgestützt. Die Flügelhälften mit halbelliptischem Grundriß wurden an einem kurzen, aus dem Rumpf herauswachsenden Baldachin abnehmbar angeschlossen. Ungewöhnliche Flügelkonstruktion: größte Dicke in der Ebene des Stielanschlusses, nach außen und gegen die Flugzeugmitte stark abnehmend, um dem hinter dem Tragwerk sitzenden Piloten gute Sicht zu geben; Tragwerk-Vorderkante stark nach hinten gezogen, dadurch leichte Pfeilstellung. Der Rumpf war eine Rohrkonstruktion mit Stoffverkleidung. Im metallbeplankten, abnehmbaren Rumpfvorderteil war das Triebwerk samt Wasserkühler eingebaut. Danach folgten der Kraftstofftank, das einsitzige Cockpit und der Beobachterstand. Beim Fahrwerk waren die verkleideten Laufräder mit je zwei Abstützstreben gegen die Rumpfunterseite und einer Strebe mit Federpaket gegen den vorderen Flügelstielanschluß befestigt. Leitwerk mit Stoffbespannung, Höhenleitwerk im Flug verstellbar und einstielig gegen den Rumpf abgestützt. Verschiedene Versuche: eine zur Horizontalen angestellte Triebwerkachse und Hilfsfläche über der Tragwerknase.
Erstflug am 25. Juli 1931; 2 Maschinen gebaut.

The Do10 was a braced high-wing monoplane. The three-spar wing consisted of two fabric-covered sections and was braced against the fuselage by one pair of struts on either side. The wing halves with a semi-elliptical design were connected removably to a short canopy extending from the fuselage. The wing design was unconventional: it was thickest at the connections of the struts, decreasing rapidly to the edges and to the aircraft centre to offer good visibility to the pilots seated behind the wing; the wing leading edge was drawn backward considerably, resulting in a slightly swept wing. The fuselage consisted of a tubular structure and was fabric-covered. The engine and its water radiator were installed in the metal-covered removable fuselage front section. The fuel tank followed to the rear, then the single-seat flight deck and the observer's station. The faired landing gear wheels were braced against the fuselage underside by a pair of struts each as well as by a telescopic strut connected to the wing strut meeting point. The tail assembly was fabric-covered and had a horizontal tail unit adjustable in flight, braced against the fuselage by one strut on either side. Several test installations were made: engine access raised with respect to the horizontal plane, auxiliary airfoil above the wing leading edge.
First flight on 25 July 1931; two aircraft built.

Technische Daten/Technical data

Länge/Length	10,5 m	Fluggewicht/All-up weight	2640 kg
Höhe/Height	4,3 m	Triebwerk BMW VI mit Getriebe	
Spannweite/Span	15,0 m	Powerplant BMW VI with gearbox	1 × 710 PS
Tragfläche/Wing area	33,0 m^2	Höchstgeschwindigkeit/Maximum speed	288 km/h
Rüstgewicht/Empty weight	2280 kg	Steigzeit auf 5000 m Höhe/Climb to 5000 m	12,8 min

1931 Verkehrsflugboot Commercial Flying Boat Wal

Dornier-Wal – Neuauflage der seit 1922 erfolgreich eingesetzten Flugboote mit diesen Merkmalen: spitzer Bootsbug, 14 Fluggäste statt bisher 9, Unterbringung des Kraftstoffs in den Flossenstummeln, geänderte Leitwerksform, runde Kabinenfenster statt bisher rechteckiger Form und leistungsstärkeres Triebwerk.
Die zweiholmigen Flügelhälften schlossen beiderseits an das die Triebwerksanlage aufnehmende Flügelmittelstück an und wurden durch je zwei Streben zu den Bootsstummeln abgestützt. Im Bereich des Luftschraubenstrahls waren die Flügel mit Blech beplankt, im übrigen mit Stoff bespannt. Im zweistufigen Boot, durch wasserdicht verschließbare Türen abgeschottet, bot sich diese Anordnung an: Kollisionsraum für Seeausrüstung, Kabine für 8 Fluggäste, Cockpit mit zwei Sitzen, ein weiterer Passagierraum mit 6 Plätzen, danach auf Backbord der Funkraum, auf Steuerbord die Toilette, Gepäckraum. Zwei BMW VI-Motoren ohne Getriebe wurden in der oberhalb des Flügels liegenden Tandemgondel eingebaut und konnten auch während des Fluges im Notfall repariert werden. Das Leitwerk war wie üblich auf der Heckspitze des Rumpfes aufgesetzt und durch Strebenpaare gegen das Rumpfheck abgestützt. Flossen und Ruder hatten Stoffbespannung; die Ruder wurden durch Hilfsflächen entlastet.
Erstflug am 27. Januar 1931.

The Dornier Wal was a new version of the flying boat used successfully since 1922 and had the following new features: pointed bow of the hull, 14 passengers instead of 9, fuel tanks in the sponsons, modified tail unit, round cabin windows instead of the previously square windows, and more powerful engines.
The two-spar wing halves were connected to the wing centre section which carried the powerplant and were braced against the sponsons by means of two struts on either side. In the area of propeller airflow the wing had a sheet metal covering, while the remaining wing was fabric-covered. The two-step hull with a water-tight locking door offered the following space arrangement: collision room for naval equipment, cabin for 8 passengers, flight deck with two seats, a further passenger cabin with 6 seats, and to the rear the radio room on the port side and the toilet and baggage hold on the starboard side. The two BMW VI engines without gearbox were installed in the tandem nacelle above the wing, and it was possible to repair them in flight during an emergency. The tail assembly was attached to the tip of the fuselage tail in the usual way and was braced against the fuselage tail by means of pairs of struts. Fins and rudders were covered with fabric; the rudders were balanced by tabs.
First flight on 27 January 1931.

Technische Daten/Technical data

Länge/Length	18,2 m	Fluggewicht/All-up weight	8000 kg
Höhe/Height	5,5 m	Höchstgeschwindigkeit/Maximum speed	225 km/h
Spannweite/Span	23,2 m	Gipfelhöhe/Service ceiling	3000 m
Tragfläche/Wing area	96,0 m²	Steigzeit bis 3000 m Höhe/Climb to 3000 m	35 min
Triebwerk BMW VI ohne Getriebe		Fluggäste/Number of passengers	14
Powerplant BMW VI without gearbox	2 × 690 PS	Besatzung/Crew	3
Rüstgewicht/Empty weight	5050 kg		

1931 Langstreckenflugboot Long Range Flying Boat 8,5 t-Wal

Dornier-Katapultwale für den Südatlantik-Postflugdienst der Deutschen Lufthansa entsprachen im wesentlichen der Version Wal-Verkehr-Zweitausführung, wurden jedoch für den Katapultabschuß verstärkt und in der Raumaufteilung dem Verwendungszweck angepaßt: Kollisionsraum, Cockpit, Funk- und Navigationsraum, Post- und Frachtraum, Zusatztankraum und rückwärtiger Frachtraum.
Der Dampfer »Westfalen« wurde zum schwimmenden Flugstützpunkt umgebaut und in der Mitte des Südatlantik stationiert, um die Flugstrecke Bathurst an der Westküste Afrikas und Natal in Brasilien wegen der mangelnden Reichweite der Flugboote zu unterteilen. Die Dornier-Wale »Monsun« und »Passat« wasserten auf einem Schleppsegel, einer halbstarren Verbindung zum Schiff, wurden mittels Heckkran auf die Schleuderanlage gehievt, aufgetankt und zum Weiterflug katapultiert. Am 6. Juni 1933 unternahm der Dornier-Wal »Monsun« den ersten Katapultflug nach Natal, »Passat« flog den entgegengesetzten Kurs. Nach weiteren Versuchsflügen wurde im Februar 1934 der planmäßige Luftpostverkehr Deutschland – Südamerika unter Verwendung der Wale für die Südatlantikstrecke eröffnet und erfolgreich betrieben.

The Dornier Catapult Wals for the South Atlantic airmail service of Deutsche Lufthansa essentially corresponded to the second version of the commercial Wal, but they were reinforced for catapult launching, and the space was subdivided to meet the special requirements: collision space, flight deck, radio and navigation room, mail and freight room, extra fuel tank storage room, rear freight room.
The "Westfalen" steamship was converted into a floating air base and stationed in Mid-South Atlantic in order to subdivide the air route between Bathurst on Africa's west coast and Natal in Brazil because of the insufficient range of the flying boats. The Dornier Wals "Monsun" and "Passat" landed on a floating sail towed by the ship, i.e. they had a semi-rigid connection to the ship, and were hoisted onto the catapult by means of a crane installed on the ship's stern. They were refuelled on board and launched by catapult for their remaining flight leg. On 6 June 1933, the Dornier Wal "Monsun" made its first catapult-launched flight to Natal and "Passat" operated on the opposite course. After further test flights, scheduled airmail service between Germany and South America was opened in February 1934 and operated successfully by using the Wals.

Technische Daten/Technical Data

Länge/Length	18,2 m
Höhe/Height	5,5 m
Spannweite/Span	23,2 m
Tragfläche/Wing area	96,0 m²
Triebwerk BMW VI ohne Getriebe Powerplant BMW VI without gearbox	2 × 690 PS
Rüstgewicht/Empty weight	5475 kg
Fluggewicht/All-up weight	8500 kg
Höchstgeschwindigkeit/Maximum speed	225 km/h
Gipfelhöhe/Service ceiling	3000 m
Steigzeit bis 3000 m Höhe/Climb to 3000 m	35 min
Besatzung/Crew	4

1931 Verkehrs-Flugschiff Commercial Flying Boat Do X2/X3

DoX 2 und DoX 3 – diese beiden Flugschiffe wurden für Italien gebaut. Lediglich die Triebwerksanlage wurde gegenüber der DoX1-Version geändert, es kamen die wassergekühlten Fiat-A.22R-Motoren zum Einbau. Die Motorgondeln samt ihren Stützböcken waren stromlinienförmig verkleidet. Bei der DoX1 waren die Ölkühler noch freitragend an der Gondelunterseite angebracht. Bei der DoX 2 und 3 befanden sich im vorderen Motorgondelbereich je zwei runde Löcher, die als Lufteinlaßöffnungen für die zwei Ölkühler vom Typ »Bienenwabe« dienten. In den Stützböcken erkennt man zwei übereinander angeordnete, verstellbare Kühlerjalousien.
Der Erstflug der DoX 2 fand am 16. Mai 1931 statt. Am 28. August 1931 startete sie mit der deutsch-italienischen Besatzung von Altenrhein zum Überführungsflug nach Italien. Endziel war der Seeflughafen Cadimare bei La Spezia, wo sie unter dem Namen »Umberto Maddalena« vom italienischen Luftfahrtministerium übernommen wurde. Das Bemerkenswerte dieses Fluges war die Alpenüberquerung über den Splügenpaß in einer Höhe von 3200 m. Die DoX 3 kam über die gleiche Route am 13. Mai 1932 an und wurde unter dem Namen »Alessandro Guidoni« registriert. Nach Rundflügen in Italien setzte man die Flugschiffe für Schulungs- und Transportflüge ein. Ein regelmäßiger Flugdienst kam aus wirtschaftlichen Gründen nicht zustande; etwa 1935 wurden die DoX 2 und DoX 3 außer Dienst gestellt und später verschrottet.

DoX 2 and DoX 3 – these two flying boats were built for Italy. The only change over the DoX1 version was the powerplant, which used water-cooled Fiat-A.22 R-engines. The engine nacelles and their supports had a streamlined fairing. On DoX1, the oil cooler was installed under the nacelle while the DoX 2 and 3 had two round holes in the front of the motor nacelles serving as air inlets for two oil coolers of the "Bienenwabe" (honeycomb) type. Two adjustable radiator louvres can be seen, one above the other, in the supports.
The first flight of the DoX 2 took place on 16 May 1931. On 28 August 1931, it took off with a German-Italian crew from Altenrhein for the ferry flight to Italy. The final destination was the Cadimare seaplane base near La Spezia, where the flying boat was handed over to the Italian Air Ministry under the name of "Umberto Maddalena". The remarkable feature of this flight was the crossing of the Alps over the Splügen Pass (Spluga Pass) at an altitude of 3200 m. The DoX 3 reached the base via the same route on 13 May 1932 and was registered as "Alessandro Guidoni". After demonstration flights in Italy, the flying boats were used for training and transport flights. A scheduled service did not come about for economic reasons. The DoX 2 and DoX 3 were withdrawn from service around 1935 and scrapped later.

Technische Daten/Technical Data

Länge/Length	40,0 m	Reisegeschwindigkeit/Cruising speed	190 km/h
Höhe/Height	10,2 m	Höchstgeschwindigkeit/Maximum speed	210 km/h
Spannweite/Wing span	48,0 m	Steigzeit auf 2000 m Höhe/Climb to 2000 m	23 min
Tragfläche/Wing area	450,0 m^2	Gipfelhöhe/Service ceiling	3200 m
Triebwerk/Powerplant Fiat-A.22 R	12 × 610 PS	Besatzung/Crew	14
Rüstgewicht/Empty weight	34820 kg	Fluggäste/Passengers	66
Fluggewicht/All-up weight	48000 kg		

1931 Militärflugzeug Military Aircraft Do Y

Do Y – freitragender Hochdecker. Das dreiholmige Tragwerk, teils stoffbespannt, teils metallbeplankt, bestand aus drei Teilen: ein bis über die seitlichen Motorgondeln reichendes Mittelstück und zwei Außenteile. Die Flügelform war halb-elliptisch mit gerader Hinterkante. Die Flügelenden wurden im Laufe der Erprobung zurückgeschnitten. Der Schalenrumpf war aus Leichtmetall gefertigt. Zwei Triebwerke wurden in den Flügelvorderkanten eingebaut, das dritte auf einem Strebenbock über dem Rumpf. Die zuerst verwendeten Bristol Jupiter VI-Motoren mit je 450 PS tauschte man gegen Gnôme-Rhône Jupiter 9 Kers mit je 625 PS aus, die zweiflügeligen Holzluftschrauben gegen dreiflügelige Luftschrauben aus Metall. Zwei Kraftstoffbehälter befanden sich im Flügelmittelteil. Das Fahrwerk bestand aus zwei windschnittig verkleideten Rädern und einem schwenkbaren Spornrad. Die Haupträder waren mit je einer senkrechten Federstrebe am Flügelmittelstück und je einem schwenkbaren V-Strebenpaar an der Rumpfunterseite angelenkt.
Erstflug am 17. Oktober 1931; drei Maschinen an die jugoslawische Luftwaffe geliefert.

Do Y was a cantilever high-wing monoplane. Its three-spar wing was partly fabric-covered and partly metal-covered and consisted of three sections: a centre section extending laterally beyond the engine nacelles and two outer wing halves. The wing shape was semi-elliptical, with a straight trailing edge. The wing tips were cut back in the course of flight testing. The light-metal monocoque fuselage was subdivided. Two engines were installed in the wing's leading edge, while the third was installed on struts above the fuselage. The Bristol Jupiter VI engines, rated at 450 HP each, used initially were later replaced by Gnôme-Rhône Jupiter 9 Kers rated at 625 HP each; the two-blade wooden propellers were exchanged for three-blade metal propellers. Two fuel tanks were housed in the wing centre section. The landing gear consisted of two aerodynamically faired wheels and a swivelling tail wheel. The main wheels were connected to the wing centre section by one vertical telescopic strut each and to the fuselage underside by one rotating pair of V-struts each.
First flight on 17 October 1931; three aircraft were delivered to the Yugoslav Air Force.

Technische Daten/Technical data

Länge/Length	18,2 m	Rüstgewicht/Empty weight	6200 kg
Höhe/Height	7,3 m	Fluggewicht/All-up weight	8500 kg
Spannweite/Span	26,6 m	Höchstgeschwindigkeit/Maximum speed	300 km/h
Tragfläche (Endausführung)		Gipfelhöhe/Service ceiling	8300 m
Wing area (ultimate version)	108,8 m^2	Steigzeit auf 4000 m Höhe/Climb to 4000 m	12,5 min
Triebwerk/Powerplant		Besatzung/Crew	4
Gnôme-Rhône Jupiter 9 Kers	3 × 625 PS		

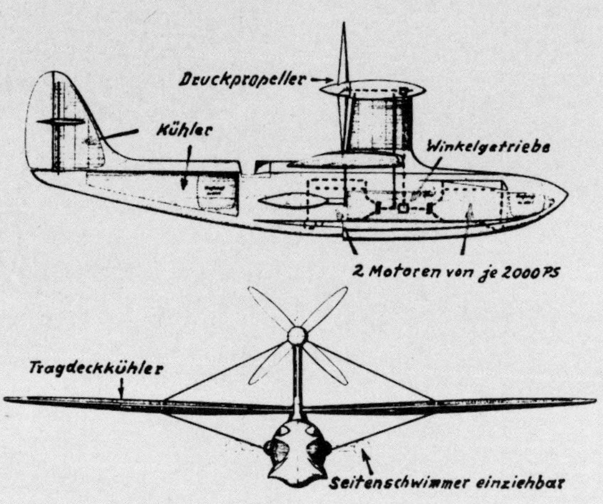

1931

Rennflugzeug-Projekt
Race Plane Project

Ein von den bisherigen Rennflugzeugen für den »Schneider-Pokal« stark abweichender Entwurf wurde bei Dornier 1931 bearbeitet.
Zwei Motoren von je 2000 PS waren im Rumpfinnern eingebaut und trieben gemeinsam mit Winkelgetriebe eine Luftschraube an. Infolge der großen Leistung mußten außer der Flügeloberfläche auch Teile des Rumpfes und Leitwerks mit zur Kühlung des Triebwerks herangezogen werden. Der Boden des Bootes war nicht gekielt, sondern abgerundet. Die Stabilität auf dem Wasser wurde durch kleine, im Flug einziehbare Schwimmer erreicht.

A design remarkably different from that of previous race planes for the "Schneider Cup" was made by Dornier in 1931.
Two engines rated at 2000 HP each were installed within the fuselage and jointly operated a propeller via angle drives. Because of the high performance, parts of the fuselage and the tailplane had to be used to cool the powerplant, in addition to the wing surface. The hull bottom was not keeled but rounded. Stability on the water was ensured by small retractable floats.

Technische Daten/Technical Data

Länge/Length	11,0 m	Triebwerk/Powerplant	2 × 2000 PS/HP
Höhe/Height	4,1 m	Rüstgewicht/Empty weight	3250 kg
Spannweite/Wing span	12,0 m	Fluggewicht/All-up weight	4000 kg
Tragfläche/Wing area	24,0 m^2	Höchstgeschwindigkeit/Maximum speed	650 km/h

1932 Seeaufklärer DoC2A
Maritime Reconnaissance Aircraft

DoC2A – abgestrebter Hochdecker; Umbau des Eineinhalbdeckers DoC3, da der bei diesem Typ verwendete Unterflügel nicht den erwarteten Auftrieb gebracht hatte. Tragflügel, Rumpf, Leitwerk und die Schwimmer blieben unverändert. Beim Triebwerk stellte man auf den Hispano-Suiza 12 Nbr-Motor mit 740 PS um. Es wurde eine vierblättrige Dornier-Holzluftschraube verwendet. Gegenüber DoC3 war bei DoC2A neben dem Kraftstoff-Haupttank im Rumpfboden ein Zusatzbehälter hinter der Motorbrandwand eingebaut. Nach dem einsitzigen Cockpit mit Knüppelsteuerung, hinter dem Tragwerk angeordnet, folgte der Platz für den Beobachter.
Zwei Flugzeuge wurden an die kolumbianische Luftwaffe geliefert.

The DoC2A, a braced high-wing monoplane, was a conversion of the DoC3 sesquiplane aircraft, since the lower wing used in this model did not provide the expected lift. The wing, the fuselage, the tail assembly and the floats remained unchanged. A different engine was used, however: the Hispano-Suiza 12 Nbr rated at 740 HP. The four-blade wooden propeller was of Dornier design. Contrary to the DoC3, the DoC2A had an additional fuel tank behind the engine bulkhead in addition to the main fuel tank in the fuselage floor. Behind the single-seat flight deck with joystick control, located behind the wing, was the observer's.
Two aircraft were delivered to the Colombian Air Force.

Technische Daten/Technical data

Länge/Length	12,8 m	Fluggewicht/All-up weight	3200 kg
Höhe/Height	5,1 m	Höchstgeschwindigkeit/Maximum speed	250 km/h
Spannweite/Span	15,0 m	Gipfelhöhe/Service ceiling	4400 m
Tragfläche/Wing area	32,4 m^2	Steigzeit auf 4000 m Höhe/Climb to 4000 m	26 min
Triebwerk/Powerplant Hispano-Suiza 12 Nbr	740 PS	Besatzung/Crew	2
Rüstgewicht/Empty weight	2550 kg		

1932 Fracht- und Postflugzeug Cargo and Mail Aircraft Do F

Do F – abgestrebter Schulterdecker in Ganzmetallbauweise mit erstmals ausgeführtem Einziehfahrwerk. Der dreiholmige, dreiteilige Tragflügel mit parabelförmiger Flügelvorder- und geradliniger Flügelhinterkante wurde gegen den Rumpf mit Streben und Drahtseilen abgefangen. In der Flügelnase des Tragmittelstücks waren die beiden Triebwerke eingebaut, die Motorträger abnehmbar am Tragflächen-Vorderholm gelagert. Flügelvorderkante und im Motorenbereich Blechbeplankung, restlicher Tragflügel und Querruder mit Stoffbespannung ausgeführt. Der Rumpf in Schalenbauweise mit rechteckigem Grundriß hatte diese Raumaufteilung: Kollisionsraum für Ersatzteile, Führerraum mit Doppelsteuerung, großer Frachtraum mit Ladeluke in der Rumpfoberseite, Raum für Postsachen, hinterer Rumpfeinstieg und Funkraum. Stoffbespanntes Seiten- und Höhenleitwerk in üblicher Eindeckerausführung, abgestrebt auf dem Rumpfende gelagert; Seitenruder mit Hilfsruder, Höhenflosse im Flug verstellbar. Den beim Prototyp eingebauten luftgekühlten Siemens-Jupiter-Motoren mit je 550 PS folgten die leistungsstärkeren luftgekühlten Siemens-SH 22-B mit je 650 PS.

Erstflug am 7. Mai 1932. Zehn Do F-Flugzeuge kamen auf den von der Deutschen Reichsbahn in Verbindung mit der Deutschen Lufthansa eröffneten »Reichsbahnstrecken« zum Einsatz. Die Militärversion wurde in Do 11 umbenannt.

The Do F was a braced high-wing monoplane of all-metal design using a retractable landing gear for the first time. The three-spar, three-part wing with a parabolic leading edge and a straight trailing edge was supported against the fuselage by struts and wires. The two engines were installed in the wing center section and the engine support was removably located on the front spar of the wing. The leading edge and the section around the engines were covered with sheet metal, while the remainder of the wing and the ailerons were fabric covered. The monocoque fuselage of rectangular design was subdivided as follows: collision space used for spare parts storage, flight deck with dual controls, large freight hold with loading hatch on the upper side of the fuselage, mail room, rear access to fuselage, and radio room. The fabric-covered vertical and horizontal tail units were of the usual single-deck design, supported on the fuselage tail; rudder with tab, horizontal stabilizer adjustable in flight. The air-cooled Siemens Jupiter engines rated at 550 HP each, installed in the prototype, were replaced later by more powerful air-cooled Siemens-SH 22-B engines of 650 HP each.

First flight on 7 May 1932. Ten Do F were used by Deutsche Reichsbahn on the so-called "Reichsbahnstrecken" operated jointly with Deutsche Lufthansa. The military version was redesignated to Do 11.

Technische Daten/Technical Data

Länge/Length	18,7 m	Rüstgewicht/Empty weight	4770 kg
Höhe/Height	5,6 m	Fluggewicht/All-up weight	8000 kg
Spannweite/Wing span	28,0 m	Höchstgeschwindigkeit/Maximum speed	250 km/h
Tragfläche/Wing area	111,0 m^2	Gipfelhöhe/Service ceiling	4700 m
Triebwerk/Powerplant Siemens Jupiter	2 × 550 PS		

1932 Leichtes Amphibienflugzeug Light Amphibian Aircraft Do 12

Do 12 – Schulterdecker. Durch das im Flug ein- und auskurbelbare Fahrgestell konnte die Do 12 sowohl auf dem Land als auch auf dem Wasser starten und landen. Der zweiholmige, trapezförmige Tragflügel bestand aus zwei Hälften, am Rumpf abnehmbar angeschlossen. Das Tragwerk wurde nach oben gegen den Motorbock durch je ein Stielpaar verstrebt. Zwei unter dem Tragwerk angeordnete Stützschwimmer sorgten für die Stabilität auf dem Wasser. Boot und Stützschwimmer wurden mehrfach abgeschottet, am Boot Ausbildung von seitlichen Mulden für das einklappbare Fahrgestell. Der Bootsboden war einstufig, flach gekielt und mit einem herausschwenkbaren Führungskiel versehen.
Raumaufteilung: Bugraum für Seeausrüstung und Gepäck, zweisitziges Cockpit mit ausbaubarer Doppelsteuerung, Kabine für 1–2 Passagiere, Gepäck- und Heckraum – wahlweise zur Einrichtung von Schlafgelegenheiten. Anordnung des luftgekühlten Triebwerks auf einem besonderen Gestell über dem Flügel; der Argus As 10 mit 220 PS wurde später gegen Gnôme-Rhône Titan 5 Ke mit 317 PS ausgetauscht. Stoffbespanntes Höhen- und Seitenleitwerk, mit Drahtseilen verspannt; Kraftstoffbehälter im Flügel.
Erstflug am 23. Juni 1932; ein Muster gebaut und 1935 vom »Fliegenden Pater« Schulte für seine Missionszwecke in Übersee übernommen.

The Do 12, a high-wing monoplane, had an unwinding landing gear and, therefore, could operate both on land and on water. The two-spar, trapezoid wing consisted of two halves removably attached to the fuselage. The wing was braced against the engine support by a pair of struts on either side. Two floats installed below the wing provided stability on the water. The hull and floats were subdivided by several bulkheads, and the hull had recesses on both sides for the folding landing gear. The flat-keel hull floor had a single step and featured a swivelling guide keel. Space allocation: storage space for naval equipment and baggage in the nose, two-seat flight deck with removable dual controls, cabin for one or two passengers, baggage and rear hold – optionally equipped as a sleeper cabin. The air-cooled powerplant was installed on a special support above the wing. Its Argus As 10 rated at 220 HP was later replaced by a Gnôme-Rhône Titan 5 Ke of 317 HP. The horizontal stabilizers and the rudder were fabric-covered and wire-braced; the fuel tank was housed in the wing.
First flight on 23 June 1932; one aircraft was built and taken over in 1935 by "Flying Priest" Schulte for his activities as a missionary.

Technische Daten/Technical data

Länge/Length	9,0 m
Höhe/Height	4,2 m
Spannweite/Span	13,0 m
Tragfläche/Wing area	28,0 m^2
Triebwerk/Powerplant	
Gnôme-Rhône Titan 5 Ke	1 × 317 PS

Rüstgewicht/Empty weight	1075 kg
Fluggewicht/All-up weight	1400 kg
Höchstgeschwindigkeit/Maximum speed	210 km/h
Gipfelhöhe/Service ceiling	5100 m
Steigzeit auf 4000 m Höhe/Climb to 4000 m	23 min
Besatzung und Passagiere/Crew and passengers	2–4

1933 Kampfflugzeug Combat Aircraft Do 13 A/C

Do 13 – halbfreitragender Hochdecker in Ganzmetallbauweise, eine vereinfachte Weiterentwicklung der Do 11 mit folgenden Änderungen: starres Fahrwerk gegenüber Einziehfahrwerk bei Do 11, Landeklappen und Querruder als tiefgesetzte Hilfsflügel an der Hinterkante des Tragwerks angeordnet. Rumpf und Tragflügel mit dem stark zugespitzten Grundriß wurden von der Do 11 übernommen. Der Prototyp Do 13 A hatte zunächst luftgekühlte Siemens Jupiter-Motoren mit je 600 PS, wurde aber noch vor der Auslieferung an das Reichsluftfahrtministerium auf flüssigkeitsgekühlte BMW VI-Motoren mit je 750 PS umgerüstet. Je eine Maschine Do 13 C, E und F mit BMW VI-Triebwerken gebaut. Die gegen Beschuß geschützten Kraftstoff- und Schmierstoffbehälter brachte man im Tragflügel unter.
Erstflug am 13. Februar 1933; 4 Maschinen an das Reichsluftfahrtministerium geliefert. Do 13 war der Vorläufer der Do 23-Flugzeuge, welche die erste Standardausrüstung bei den Kampfverbänden der deutschen Luftwaffe bildeten.

The Do 13 – a semi-cantilever high-wing monoplane of all-metal design – was a simplified development of the Do 11 with the following modifications: rigid landing gear compared with a retractable landing gear on the Do 11, landing flaps and ailerons installed as auxiliary airfoils under the wing trailing edge. The fuselage and the wing with the pointed planform were taken over from the Do 11. The Do 13 A prototype had air-cooled Siemens Jupiter engines rated at 600 HP each initially, but was then converted to liquid-cooled BMW VI engines rated at 750 HP each before delivery to the Reich Air Ministry. One aircraft each of the Do 13 C, E and F were built with BW VI engines. The bullet-proof fuel and lubricant tanks were housed in the wing.
First flight on 13 February 1933; four aircraft were delivered to the Reich Air Ministry. Do 13 was a predecessor of the Do 23 aircraft which became the first standard equipment of the German Air Force's tactical units.

Technische Daten/Technical Data
Do 13 C-Version

Länge/Length	18,8 m	Rüstgewicht/Empty weight	6050 kg
Höhe/Height	5,4 m	Fluggewicht/All-up weight	8600 kg
Spannweite/Wing span	28,0 m	Höchstgeschwindigkeit/Maximum speed	260 km/h
Tragfläche/Wing area	112,0 m²	Gipfelhöhe/Service ceiling	4600 m
Triebwerk BMW VI mit Getriebe		Steigzeit auf 3000 m Höhe/Climb to 3000 m	18 min
Powerplant BMW VI with gearbox	2 × 750 PS	Besatzung/Crew	4

1933 Militärflugzeug Military Aircraft Do 11 D

Mit dem Aufbau der deutschen Luftwaffe im Jahre 1933 wurden die Post- und Frachtflugzeuge Do F in eine Militärversion umgerüstet und in Do 11 umbenannt. Der Serienbau Do 11 unter Beibehaltung sämtlicher Bauteile begann. Der Tragflügel mit dem stark zugespitzten Grundriß wirkte sich negativ auf die Flugeigenschaften aus, die Flügelenden wurden deshalb gekürzt, die Form des Seitenleitwerks verbessert – mit diesen Änderungen als Do 11 D bezeichnet. Die abnehmbare Bugkanzel wurde verglast, der Führerraum erhielt Einzelsteuerung. Als Triebwerk kamen die luftgekühlten Siemens SH 22-B mit Getriebe zum Einbau; die dreiflügeligen VDM-Einstellschrauben hatten einen Durchmesser von 3,9 m. Die gegen Beschuß geschützten Kraftstoff- und Schmierstoffbehälter brachte man im Tragflügel unter. Geteiltes Fahrwerk ohne durchgehende Achse, mit je 2 Streben gegen den Rumpf und mit elastischen Dämpfungsgliedern gegen den Flügel abgestützt. Die Neuheit war das Einziehfahrwerk: in der Endstellung lagen die Räder in Aussparungen der Flügelunterseite, die durch die heraufklappenden Radverkleidungen vollkommen abgedeckt wurden. Das Einziehen erfolgte elektro-mechanisch oder durch eine Handkurbel.
Bei Dornier in Friedrichshafen und Wismar wurden (einschließlich Do F) 122 Maschinen gebaut; die Bayerischen Flugzeugwerke Augsburg fertigten 30 Stück in Lizenz.

With the formation of the German Air Force in 1933, the mail and cargo aircraft Do F was converted into a military version and called Do 11. Series production of the Do 11 started, with all components remaining the same. The wing with its pointed planform had a negative effect on the flight characteristics. Therefore, the wing ends were shortened and the shape of the vertical tail unit was improved. Aircraft with these modifications were called Do 11 D. The removable bow station was glazed, the flight deck was equipped with individual controls. The engines used were air-cooled Siemens SH 22-B with gearbox; the three-blade VDM variable-pitch propellers had a diameter of 3.9 m. The fuel and the lubricant tanks were protected against bullet impact and housed in the wing. The two landing gear wheels had no common axle and were supported against the fuselage by two struts each and equipped with elastic shock absorbers. The retractable landing gear was a novelty: in the retracted position, the wheels were located in recesses on the wing underside which could be completely covered with the folding wheel fairings. Retraction was either electromechanically or manually with a crank.
Dornier built 122 aircraft at the Friedrichshafen and Wismar plants (including Do F); Bayerische Flugzeugwerke Augsburg built 30 under licence.

Technische Daten/Technical Data

Länge/Length	18,8 m	Fluggewicht/All-up weight	8200 kg
Höhe/Height	5,6 m	Höchstgeschwindigkeit/Maximum speed	250 km/h
Spannweite/Wing span	26,3 m	Gipfelhöhe/Service ceiling	4100 m
Tragfläche/Wing area	107,8 m²	Steigzeit auf 4000 m Höhe/Climb to 4000 m	38 min
Triebwerk/Powerplant Siemens SH 22-B	2×650 PS	Besatzung/Crew	4
Rüstgewicht/Empty weight	5830 kg		

1933 Langstreckenflugboot Long Range Flying Boat 10t-Wal

Dornier-Katapultwal 10 t war eine Weiterentwicklung der von der Deutschen Lufthansa im Südatlantik-Postflugdienst eingesetzten Dornier-Wale 8,5 t. Die Tragfläche wurde von 96 auf 112 m^2 vergrößert und zusätzlich am Flossenstummel abgestrebt. Als Triebwerk wählte man die BMW VI-Motoren mit Getriebe, das Cockpit war in geschlossener Form ausgeführt.
Der Erstflug fand am 3. Mai 1933 statt. Ab 1934 erfolgte der Einsatz auf dem Südatlantik. Die beiden Katapultschiffe »Schwabenland« und »Westfalen« lagen vor Bathurst an der afrikanischen Westküste bzw. Natal in Brasilien, da die weiterentwickelten 10t-Wale mit größerer Reichweite Direktflüge erlaubten.
Ab Juli 1934 wurde eine wöchentliche Verbindung eingeführt, ab März 1935 flogen die Wale die Südatlantikroute auch bei Nacht. Im Dezember 1936 fand die 200. planmäßige Südatlantik-Überquerung statt. Die Deutsche Lufthansa bezog insgesamt 6 Katapultwale 10 t.
1938/39 nahmen die beiden Katapultwale BOREAS und PASSAT mit dem Katapultschiff »Schwabenland« an der Deutschen Antarktischen Expedition teil.

The 10-tonnes Dornier Catapult Wal was a development of the 8.5-tonne Dornier Wals used by Deutsche Lufthansa for their South Atlantic airmail services. The wing area was extended from 96 m^2 to 112 m^2 and was additionally braced against the sponsons. The powerplant consisted of BMW VI engines with gearboxes; the flight deck was fully enclosed.
The first flight was made on 3 May 1933. From 1934, the aircraft was used on the South Atlantic run. The two catapult ships "Schwabenland" and "Westfalen" were positioned off Bathurst on the African west coast and off Natal in Brazil since the further developed 10-tonne Wals with their extended range allowed direct flights.
From July 1934, one weekly service was flown, and from March 1935, the Wals also operated the South Atlantic route also at night. The 200th scheduled South Atlantic crossing was made in December 1936. Deutsche Lufthansa ordered a total of six 10-tonne Catapult Wals.
In 1938/39, the two Catapult Wals BOREAS and PASSAT took part in the German Antarctic Expedition together with the "Schwabenland" catapult ship.

Technische Daten/Technical data

Länge/Length	18,2 m
Höhe/Height	5,8 m
Spannweite/Span	27,2 m
Tragfläche/Wing area	112,0 m^2
Triebwerk BMW VI mit Getriebe	
Powerplant BMW VI with gearbox	2 × 690 PS
Rüstgewicht/Empty weight	6215 kg
Fluggewicht (Katapultstart)/	
All-up weight (Catapult launch)	10000 kg
Höchstgeschwindigkeit/Maximum speed	220 km/h
Gipfelhöhe/Service ceiling	3500 m
Steigzeit bis 3000 m Höhe/Climb to 3000 m	25 min
Besatzung/Crew	4–5

1934 Kampfflugzeug Combat Aircraft Do 23 F/G

Do 23 – Weiterentwicklung der Do 13: mit abgeschnittenen Tragflügelenden, um die Schwingungsanfälligkeit zu vermindern, und Verbesserung der Zellenstruktur durch einen Längsträger im Rumpfboden und starken Rohrdiagonalen bei einigen Spanten. Die Do 23 F war für ein Fluggewicht von 8750 kg ausgelegt, die Do 23 G für 9200 kg. Der Rumpf mit rechteckigem Querschnitt unterteilt war. Eine andere Version: mit einem Spezialsitz und Sitzfallschirm konnte Pilot und Bordwart durch einen offenen Schacht das Flugzeug nach unten verlassen. Das dreiholmige, teils blechbeplankte, teils stoffbespannte Tragwerk mit halb-elliptischem Grundriß, geradlinig verlaufender Hinterkante und geraden Flügelenden wurde durch starke Profildrähte gegen die Rumpfunterkante abgefangen. Bei der Version Do 23 G verstärkte man die Tragwerkholme entsprechend dem erhöhten Fluggewicht. Querruder auf Auslegerarmen des Flügelendes nach unten versetzt gelagert, als zusätzliche Landehilfe wirkend. Höhen- und Seitenleitwerk stoffbehäutet, abgestrebte Höhenflosse im Flug verstellbar; versuchsweise Doppelseitenleitwerk ausgeführt. Das gegen Rumpf und Tragwerk abgestrebte Fahrwerk war nicht einziehbar.
Erstflug am 1. September 1934. Etwa 280 Flugzeuge bei Dornier in Friedrichshafen und Wismar, sowie in Lizenz bei Henschel-Flugzeugbau und Blohm & Voss gefertigt.

The Do 23 was a development of the Do 13 with cut-off wing tips to reduce susceptibility for vibration and with improvements in the airframe structure by installing a longeron spar in the fuselage floor and sturdy diagonal tubes in some of the bulkheads. The Do 23 F was designed for an all-up weight of 8750 kg, the Do 23 G for 9200 kg. The fuselage with its rectangular cross section was subdivided. Another version had a special seat with integrated parachute for the pilot and the mechanic who could leave the aircraft downward through an open shaft.
The three-spar partly metal-covered and partly fabric-covered wing with its semi-elliptic planform, straight trailing edge and straight wing tips was supported against the lower fuselage edge by strong profile wires. The Do 23 E version had reinforced wing spars as required by the higher all-up weight. The ailerons extended downward from the wing's trailing edge, held by short arms. They had the effect of additional landing aids. The horizontal and vertical tail units were fabric covered, and the horizontal stabilizer was adjustable in flight; dual horizontal surfaces were used for test purposes. The landing gear, braced against the fuselage and the powerplant was not retractable.
First flight on 1 September 1934. About 280 aircraft were built by Dornier in Friedrichshafen and Wismar and under licence by Henschel-Flugzeugbau and Blohm & Voss.

Technische Daten/Technical Data

Do 23 G

Länge/Length	18,8 m
Höhe/Height	5,4 m
Spannweite/Wing span	25,6 m
Tragfläche/Wing area	106,6 m²
Triebwerk/Powerplant BMW VI, Baureihe 7	2 × 735 PS
Rüstgewicht/Empty weight	6485 kg
Fluggewicht/All-up weight	9200 kg
Höchstgeschwindigkeit/Maximum speed	262 km/h
Gipfelhöhe/Service ceiling	4200 m
Steigzeit auf 1000 m Höhe/Climb to 1000 m	4 min
Besatzung/Crew	4

1934 Prototyp- und Vorserienflugzeuge Prototype and Preproduction Aircraft Do 17 V

In den Jahren 1933/37 wurden die Do 17 V1 bis V21 im Auftrag des RLM für verschiedene Einsatzzwecke entwickelt und gebaut.
Die Do17, ein Schulterdecker in Ganzmetallbauweise, bestand aus vier Großbauteilen: Hauptrumpf, trennbare Kanzel, Tragfläche und Leitwerk. Der schlanke, langgezogene Rumpf war in Schalenbauweise mit Blechbeplankung ausgeführt. Bugkanzel zunächst geschlossene Form, danach verglaste Kanzel. Der freitragende Flügel in Trapezform mit abgerundeten Enden hatte Blechbeplankung und im Mittelteil der Flügelunterseite Stoffbespannung; Querruder und Landeklappen an der Hinterkante des Flügels angeordnet. Die beiden Motoren in je einer Motorgondel vor der Flügelvorderkante eingebaut, bei Do 17 V1 bis V21 wurden erprobt: BMW VI, BMW VI D, Hispano Y, DB 600, DB 600 C, BMW 132 F und Bramo 323. Das unter den Motoren angeordnete Fahrwerk war hydraulisch-mechanisch einziehbar. Die bremsbaren Räder schwenkten nach hinten in die Motorgondel ein, wobei sich die Öffnung in der Flügelunterseite durch zwei selbsttätige Klappen schloß. Do 17 V1 mit einfachem Seitenleitwerk geflogen, ungenügende Stabilität führten ab der Do 17 V2 zum endgültigen Doppelleitwerk.
Der Erstflug der Do 17 V1 fand am 23. November 1934 unter Führung des Dornier-Chefpiloten Egon Fath statt.

Between 1933 and 1937, the Do 17 V1 to V21 were developed and built for different purposes under contract to the Reich Air Ministry.
The Do17 was a high-wing monoplane of all metal design consisting of four major assemblies: main fuselage, removable flight deck, wing and tail unit. The narrow, stretched fuselage was a monocoque design with metal skin. The bow station was initially closed and later glazed. The cantilever trapezoid wing with rounded tips had a sheet metal covering and was fabric covered in the center part of the wing underside; ailerons and landing flaps were installed on the trailing edge. The two engines were installed in nacelles extending from the wing leading edge. The following engines were tested on the Do17V1 to V21: BMWVI, BMWVID, HispanoY, DB 600, DB 600 C, BMW 132 F and Bramo 323. The landing gear under the engine nacelles was retractable hydraulically and mechanically. The brake-equipped wheels folded rearward into the engine nacelle and two automatic flaps closed the recess on the wing underside. The Do 17 V1 was flown with a single horizontal surface, but insufficient stability resulted in the use of a twin tail unit from the Do 17 V2 on.
First flight of the Do 17 V1 was on 23 November 1934 with Dornier Chief Pilot Egon Fath at the controls.

Technische Daten/Technical Data

Länge/Length	16,9 m
Höhe/Height	4,3 m
Spannweite/Wing span	18,0 m
Tragfläche/Wing area	55,0 m^2
Triebwerk/Powerplant	
BMW VI, DB 600, Hispano, Bramo 323	2 × 750/850 PS

Rüstgewicht/Empty weight (V1)	5020 kg
Fluggewicht/All-up weight (V1)	6500 kg
Höchstgeschwindigkeit/Maximum speed (V1)	375 km/h
Gipfelhöhe/Service ceiling (V1)	5800 m
Ausrüstung und Bewaffnung	je nach Verwendungszweck
Equipment and armament	depending on the use

1935 Langstreckenflugboot Long Range Flying Boat Do 18 E

Do 18 E – abgestrebter Hochdecker in Ganzmetallbauweise. Der durch zwei Stielpaare zu den Bootsstummeln abgestrebte, blechbeplankte, ab Hinterholm stoffbespannte Flügel hatte Trapezform mit abgerundeten Enden. Das mehrfach abgeschottete Boot war gekennzeichnet durch scharfe Kielung am Bug, schwach gewölbten Boden, Mittellängsstufe, Querstufe und Spornkasten mit Wasserruder; oberhalb der Wasserlinie vollkommen abgerundete Form, durch niedrig gehaltenen Aufbau des Cockpits nach hinten glatter Verlauf mit dem übrigen Boot. Raumaufteilung: Bugraum für Seeausrüstung, Cockpit mit Doppelsteuerung, Funk- und Navigationsraum, Kraftstoffraum, Post- und Frachtraum, Heckraum für Betriebshilfsgerät; weiterer Kraftstoff in den Stummeln. Das Rumpfende ging in die einkielige Seitenflosse über, Höhenflosse gegen den Rumpf abgestrebt.
Erstflug am 15. März 1935. Drei Do 18 E von der Deutschen Lufthansa im regelmäßigen Südatlantik-Postflugverkehr eingesetzt; 1935–1939 insgesamt 65 Südatlantiküberquerungen. 1936 Nordatlantik-Erprobung mit den Flugbooten »Aeolus« und »Zephir«: je zwei Hin- und Rückflüge Lissabon bzw. Azoren nach New York. März 1938 internationaler Langstreckenrekord England – Brasilien, 8392 km in 43 Stunden.

The Do 18 E was a braced high-wing monoplane of all-metal design. The trapezoidal wing with rounded tips was braced against the sponsons by two pairs of struts and had a metal leading edge and, from the rear spar backward, a fabric-covered trailing edge. The hull with several bulkheads was characterized by a sharp keel in the bow, a slightly curved floor, a longitudinal step in the centre and a cross-step and skid box with water rudder in the tail. Above the waterline, the hull was completely round, which kept the flight deck low and made sure that it was smoothly integrated into the remainder of the hull. Space allocation: stowage room for naval equipment in the bow, flight deck with dual controls, radio and navigation room, fuel compartment, mail and freight hold, rear compartment for accessories; further fuel was carried in the sponsons. The tail ended in a single vertical fin, while the horizontal stabilizer was braced against the fuselage.
The first flight on 15 March 1935. Three Do 18 E were used by Deutsche Lufthansa for scheduled South Atlantic mail flights; between 1935 and 1939, a total of 65 crossings were made. 1936, the flying boats "Aeolus" and "Zephir" were tested on the North Atlantic route: each made two return flights to New York from Lisbon and the Azores respectively. In March 1938, an international long-distance record was established on the England – Brazil route (8392 km in 43 hours).

Technische Daten/Technical Data

Länge/Length	19,3 m
Höhe/Height	5,4 m
Spannweite/Span	23,7 m
Tragfläche/Wing area	98,0 m²
Triebwerk/Powerplant Jumo 205 C	2 × 600 PS
Rüstgewicht/Empty weight	6260 kg
Fluggewicht – Wasserstart/ All-up weight – water-launched	8500 kg
Fluggewicht – Katapultstart/ All-up weight – catapult-launched	10 000 kg
Höchstgeschwindigkeit/Maximum speed	260 km/h
Gipfelhöhe (mit 8500 kg)/ Service ceiling (at 8500 kg)	4200 m
Besatzung/Crew	4–5

1935 Militär-Flugboot Military Flying Boat Wal

Dornier-Wal – abgestrebter Hochdecker in Metallbauweise. Die beiden Flügelhälften waren am Mittelstück angeschlossen und mit je zwei Streben gegen die Bootsstummel abgestützt. Das Mittelstück, durch sogenannte Baldachinstreben auf dem Rumpf befestigt, diente gleichzeitig als Hauptgerüst der Motorgondel. Das gesamte Tragwerk, bis auf den begehbaren Teil, wurde mit Leinwand bespannt. Das Boot mit den dreifach abgeschotteten Flossenstummeln war in Schalenbauweise und mit Katapultverstärkung ausgeführt. Die vorn scharfe Kielung ging in einen schwach gewölbten Boden mit einer Mittellängsstufe über. Der Bootsboden war durch eine Querstufe mit einem danach folgenden Verdrängungskiel abgesetzt. Das Boot war sechsfach abgeschottet. Zwei wassergekühlte BMW VI-Motoren in Tandem-Anordnung. Das Leitwerk: Höhenflosse verstellbar, Kielflosse feststehend, Seiten- und Höhenruder mit Eigenausgleich, Querruder durch Schlitz vom Flügel getrennt und an Lagerarmen angeordnet, Stoffbespannung.

The Dornier Wal was a braced high-wing monoplane of all-metal design. The two wing halves were connected to the centre section and braced against the sponsons by means of two struts each. The centre section, mounted to the fuselage by means of so-called cabane struts, also served as the main support for the engine nacelle. The entire wing, except for the step-on area, was covered with fabric. The hull and the sponsons with three bulkheads were built in a monocoque design with a reinforcement for catapulting. The pointed front keel gradually turned into a curved hull floor with a longitudinal step in the centre. Between the hull floor and the rear displacement keel was a cross-step. The hull was divided into six bulkheads. Two water-cooled BMW VI engines in tandem were installed. The tail assembly consisted of an adjustable horizontal stabilizer, a fixed keel fin, rudder and elevator with automatic balancing, ailerons separated from the wing by a slot and installed on bearing brackets, and fabric covering.

Technische Daten/Technical data

Länge/Length	18,3 m	Rüstgewicht/Empty weight	5500 kg
Höhe/Height	5,4 m	Fluggewicht/All-up weight	8500 kg
Spannweite/Span	23,2 m	Höchstgeschwindigkeit/Maximum speed	230 km/h
Tragfläche mit Querruder/Wing area with ailerons	100,0 m^2	Gipfelhöhe/Service ceiling	2900 m
Triebwerk BMW VI ohne Getriebe		Steigzeit bis 2000 m Höhe/Climb to 2000 m	28 min
Powerplant BMW VI without transmission	2 × 690 PS	Besatzung/Crew	4

1936 Transozean-Versuchsflugboot Do 14
Transocean Experimental Flying Boat

Do 14 – die Besonderheit bestand in der zu entwickelnden Triebwerks- und Kühlanlage: Fernantrieb und Oberflächenkühlung. Das Triebwerk wurde, um den Luftwiderstand herabzusetzen, im Boot untergebracht. Zwei BMW VI-Motoren waren Kupplungs-gegenseitig mit einem innen angeordneten Zweistufen-Schaltgetriebe eingebaut. Vom Getriebe wurde die Motorleistung mit einer senkrecht angeordneten Hohlwelle zum auf der Tragfläche montierten Strebenbock, und von dort über ein Winkelgetriebe zur Luftschraube geführt. Die Dornier-Holzluftschraube in Druckanordnung maß 5 m. Auf der Druckseite des Flügels waren aus Leichtmetall mittels elektrischer Punktschweißung hergestellte Oberflächenkühler angeordnet, die sich vollständig dem Flügelprofil anpaßten. Das Ganzmetallboot mit Längs- und Querstufe hatte diese Raumaufteilung: Bugraum für Seeausrüstung, Funk- und Navigationsraum, zweisitziger Führerraum, Triebwerkraum (4,8 m lang und ca. 2 m breit), Frachtraum. An den Bootsstummeln schloß man schwimmerartige Ausleger für zusätzlichen Kraftstoff an.
Erstflug am 10. August 1936 nach langwierigen Versuchen. Im Flugzeugbau hatte inzwischen der Motoreinbau im Flügel und der Verstellpropeller große Fortschritte gemacht – die Do 14 war überholt.

The Do 14 speciality was its powerplant and radiator system: remote drive and surface cooling. To reduce drag, the engine was housed in the hull. Two BMW VI engines were installed in such a way that their output ends mated in a two-speed gearbox. From that gearbox, the engine performance was transmitted vertically upward by a hollow shaft ending in an angular gear unit installed on a strut support above the wing and carrying the propeller. The Dornier wooden pusher propeller had a diameter of 5 m. The pressure side of the wing was covered by absolutely flush surface coolers made of light metal by means of electrical spot welding. The all-metal hull with a longitudinal step and a cross-step was subdivided as follows: nose storage facility for naval equipment, radio and navigation room, two-seat flight deck, engine compartment (4.8 m long and approx. 2 m wide), freight hold. Float-type outriggers holding additional fuel were added to the sponsons.
First flight on 10 August 1936 after extensive testing. Much progress had been made in aeronautical engineering in the interim by installing powerplants in the wing and by using variable-pitch propellers. The Do 14 was outdated.

Technische Daten/Technical data

Länge/Length	18,0 m	Rüstgewicht/Empty weight	6120 kg
Höhe/Height	7,4 m	Fluggewicht/All-up weight	11 400 kg
Spannweite/Span	25,0 m	Höchstgeschwindigkeit/Maximum speed	227 km/h
Tragfläche/Wing area	89,0 m^2	Besatzung/Crew	4
Triebwerk/Powerplant BMW VI	2 × 690 PS		

1936 Kampfflugzeug Combat Aircraft Do 17 E

Baureihen Do 17 E-1, E-2 und E-3; Do 17 V7 war das Musterflugzeug für Do 17 E-2. Das zweiholmige Tragwerk war blechbeplankt mit Ausnahme eines Teiles der Flächenunterseite. Stumpfe, verglaste Bugkanzel, Doppelleitwerk, Fahrwerk und Spornanlage hydraulisch-mechanisch ganz einziehbar. Als Triebwerk wurde der flüssigkeitsgekühlte BMW VI, Baureihe 9, ohne Getriebe eingebaut; dreiflügelige VDM-Verstellschrauben mit 3,2 m ∅. Kraftstoffunterbringung in zwei ungeschützten Flügelbehältern mit je 700 Liter Inhalt.
Besatzung: 1 Flugzeugführer, 1 Kommandant, 1 Funker, je mit Fallschirm und Sonderkleidung.
Höhenatmeranlage: 3 Atmer, 9 Flaschen.
Funkanlage: FuG III aU + Peil GV + Bordtelefonanlage EiV.
Kurssteuerung: Askania.
Steuerwerk: Einzelsteuerung mit Rollschuhen.
Auspuffanlage: Kurze Auspuffstutzen.
Heizung: Do 17 E hatte keine Heizung.
Erstflug am 30. Mai 1936. Im Dornier-Werk München wurden 268 Do 17 E-Flugzeuge gebaut; weitere Lizenzbauten bei Henschel in Berlin-Schönefeld und beim Hamburger Flugzeugbau. Insgesamt wurden von Dornier und verschiedenen Lizenznehmern etwa 2000 Do 17 gebaut.

Series Do 17 E-1, E-2 and E-3; the Do 17 V7 was the prototype for the Do 17 E-2. The two-spar wing was sheet metal covered with the exception of part of the wing underside. The aircraft had a blunt glazed bow station, twin tail unit, fully retractable, hydraulically and mechanically operated landing gear and tail wheel. The powerplant consisted of two liquid-cooled BMW VI, Mark 9 without gearbox, driving three-blade VDM adjustable pitch propellers with a diameter of 3.2 m. Fuel was carried in two unprotected wing tanks for 700 litres each.
Crew: 1 pilot, 1 pilot-in-command, 1 radio operator, each equipped with a parachute and special flying suits.
Oxygen apparatus: 3 sets with 9 oxygen bottles.
Radio equipment: FuG III aU radio set + GV direction finder + EiV radio interphone system.
Directional control system: Askania.
Steering mechanism: individual roll controls
Exhaust system: short exhaust stacks
Heating: the Do 17 E had no heating.
First flight on 30 May 1936. The Munich Dornier plant built 268 Do 17 E; more aircraft were built under licence by Henschel at Berlin-Schönefeld and by Hamburger Flugzeugbau. Dornier and the different licensees built a total of roughly 2000 Do 17.

Technische Daten/Technical Data

Länge/Length	16,3 m
Höhe/Height	4,3 m
Spannweite/Wing span	18,0 m
Tragfläche/Wing area	55,0 m^2
Triebwerk/Powerplant BMW VI	2 × 750 PS/HP

Rüstgewicht/Empty weight	5170 kg
Fluggewicht/All-up weight	7040 kg
Höchstgeschwindigkeit/Maximum speed	356 km/h
Gipfelhöhe/Service ceiling)	5500 m
Steigzeit auf 4000 m Höhe/Climb to 4000 m	13,9 min
Reichweite/Range	1590 km

1936 Fernaufklärungsflugzeug Long Range Reconnaissance Aircraft Do 17 F

Die Do 17 V8 war das Musterflugzeug für die Fernaufklärerausführung Do 17 F-1, die Do 17 V11 die Mustermaschine für die Baureihe Do 17 F-2. Die Do 17 F entsprach weitgehend der Do 17 E. Als Triebwerk kamen zwei flüssigkeitsgekühlte BMW VI, Baureihe 9, ohne Getriebe zum Einbau.
Bildgerät: 1 RB 10/18 + 1 RN 20/30 + 1 RB 50/30 + 1 Handkamera.
Besatzung: 1 Flugzeugführer, 1 Kommandant, 1 Funker, je mit Fallschirm und Sonderkleidung.
Höhenatmeranlage: 3 Atmer, 15 Flaschen.
Funkanlage: FuG III aU + Peil GV + Ei V + Fu.Bl.1.
Kurssteuerung: Askania.
Steuerwerk: Einzelsteuerung mit Rollschuhen.
Auspuffanlage: Kurze Auspuffstutzen.
Do 17 F hatte keine Heizung.
Die Fertigungsstätten der Do 17 F befanden sich im Dornier-Werk München, bei Siebel in Halle und beim Hamburger Flugzeugbau.

The Do 17 V8 was the prototype for the long-range reconnaissance version Do 17 F-1, and the Do 17 V11 was the prototype for the Do 17 F-2 series. The Do 17 F corresponded to the Do 17 E except for the mission. The powerplant consisted of two liquid-cooled BMW VI Mark 9 without gearbox.
Photographic equipment: 1 RB 10/18 + 1 RN 20/30 + 1 RB 50/30 continuous-strip cameras + 1 hand-held camera.
Crew: 1 pilot, 1 pilot-in-command, 1 radio operator, each equipped with a parachute and special flying suits.
Oxygen apparatus: 3 sets with 15 bottles.
Radio equipment: FuG III aU radio set + GV direction finder + EiV radio interphone system + Fu.Bl.1.
Directional control system: Askania.
Steering mechanism: individual roll controls.
Exhaust system: short exhaust stacks.
Heating: the Do 17 F had no heating.
The Do 17 F was manufactured at the Munich Dornier plant, by Siebel at Halle and by Hamburger Flugzeugbau.

Technische Daten/Technical Data

Länge/Length	16,3 m	Fluggewicht/All-up weight	7040 kg
Höhe/Height	4,3 m	Höchstgeschwindigkeit/Maximum speed	356 km/h
Spannweite/Wing span	18,0 m	Gipfelhöhe/Service ceiling	5500 m
Tragfläche/Wing area	55,0 m^2	Steigzeit auf 4000 m Höhe/Climb to 4000 m	13,9 min
Triebwerk/Powerplant BMW VI	2 × 750 PS/HP	Reichweite/Range	2250 km
Rüstgewicht/Empty weight	5240 kg		

1936 Langstreckenkampfflugzeug Long Range Combat Aircraft Do 19

Do 19 – freitragender Mitteldecker in Ganzmetall-Schalenbauweise. Der zweiholmige, trapezförmige Flügel mit tragender Außenhaut aus Duralplat war in 3 Teile zerlegbar, mit Schlitzquerruder und Landeklappen zwischen Querruder und Rumpf versehen. Der Rumpf mit rechteckigem Querschnitt und abgerundeten Kanten bestand aus 4 Bauteilen. Die Trennstellen lagen vor dem Führerraum, vor dem Vorderholm und hinter dem Hinterholm. Vier luftgekühlte Bramo 322 J 2-Motoren wurden in Motorgondeln an der Flügelvorderkante eingebaut; dreiflügelige VDM-Verstelluftschrauben, Kraftstoff in zwei Cottonid-Behältern im Flügel. Einziehfahrwerk nach hinten in die mittleren Motorgondeln. Das Leitwerk war in halber Höhe des Rumpfes angesetzt. Höhenflosse in Ganzmetallbau, verstellbar; Höhenruder Metallgerippe mit Stoffbespannung. Zwei Ganzmetall-Seitenleitwerke, auf der Höhenflosse sitzend; Kielflossen zum Rumpf abgestrebt, Trimmklappen an beiden Seitenrudern, vom Führer aus verstellbar.
Erstflug am 26. Oktober 1936. Im Frühjahr 1937 wurde das Entwicklungsprogramm aufgegeben. Do 19 V 1 ab 1938 als Truppentransporter im Einsatz.

The Do 19 was a cantilever mid-wing monoplane of all-metal monocoque design. The two-spar, trapezoid wing with a stressed Duralplat skin could be disassembled into three parts; it was equipped with slotted ailerons and landing flaps between the ailerons and the fuselage. The fuselage had a squared cross-section with rounded edges and consisted of four elements. The interfaces were ahead of the flight deck, in front of the front spar and to the rear of the rear spar. Four air-cooled Bramo 322 J 2 engines were installed in engine nacelles located in the wing leading edge. Three-blade VDM variable-pitch propellers were used and fuel was carried in two cottonid containers in the wing. The landing gear retracting to the rear was located in the centre engine nacelles. The tail assembly was installed halfway up the fuselage tail. The horizontal stabilizer was an all-metal adjustable design; the elevators were metal structures with fabric-covering. Two all-metal rudders attached to the horizontal stabilizer were used. The keel fins were placed against the fuselage and the trim tabs on the two rudders were adjustable from the cockpit.
First flight on 26 October 1936, in spring 1937, the development programme was concluded. From 1938, the Do 19 V 1 was used as a troop-carrier aircraft.

Technische Daten/Technical data

Länge/Length	25,5 m	Fluggewicht/All-up weight	18 500 kg
Höhe/Height	5,8 m	Höchstgeschwindigkeit/Maximum speed	315 km/h
Spannweite/Span	35,0 m	Gipfelhöhe/Service ceiling	5600 m
Tragfläche/Wing area	162,0 m^2	Steigzeit auf 5000 m/Climb to 5000 m	30,5 min
Triebwerk/Powerplant Bramo 322 J 2	4 × 715 PS	Besatzung/Crew	7
Rüstgewicht/Empty weight	11 940 kg		

1936 Flugschiff-Projekt Flying Boat Project Do 20

Do 20 – Projekt eines Flugschiffes als Weiterentwicklung der Do X. Die Do 20 sollte im Transozean-Flugverkehr eingesetzt werden. Reichweite über 5000 km und eine Höchstgeschwindigkeit von ca. 340 km/h sollten erreicht werden. Man sah entweder für 12–16 Fluggäste reichlich bemessene Aufenthaltsräume und Schlafkabinen oder Sitzplätze für etwa 60 Passagiere vor.
Die Bootsform wurde in aerodynamischer Hinsicht gegenüber der Do X günstiger gestaltet, die Unterwasserform und die Anordnung der Flossenstummel blieben unverändert. Das abgestrebte Tragwerk besaß den gleichen rechteckigen Grundriß mit abgerundeten Flügelenden, die Spannweite wurde um einen Meter vergrößert. Die zwischenzeitliche Entwicklung stärkerer Triebwerkseinheiten sollte gegenüber Do X den größten Fortschritt bringen: 8 Dieselmotore mit je ca. 800–1000 PS. Die Motoren lagen vollkommen im Flügel und sollten über ein Getriebe und eine Fernwelle eine Luftschraube großen Durchmessers antreiben.
1936 stellte Dornier das Do 20-Modell auf der »Internationalen Luftfahrtausstellung in Stockholm« (ILIS) aus. Zu einem Entwicklungsauftrag der Deutschen Lufthansa kam es nicht.

The Do 20 flying boat project was a development of the Do X. It was to be used on transoceanic services. The planned range was more than 5000 km, the planned maximum speed approx. 340 km/h. The cabin configuration was either for 12–16 passengers with spacious lounges and sleeper compartments, or seating for some 60 passengers.
The hull had a more favourable aerodynamical design than that of the Do X, but the under-water shape and the sponson arrangement remained unchanged. The braced wing had the same rectangular planform with rounded wing tips than the Do X, but its span was extended by one metre. The greatest progress was to be achieved over the Do X by more powerful engines: 8 diesel engines rated between 800 and 1000 HP each. The engines were completely integrated into the wing and were to drive one large propeller each via a gearbox and an extension shaft.
The Do 20 model was exhibited by Dornier at the 1936 International Aviation Exhibition in Stockholm (ILIS). A development contract was never awarded by Deutsche Lufthansa.

Technische Daten/Technical Data

Länge/Length	40,0 m	Triebwerk Dieselmotoren/ Powerplant diesel engines	8 × 1000 PS/HP
Höhe/Height	9,5 m	Leergewicht/Empty weight	29500 kg
Spannweite/Wing span	49,0 m	Fluggewicht/All-up-weight	56000 kg
Tragfläche/Wing area	450,0 m²	Höchstgeschwindigkeit/Maximum speed	340 km/h

1937 Kampf- und Aufklärungsflugzeug Do 17 K
Combat and Reconnaissance Aircraft

Do 17 K war die Exportversion für Jugoslawien; 36 Flugzeuge ausgeliefert. Die ersten 20 Flugzeuge mit der Bezeichnung Ka 1 wurden ebenso wie 14 weitere, Ka 2 genannte, auf der Basis Do 17 E gebaut (Tragwerkunterseite z. T. Stoffbespannung, Fahrwerk und Spornanlage hydraulisch-mechanisch einziehbar). Die letzten beiden, als Kb bezeichnet, beruhten auf der Ausführung Do 17 M (Tragwerk mit vollständiger Duralplatbeplankung, Fahrwerk elektro-mechanisch einziehbar). Der Rumpfbug wurde verlängert und mit einer neuen Kanzel versehen. Do 17 K erhielt Gnôme-Rhône 14 K-Motoren und VDM-Verstellschrauben mit 3,3 m Durchmesser.
Besatzung: 3 Mann mit Fallschirm.
Höhenatmeranlage: 9 Stück 2-Liter-Dräger-Sauerstoff-Flaschen.
Funkanlage: FuG III Telefunken 274 af + P 63 uN.
Steuerwerk: Einzelsteuerung, Rollschuhe.
Auspuffanlage: Sammelring.
Erstflug am 6. Oktober 1937; am 25. Oktober 1937 überführte Dornier-Chefpilot Egon Fath die erste Do 17 Ka 1 von Friedrichshafen nach Belgrad. Im Staatlichen Flugzeugwerk in Kraljewo/Jugoslawien wurden etwa 40 Flugzeuge in Lizenz gefertigt.

The Do 17 K was the export version for Yugoslavia; 36 aircraft were delivered. The first 20 aircraft were designated Ka 1 and as 14 more, called Ka 2, were based on the Do 17 E (with underside partly fabric covered, landing gear and tail wheel retractable hydraulically and mechanically). The last two aircraft, designated Kb, were based on the Do 17 M version (wing completely Duralplat-covered, landing gear electro-mechanically retractable). The bow was extended and equipped with a new turret. The Do 17 K was powered by Gnôme-Rhône 14 K engines, driving VDM variable-pitch propellers with a diameter of 3.3 m.
Crew: 3 men equipped with parachutes.
Oxygen apparatus: 9 with 2-litre Dräger oxygen bottles
Radio equipment: FuG III Telefunken 274 af + P 63 uN radio sets.
Steering mechanism: individual roll controls.
Exhaust system: equipped with collecting ring.
First flight on 6 October 1937; Dornier Chief Pilot Egon Fath ferried the first Do 17 Ka 1 from Friedrichshafen to Belgrade on 25 October 1937. The Government Aircraft Works at Kraljewo/Yugoslavia built about 40 aircraft under licence.

Technische Daten/Technical Data

Länge/Length	16,6 m	Fluggewicht/All-up weight	7000 kg
Höhe/Height	4,5 m	Höchstgeschwindigkeit/Maximum speed	420 km/h
Spannweite/Wing span	18,0 m	Gipfelhöhe/Service ceiling	9000 m
Tragfläche/Wing area	55,0 m^2	Steigzeit auf 5000 m Höhe/Climb to 5000 m	12 min
Triebwerk/Powerplant Gnôme-Rhône 14 K	2 × 870 PS/HP	Reichweite/Range	1780 km
Rüstgewicht/Empty weight	5210 kg		

1937 Kampfflugzeug Combat Aircraft Do 17 M

Do 17 MV1, MV2 und MV3 waren die ersten Flugzeuge der Baureihe M. Die Do 17 MV1 mit eigens dafür eingebauten DB 601-Motoren gewann 1937 den Alpenrundflug für Militär-Mehrsitzer beim Internationalen Flugmeeting in Zürich. Die Do 17 MV2 mit Bramo 323-Motoren wurde zur Erprobung der Kurssteuerung K 4 ü verwendet. Erst die Do 17 MV3 mit Bramo 323 D-Triebwerk war das Muster für die Baureihe M. Die Serienflugzeuge Do 17 M mit dem Bramo 323 A brachten ein höheres Fluggewicht und verbesserte Flugleistungen in größeren Höhen. Das Tragwerk erhielt vollständige Duralplatbeplankung, das Fahrwerk war elektro-mechanisch oder von Hand einzieh- und ausfahrbar, die Laufräder hydraulisch bremsbar. Kraftstoffunterbringung in 2 geschützten Flügelbehältern und 1 Rumpfbehälter mit insgesamt 1910 Liter Inhalt, VDM-Verstellschrauben mit 3,6 m Durchmesser.
Besatzung: 1 Flugzeugführer, 1 Kommandant, 1 Funker.
Höhenatmeranlage: 3 Atmer, 15 Flaschen.
Funkanlage: FuG III aU + Peil GV + Ei V + Fu.Bl.1.
Kurssteuerung: Siemens.
Steuerwerk: Einzelsteuerung, nach rechts schwenkbare Steuersäule, Pedale.
Auspuffanlage: Sammelring.
Heizung: Rumpf und Flügelnase.
Erstflug am 7. April 1937; 200 Serienflugzeuge im Dornier-Werk München gefertigt.

The Do 17 MV1, MV2 and MV3 were the first aircraft of the M series. The Do 17 MV1 won the Rallye of the Alps for multi-seat military aircraft at the Zürich International Air Meeting and had DB 601 engines installed for that particular purpose. The Do 17 MV2 with Bramo 323 engines was used to test the K 4 ü autopilot. Only the Do 17 MV3 with Bramo 323 D engines became the prototype for the M series. The Do 17 M series aircraft with the Bramo 323 A had a higher all-up weight and improved performances at higher altitudes. The wing was completely covered with Duralplat, the landing gear was retractable and extendible electro-mechanically or by hand, and the wheels had hydraulic brakes. Fuel was carried in two protected wing tanks and in one fuselage tank, and total capacity was 1910 litres. The VDM variable-propellers had a diameter of 3.6 m.
Crew: 1 pilot, 1 pilot-in-command, 1 radio operator.
Oxygen apparatus: 3 respirators, 15 oxygen bottles.
Radio equipment: FuG III aU radio set + GV direction finder + Ei V radio interphone system + Fu. Bl. 1.
Heading reference control system: Siemens.
Controls: individual controls, control column swivelling to the right, pedals.
Exhaust system: collecting ring.
Heating: for fuselage and wing leading edge.
First flight on 7 April 1937; 200 series aircraft built by the Munich Dornier plant.

Technische Daten/Technical Data

Länge/Length	16,0 m
Höhe/Height	4,6 m
Spannweite/Wing span	18,0 m
Tragfläche/Wing area	55,0 m²
Triebwerk/Powerplant Bramo 323 A	2 × 900 PS/HP
Rüstgewicht/Empty weight	5610 kg
Fluggewicht/All-up weight	8185 kg
Höchstgeschwindigkeit/Maximum speed	365 km/h
Gipfelhöhe/Service ceiling	6700 m
Steigzeit auf 5000 m Höhe/Climb to 5000 m	19 min
Reichweite/Range	1375 km

1937 Fotoaufklärungsflugzeug Photo Reconnaissance Aircraft Do 17 R/S

Die 4 Flugzeuge Do 17 R1 bis R4 wurden für die Lichtbildsonderstaffel Rowehl (Fliegerstaffel Staaken) gebaut. Aus der Serie Do 17 M kamen die Großbauteile. Als Triebwerk fand der DB 601 A Verwendung, dreiflügelige VDM-Verstellschrauben mit 3,4 m Durchmesser, Kraftstoffzusatztanks im Rumpf.
Bildgerät: 2 Rb 20/30 + 1 Rb 50/30.
Besatzung: 1 Flugzeugführer, 1 Kommandant, 1 Funker mit Sonderkleidung, 4. Mann war möglich.
Höhenatmeranlage: 4 Atmer, 15 Flaschen.
Funkanlage: FuG III aU + Peil GV + Ei V + Fu.Bl.1.
Kurssteuerung: Siemens.
Steuerwerk: Einzelsteuerung, nach rechts schwenkbare Steuersäule, Pedale.
Auspuffanlage: Kurze Auspuffstutzen.
Heizung: Rumpf und Flügelnase.
Für die Sonderstaffel Rowehl wurden 3 weitere Lichtbildflugzeuge geliefert: Do 17 S1 bis S3. Großbauteile aus Serie Do 17 Z entnommen, 2 DB 601 A-Motoren mit je 1100 PS, 4 Mann Besatzung, 2 Reihenbildgeräte 50/30 und 1 Rb 20/30, ohne Bewaffnung.

The four aircraft Do 17 R1 to R4 were built for the special Rowehl photographic reconnaissance wing (Staaken Flying Unit). Major components from the Do 17 M series were used. The engines installed were DB 601 As, driving three-blade VDM variable-pitch propellers with a diameter of 3.4 m; additional fuel tanks in the fuselage.
Photographic equipment: 2 Rb 20/30 and 1 Rb 50/30 continuous-strip cameras.
Crew: 1 pilot, 1 pilot-in-command, 1 radio operator, all with special suits, a fourth crew member could be carried.
Oxygen apparatus: 4 respirators, 15 bottles.
Radio equipment: Fug III aU radio set + GV direction finder + Ei V radio interphone system + Fu. Bl. 1.
Heading reference control system: Siemens.
Controls: individual controls, control column swivelling to the right, pedals.
Exhaust system: short exhaust stacks.
Heating: for fuselage and wing leading edges.
The Rowehl special wing received three more photographic reconnaissance aircraft: Do 17 S1 to S3. Major components from the Do 17 Z series were used; the aircraft were powered by two DB 601 A engines rated at 1100 HP each, had a crew of four, were equipped with two Rb 50/30 and one Rb 20/30 continuous-strip cameras and carried no armament.

Technische Daten/Technical Data
Do 17 R

Länge/Length	16,0 m	Fluggewicht/All-up weight	7900 kg
Höhe/Height	4,5 m	Höchstgeschwindigkeit/Maximum speed	532 km/h
Spannweite/Wing span	18,0 m	Gipfelhöhe/Service ceiling	9000 m
Tragfläche/Wing area	55,0 m²	Steigzeit auf 8000 m Höhe/Climb to 8000 m	16,5 min
Triebwerk/Powerplant DB 601 A)	2 × 1175 PS/HP	Reichweite/Range	2250 km
Rüstgewicht/Empty weight	5640 kg		

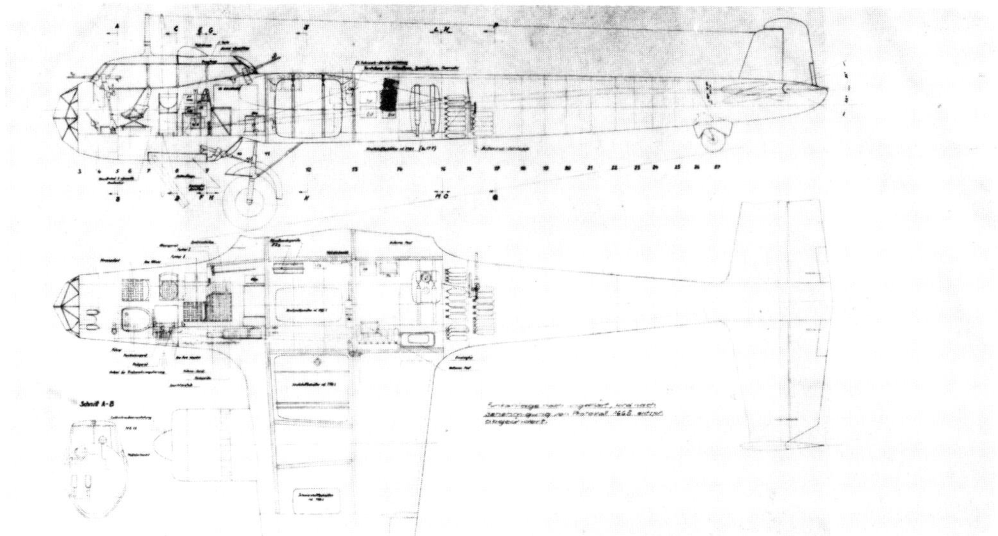

1937 Führungsflugzeug Command Aircraft Do 17 U

Do 17 U mit vergrößertem Bug, 6 Mann Besatzung, Sitz und Kartentisch für Geschwaderführer, zusätzlichen Funk- und Navigationsgeräten. Das Triebwerk bestand aus zwei Bramo 323 A, die dreiflügeligen VDM-Verstellschrauben hatten einen Durchmesser von 3,6 m. Zu den zwei geschützten Flügelbehältern wurden im Rumpf zwei weitere Kraftstoffbehälter eingebaut, insgesamt 2660 Liter Inhalt.
Besatzung: 6 Mann mit Fallschirm und Sonderkleidung.
Höhenatmeranlage: 6 Atmer, 30 Flaschen.
Funkanlage: 1½ FuG X + Peil GV + Fu.Bl.1.
Kurssteuerung: Siemens Typ K 4 ü/3.
Steuerwerk: Einzelsteuerung, Pedale.
Auspuffanlage: Sammelring.
Heizung: Rumpf und Flügelnase.
Es wurden 15 Do U-Flugzeuge gebaut.

The Do 17 U with enlarged bow had a crew of 6, seat and map table for the wing commander, and additional radio and navigational equipment. The powerplant consisted of two Bramo 323 A engines driving three-blade VDM variable-pitch propellers with a diameter of 3.6 m. In addition to two bulletproof wing tanks, there were two more fuel tanks in the fuselage for a total fuel capacity of 2660 litres.
Crew: 6 men equipped with parachutes and special suits.
Oxygen apparatus: 6 respirators, 30 oxygen bottles.
Radio equipment: 1½ FuG X radio set + GV direction finder + Fu. Bl. 1.
Heading reference control system: Siemens Type K 4 ü/3.
Controls: individual controls, pedals.
Exhaust system: collecting ring.
Heating: for fuselage and wing leading edge.
15 Do U aircraft were built in all.

Technische Daten/Technical Data

Länge/Length	15,8 m	Fluggewicht/All-up weight	8505 kg
Höhe/Height	4,6 m	Höchstgeschwindigkeit/Maximum speed	417 km/h
Spannweite/Wing span	18,0 m	Gipfelhöhe/Service ceiling	6000 m
Tragfläche/Wing area	55,0 m^2	Steigzeit auf 4000 m Höhe/Climb to 4000 m	18 min
Triebwerk/Powerplant Bramo 323 A	2 × 900 PS/HP	Reichweite/Range	2945 km
Rüstgewicht/Empty weight	5775 kg		

1937 Aufklärungsflugboot Reconnaissance Flying Boat Do 18 D

Do 18 D – Militärversion der Do 18-Baureihe, im Aufbau der Do 18 E entsprechend. Als Triebwerk kamen 2 Jumo 205 C-Motoren mit Oberantrieb, Baureihe 3, zum Einbau. Der hintere Motor war mit einer Wellenverlängerung ausgerüstet. Die dreiflügeligen VDM-Verstellschrauben maßen 3,3 m bzw. 3,2 m Ø. Die Do 18 D wies u.a. einen Führerraum mit Einzelsteuerung, Funk- und Navigationsraum, eine Kraftstoff-Umpumpanlage, Kraftstoffbehälter mit Schnellablaß sowie einen Frachtraum auf.
Dornier lieferte 39 Serienflugzeuge aus, während Weserflug 40 Do 18 D-3 in Lizenz fertigte.

Do 18 D, a military version of the Do 18 series, corresponded in design to the Do 18 E. The powerplant consisted of two Jumo 205 C engines of the Series 3. The rear engine had an extended shaft. The three-blade VDM variable-pitch propellers had diameters of 3,3 m and 3,2 m. The Do 18 D had a flight deck with single control column, a radio/navigation room, a fuel pumping system, fuel tanks equipped with jettison gear, and cargo hold.
Dornier delivered 39 production aircraft while Weserflug built 40 Do 18 D-3 under licence.

Technische Daten/Technical data

Länge/Length	19,2 m
Höhe/Height	5,4 m
Spannweite/Span	23,7 m
Tragfläche/Wing area	98,0 m²
Triebwerk/Powerplant Jumo 205 C	2×600 PS
Rüstgewicht/Empty weight	6680 kg
Fluggewicht – Wasserstart/ All-up weight – water-launched	8500 kg
Fluggewicht – Katapultstart/ All-up weight – catapult-launched	10 000 kg
Höchstgeschwindigkeit/Maximum speed	256 km/h
Gipfelhöhe (mit 8500 kg)/ Service ceiling (at 8500 kg)	4350 m
Besatzung/Crew	4

1937 Langstreckenflugboot Long Range Flying Boat Do 18 F

Do 18 F – gegenüber der Do 18 E wurde das Tragwerk versuchsweise von 98 auf 111,2 m² vergrößert, um das Fluggewicht erhöhen zu können. Bei Wasserstart erreichte man eine Steigerung von 8500 auf 9000 kg, bei Katapultstart von 10000 auf 11000 kg. Der Flügel entsprach im Aufbau der Do 18 E, jedoch wurden die vom Tragwerk zum Stummel führenden Stielpaare durch zusätzliche Streben gegen das Tragwerk abgefangen. Die übrigen Bauteile blieben gleich. Ergänzende Detailangaben für Do 18 E und Do 18 F: Die Kraftstoffanlage bestand aus 4 Einzelbehältern zu je 530 Liter (mit Schnellablaß) im Boot und 4 Zusatzbehältern mit insgesamt 1800 Liter in den Stummeln. Unterbringung des Schmierstoffs in 2 Behältern im Flügel. Die beiden Wasserkühler waren übereinander vor dem Aufstiegschacht zwischen Boot und Tragwerk angeordnet. Führerraum mit Doppelsteuerung, die beiden oberen Fenster als Einstieg aufklappbar ausgeführt. Als Funkausrüstung kamen bei der Do 18 F eine 150-W-Station sowie eine Kurzwellen- und Zielfluganlage zum Einbau.
Erstflug am 11. Juni 1937; eine Maschine von der Deutschen Lufthansa im regelmäßigen Südatlantik-Postflugverkehr eingesetzt.

The Do 18 F had a larger wing than the Do 18 E (111.2 m² instead of 98 m²) in order to increase the all-up weight. When launched from the water, the AUW was increased from 8500 kg to 9000 kg, and when launched from the catapult, from 10,000 kg to 11,000 kg. In its design, the wing corresponded to that of the Do 18 E, but the pairs of struts connecting the wing with the sponsons were supplemented by additional sponsons braced against the wing. All other components remained the same. Supplementary data for the Do 18 E and Do 18 F: the fuel system consisted of 4 individual tanks of 530 litres each (with jettison gear) in the hull and 4 additional tanks holding a total of 1800 litres in the sponsons. Lubricant was carried in 2 containers in the wing. The two water radiators were installed one above the other in the access shaft between the hull and the wing. Flight deck with dual controls; the two upper windows folded open to provide access. The Do 18 F was equipped with a 150-W radio station as well as a short-wave and homing receiver.
First flight on 11 June 1937; one aircraft was used for scheduled South Atlantic mail flights by Deutsche Lufthansa.

Technische Daten/Technical data

Länge/Length	19,3 m
Höhe/Height	5,4 m
Spannweite/Span	26,3 m
Tragfläche/Wing area	111,2 m²
Triebwerk/Powerplant Jumo 205 C	2 × 600 PS
Rüstgewicht/Empty weight	6500 kg
Fluggewicht – Wasserstart/ All-up weight – water-launched	9000 kg
Fluggewicht – Katapultstart/ All-up weight – catapult-launched	11000 kg
Höchstgeschwindigkeit/Maximum speed	250 km/h
Gipfelhöhe (mit 9000 kg)/ Service ceiling (at 9000 kg)	4200 m
Besatzung/Crew	4–5

1938 Fernaufklärungsflugzeug Do 17 P
Long Range Reconnaissance Aircraft

Die Do 17 P war das Nachfolgemuster der Do 17 F. Die Zelle entsprach der Do 17 M-Ausführung, die Zweckausrüstung der Do 17 F. Als Triebwerk kamen zwei BMW 132 N mit je 865 PS zum Einbau, die dreiflügeligen VDM-Verstellschrauben hatten 3,7 m Durchmesser. Zu den zwei geschützten Kraftstoffbehältern im Flügel kamen zusätzlich zwei geschützte Rumpfbehälter, insgesamt 2120 Liter.
Bildgerät: 1 Rb 10/18 + 1 Rb 20/30 + 1 Rb 50/30 + 1 Handkamera.
Besatzung: 1 Flugzeugführer, 1 Kommandant, 1 Funker.
Höhenatmeranlage: 3 Atmer, 18 Flaschen.
Funkanlage: FuG III aU + Peil GV + Ei V + Fu.Bl.1.
Kurssteuerung: Askania.
Steuerwerk: Einzelsteuerung, Rollschuhe.
Auspuffanlage: Sammelring.
Heizung: Rumpf und Flügelnase.
Erstflug am 18. Juni 1938. Insgesamt 330 Flugzeuge Do 17 P wurden gefertigt: 8 bei Dornier, in Lizenz bei Siebel 73, bei Henschel 100 und beim Hamburger Flugzeugbau 149 Stück.

The Do 17 P was the successor of the Do 17 F. The fuselage corresponded to that of the Do 17 M, the equipment to that of the Do 17 F. Two BMW 132 N rated at 865 HP each were used to drive three-blade VDM variable-pitch propellers with a diameter of 3.7 m. In addition to the two bullet-proof fuel tanks in the wing, there were two protected tanks in the fuselage for a combined fuel capacity of 2120 litres.
Photographic equipment: 1 continuous-strip camera each of the types Rb 10/18, Rb 20/30, Rb 50/30 and 1 Hand-held camera.
Crew: 1 pilot, 1 pilot-in-command, 1 radio operator.
Oxygen apparatus: 3 respirators, 18 oxygen bottles.
Radio equipment: FuG III aU radio set + GV direction finder + Ei V radio interphone system + Fu. Bl. 1.
Heading reference control system: Askania.
Controls: individual controls.
Exhaust system: collecting ring.
Heating: for fuselage and wing leading edge.
First flight on 18 June 1938. A total of 330 Do 17 Ps were manufactured: eight by Dornier, 73 by Siebel in license, 100 by Henschel and 149 by Hamburger Flugzeugbau.

Technische Daten/Technical Data

Länge/Length	16,3 m	Fluggewicht/All-up weight	7625 kg
Höhe/Height	4,6 m	Höchstgeschwindigkeit/Maximum speed	410 km/h
Spannweite/Wing span	18,0 m	Gipfelhöhe/Service ceiling	6400 m
Tragfläche/Wing area	55,0 m^2	Steigzeit auf 5000 m Höhe/Climb to 5000 m	14,5 min
Triebwerk/Powerplant BMW 132 N	2 × 865 PS/HP	Reichweite/Range	1825 km
Rüstgewicht/Empty weight	5540 kg		

1938 Kampfflugzeug Combat Aircraft Do 17 Z

Die Do 17 Z-Baureihe war für verschiedene Einsatzzwecke ausgelegt. Im Aufbau entsprach die Do 17 Z weitgehend der Do 17 M. In der äußeren Form unterschied sie sich durch ein neues Rumpfvorderteil mit Vollsichtkanzel. Do 17 Z 1 war mit Bramo 323 A-Triebwerken ausgerüstet, alle anderen Versionen mit Bramo 323 P; VDM-Verstellschrauben mit 3,6 m Durchmesser.
Bildgeräte: 1 Rb 50/30, 1 Rb 20/30, 1 Handkamera (Z 3 und Z 5).
Besatzung: Z 1–Z 6 + Z 9 vier Mann, Z 7 + Z 10 drei Mann.
Seenotausrüstung: Z 3 + Z 6 Schlauchboot, Z 5 Schlauchboot, Auftriebskörper, Notsendegerät, Drachenantenne.
Funkanlage: FuG X + FuG 25 + Peil GV + Fu.Bl.1.
Kurssteuerung: Siemens K 4 ü.
Steuerwerk: Einzelsteuerung, Pedale; Z 4 Doppelsteuerung.
Erstflug am 1. März 1938. Im Dornier-Werk München 420 Maschinen gebaut; Lizenzbau bei Siebel in Halle 99 Stück, bei Henschel in Berlin-Schönefeld 320 Flugzeuge und 74 beim Hamburger Flugzeugbau.

The Do 17 Z series was designed for different missions. In its design, the Do 17 Z corresponded to the Do 17 M to a large extent. In its outer form, it differed from the latter by having a new fuselage front section with a full-view cockpit. The Do 17 Z 1 was equipped with Bramo 323 A engines, all other versions with Bramo 323 P engines, driving VDM variable-pitch propellers with a diameter of 3.6 m.
Photographic equipment: 1 Rb 50/30 and 1 Rb 20/30 continuous-strip camera, 1 hand-held camera (Z 3 and Z 5).
Crew: Z 1–Z 6 + Z 9 had a crew of four, Z 7 + Z 10 a crew of three.
Sea rescue rquipment: Z 3 + Z 6 carried a liferaft dinghy, Z 5 a liferaft dinghy, buoyancy tank, emergency radio transmitter, kite-lifted antenna.
Radio equipment: FuG X + FuG 25 radio set + GV direction finder + Ei V radio interphone system + Fu. Bl. 1.
Heading reference control system: Siemens K 4 ü.
Controls: individual controls, pedals; Z 4 dual controls.
irst flight on 1 March 1938. The Munich Dornier plant built 420 aircraft; Siebel in Halle built 99 aircraft under license, Henschel in Berlin-Schönefeld built 320 aircraft and Hamburger Flugzeugbau 74.

Technische Daten/Technical Data

Do 17 Z 5

Länge/Length	15,8 m	Fluggewicht/All-up weight	8840 kg
Höhe/Height	4,6 m	Höchstgeschwindigkeit/Maximum speed	421 km/h
Spannweite/Wing span	18,0 m	Gipfelhöhe/Service ceiling	6900 m
Tragfläche/Wing area	55,0 m²	Steigzeit auf 5000 m Höhe/Climb to 5000 m	18,5 min
Triebwerk/Powerplant Bramo 323 P	2 × 1010 PS/HP	Reichweite/Range	2540 km
Rüstgewicht/Empty weight	6320 kg		

1938 Seenotrettungsflugboot Sea-Rescue Flying Boat Do 24 V/K

Do 24-Flugboot in Ganzmetallbauweise. Der aerodynamisch sorgfältig durchgebildete, mit Duralplat beplankte Bootsrumpf trug zu beiden Seiten die typischen Dornier-Flossenstummel. Über dem Boot befand sich, durch ein einfaches Strebengestell verbunden, der Tragflügel, an dessen Vorderkante die drei windschnittig verkleideten Motoren saßen; Do 24 V1 und V2 mit Jumo 205 C je 600 PS, Do 24 K mit Wright Cyclone je 890 PS. Der Flügel bestand aus einem rechteckigen Mittelteil mit den Motorgondeln und den beiden trapez- und pfeilförmig gestalteten Seitenteilen. Unter dem Flügelmittelteil durchlaufende Spreizklappe angeordnet, Flügelhälften trugen Schlitzquerruder, als Landehilfe einsetzbar. Unmittelbar auf dem Bootsende saß die Höhenflosse mit einteiligem Höhenruder, das zweiteilige Seitenleitwerk war in Form von Endscheiben an den äußeren Enden der Höhenflosse angeordnet. Sie wies u. a. einen Führerraum mit Doppelsteuerung, einen Funk-/Navigationsraum, Aufenthalts- und Schlafräume auf. Kraftstoffunterbringung im Flügel und in den Flossenstummeln.
Die Do 24 V1 und V2 wurden als Prototypen gebaut, Erstflug der V1 am 10. Januar 1938. Erstflug der für Holland bestimmten Do 24 K am 3. Juli 1937; hervorragende Ergebnisse bei der Hochseeprüfung in der Nordsee im September 1937. An die holländische Marine 30 Do 24 K ausgeliefert, 7 weitere in Lizenz bei Aviolanda und De Schelde gefertigt. Sämtliche kamen zum Einsatz nach Niederländisch-Indien.

The Do 24 was a flying boat of all-metal design. The Duralplat-panelled hull with carefully designed aerodynamics carried the typical Dornier sponsons on both sides. The wing above the hull was supported by a simple strut structure; the three engines with streamlined fairings were installed in the wing leading edge. Do 24 V1 and V2 were powered by Jumo 205 Cs, each rated at 600 HP; the Do 24 K was powered by Wright Cyclones each delivering 890 HP. The wing consisted of a rectangular centre section with the engine nacelles and two trapezoid and swept outer wing halves. Continuous split flaps were installed under the wing centre section, and the outer wing halves carried slotted ailerons which could be used as landing flaps. The horizontal stabilizer with a single-part elevator was installed directly on the hull tail; the two-part vertical tail unit consisted of outboard fins at the extremities of the horizontal stabilizer.
The aircraft had a cockpit with dual controls, a radio/navigation room, crew and sleeping rooms. Fuel was carried in the wing and in the sponsons.
The Do 24 V1 and V2 were built as prototypes. First flight of the Do V1 on 10 January 1938. First flight of the Do 24 K, destined for the Netherlands, on 3 July 1937; excellent results in ocean testing in the North Sea in September 1937. The Dutch Navy took delivery of 30 Do 24 K, and a further 7 were built under licence by Aviolanda and De Schelde. All operated in Dutch-India (Indonesia).

Technische Daten/Technical Data
Do 24 K

Länge/Length	22,0 m	Fluggewicht/All-up weight	12400 kg
Höhe/Height	5,8 m	Höchstgeschwindigkeit/Maximum speed	300 km/h
Spannweite/Wing span	27,0 m	Gipfelhöhe/Service ceiling	5100 m
Tragfläche/Wing area	108,0 m^2	Steigzeit auf 3000 m/Climb to 3000 m	10,5 min
Triebwerk/Powerplant Wright Cyclone	3 × 890 PS/HP	Besatzung/Crew	6
Rüstgewicht/Empty weight	9200 kg		

1938 Transozean-Flugboot Transocean Flying Boat Do 26

Do 26 – freitragender Schulterdecker in Ganzmetallbauweise, entwickelt für den direkten Nord- und Südatlantik-Postverkehr der Deutschen Lufthansa. Da für das Flugboot Katapultstart und Landung in bewegter See nur in Notfällen vorgesehen war, wurden die für die Dornier-Flugboote charakteristischen Flossenstummel durch Stützschwimmer ersetzt, die während des Fluges in das Innere des Flügels eingezogen wurden. Diese außerordentlich günstige aerodynamische Gestaltung kam der Geschwindigkeit und Reichweite zugute. Der dreiteilige Flügel bestand aus dem rechteckigen, stark V-förmig gestalteten Mittelstück, das die beiden Motorgondeln für 4 Triebwerke in Tandem-Anordnung trug, und zwei trapezförmigen Außenteilen; Beplankung aus Duralblech. Querruder und Landeklappen hinter der Flügelkante angeordnet. Als Triebwerk verwendete man die 600 PS-Junkers-Rohölflugmotoren 205 E mit Untersetzungsgetriebe. Die vorderen Luftschrauben wurden direkt, die hinteren über Fernwellen angetrieben. Die hinteren Motoren einschließlich der Fernwellen konnten bis zu 10° nach oben geschwenkt werden, um die Luftschrauben vor Spritzwasser zu schützen. Das mehrfach abgeschottete, zweistufige Boot war eingeteilt in einen Bugraum für Seeausrüstung, Post- und Frachtraum, Cockpit, Funk- und Navigationsraum, Tankraum, zweiten Postraum, Ruheraum für die Besatzung, Anrichte, Waschraum.
Erstflug am 21. Mai 1938.

The Do 26 – a cantilever all-metal high-wing monoplane – had been developed for direct North and South Atlantic mail flights by Deutsche Lufthansa. Since the flying boat was not designed for catapult launches and landings in high seas other than in emergencies, the characteristic sponsons of the Dornier flying boats had been replaced by floats under the wings which could be retracted into the wing in flight. This extraordinarily favourable aerodynamic layout increased the speed and range of the aircraft. The wing consisted of a rectangular center section with a pronounced V-shape carrying the two nacelles for the four engines mounted in tandem, as well as two trapezoid outer wing sections. All sections were covered with Dural sheets. The ailerons and flaps were located behind the trailing edge. The powerplant consisted of 600-HP Junkers 205 E engines with reduction gears, operating with crude oil. The front propellers were driven directly, while the rear propellers were driven via an extension shaft. The rear engines, including their extension shafts, rotated upward through 10° in order to protect the propellers against splash water. The two-step hull with several bulkheads was subdivided in a nose station for maritime equipment, a mail and cargo hold, the flight deck, a communications and navigation station, a fuel hold, a second mail hold, a crew room, a galley and a lavatory.
First flight on 21 May 1938.

Technische Daten/Technical Data

Länge/Length	24,6 m
Höhe/Height	6,9 m
Spannweite/Wing span	30,0 m
Tragfläche/Wing area	120,0 m²
Triebwerk/Powerplant Jumo 205 E	4 × 600 PS/HP
Höchstgeschwindigkeit/Maximum speed	335 km/h
Rüstgewicht/Empty weight	11 240 kg
Fluggewicht – Wasserstart/ All-up weight – take-off from water	15 000 kg
Fluggewicht – Katapultstart/ All-up weight – catapult launch	19 000 kg
Gipfelhöhe/Service ceiling	6000 m
Besatzung/Crew	4
Post/Fracht oder Passagiere/Number of passengers (or weight equivalent of mail/cargo)	2–4

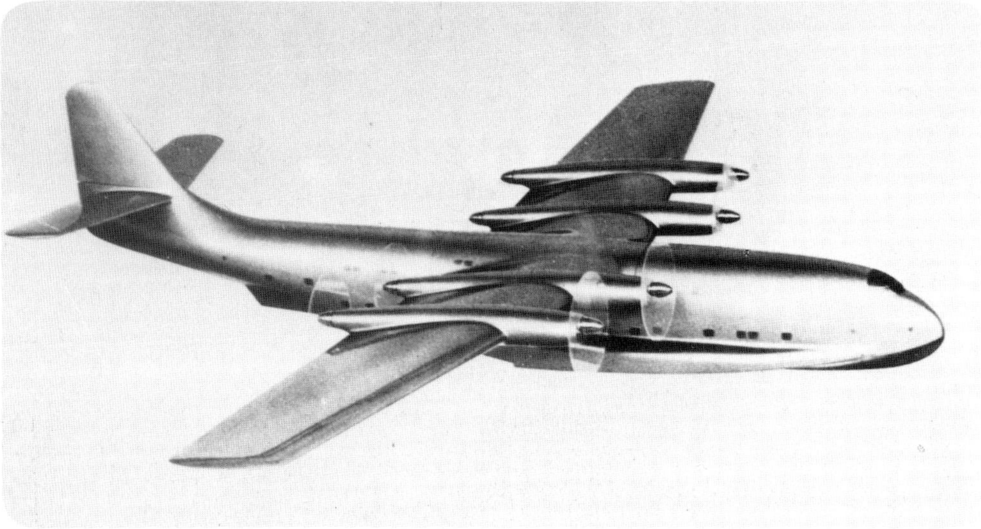

1938 Transozean-Flugschiff-Projekt Do 214
Transocean Flying Boat Project

Do214 – Entwicklung für die Deutsche Lufthansa und das RLM. Sommer 1939 Beginn der Konstruktionsarbeiten und des Attrappenbaues. Später wurde auf Weisung des RLM die Zivilversion auf militärischen Einsatz umgeplant: Truppentransporter in verschiedenen Variationen, Sanitätsflugzeug, Lastentransporter, Kraftstofftransporter, Minenleger, U-Boot-Versorger. Das zweistufige, mehrfach abgeschottete Boot in Schalenbauweise wurde in Ober- und Unterdeck unterteilt; im Bootsboden befand sich der Kraftstoff. Die neuartigen Wülste am Boot, durch das Flugmodell Gö 8 gründlich erprobt, waren als selbständige Bauteile am Boot befestigt. Bei einigen militärischen Varianten sah man das Rumpfvorderteil seitlich wegklappbar vor, um das Beladen des Unterdecks z. B. mit Lastkraftwagen zu ermöglichen. Bei der DLH-Version waren im Oberdeck die Besatzungsräume, im Unterdeck die komfortablen Kabinen und Aufenthaltsräume für 40 Fluggäste vorgesehen. Das freitragende Tragwerk mit trapezförmigem Grundriß bestand aus dem mit dem Boot fest verbundenen Mittelstück und zwei Flügelenden. Zunächst sah man 8 DB 606- bzw. Jumo 218-Triebwerke vor, bei den späteren Projekten ging man auf DB 613 A, B und C über. Die Triebwerke waren in 4 Tandemgondeln im Flügel eingebaut, wobei die hinteren Motoren für Start und Landung nach oben schwenkbar waren.
Die Arbeiten an der Do 214 wurden 1942, bedingt durch die Kriegslage, eingestellt.

The Do214 was developed for Deutsche Lufthansa and the Reich Air Ministry. Design work and mock-up construction started in summer 1939. Upon instruction of the Reich Air Ministry, the civil version was later reconfigured for military use: troop transport in different variants, ambulance aircraft, freight carrier, fuel carrier, mine laying aircraft, submarine supply aircraft. The two-step monocoque hull with several bulkheads was subdivided in an upper and a lower deck; fuel was carried on the hull floor. The novel bulges on the hull, thoroughly tested on the flying model Gö 8, were attached to the hull as independent components. In some military variants, the nose section of the fuselage opened sideways to allow loading of the lower deck, e.g. with trucks. In the DLH version, the upper deck was reserved for the crew facilities and the lower deck had comfortable cabins and lounges for 40 passengers. The cantilever wing with a trapezoid planform consisted of the centre section integrated into the hull and two wing ends. Eight DB 606 or Jumo 218 engines were initially planned to power the aircraft, while for later projects the DB 613 A, B and C were to be used. The engines were installed in four tandem nacelles in the wing, with the rear engines hinged for tilting upward for take-off and landing.
Work on the Do 214 was stopped in 1942 because of the war.

Technische Daten/Technical Data
DLH-Version

Länge/Length	51,6 m	Höchstgeschwindigkeit/Maximum speed	490 km/h
Höhe/Height	14,3 m	Rüstgewicht/Empty weight	85000 kg
Spannweite/Wing span	60,0 m	Fluggewicht/All-up weight	145000 kg
Tragfläche/Wing area	500,0 m²	Besatzung/Crew	12
Triebwerk/Powerplant DB 613 C	8 × 4000 PS/HP	Fluggäste/Passengers	40

1938 Militär-Seeflugzeug Military Seaplane Do 22

Do 22 See – abgestrebter Hochdecker. Das zweiholmige Tragwerk mit Stoffbespannung wurde aus 2 Flügelhälften gebildet, an dem über dem Rumpf befindlichen Baldachin angelenkt und durch je 2 Streben nach dem Schwimmergestell abgefangen; Flügel mit abgerundeten Enden, pfeilförmig und leicht V-förmig bei paralleler Vorder- und Hinterkante; Querruder mit Landeklappen-Betätigung. Am Rumpfgerüst aus geschweißtem Stahlrohr wurden Duraluminium-Spanten und Längsprofile als Träger der Stoffbespannung bzw. Metallbeplankung befestigt. Mit glatten Blechen belegt waren Motorverkleidung, Tankraum, Einstiegöffnungen für die Besatzung. Führer, Beobachter und Schütze saßen hintereinander. Ein Stahlrohrstrebengerüst verband den Rumpf mit 2 mehrfach abgeschotteten Schwimmern. Ein Hispano-Suiza 12Y21-Motor war im Rumpfbug untergebracht, die 3flügelige VDM-Einstellschraube hatte 3,4 m Ø. Kraftstoffunterbringung mit Schnellablaß im abgeschotteten Raum vor dem Führer, Zusatzbehälter in den Schwimmern und in den Flügelhälften möglich. Die Höhenflosse war durch die Seitenflosse durchgeführt, zum Rumpf mit Hilfe zweier Stahlrohrstreben abgestützt und zur Seitenflosse durch Drähte abgefangen. Höhenflosse im Flug verstellbar, oberhalb der Höhenflosse ein Hilfsflügel als Ausgleich für das Höhenruder angeordnet.
Erstflug am 15. Juli 1938.

Do 22 See was a braced high-wing monoplane. Its two-spar wing with fabric covering consisted of two wing halves connected to the cabane over the fuselage and supported against the float structure by two struts each; the wing had rounded tips, was swept back with a slight dihedral and parallel leading and trailing edges; the ailerons were equipped for landing flap setting. Duraluminium spars and longitudinal profiles carrying the fabric or metal skin were welded to the steel tube airframe. The engine fairing, the fuel tank, the access openings for the crew were covered with smooth metal sheets. The pilot, the observer and the gunner were seated one behind the other. A steel-tube structure connected the fuselage with the two floats, which were subdivided by several bulkheads. The Hispano-Suiza 12Y21 engine was installed in the bow; the three-blade VDM variable-pitch propeller had a diameter of 3.4 m. Fuel was carried between bulkheads in front of the pilot and the tank had a jettison gear. Additional fuel was carried in the floats and in the wing halves, if necessary. The horizontal stabilizer was carried through the horizontal tail surface and braced against the fuselage by means of two steel tube struts. The support against the vertical fin was by means of wires. The horizontal stabilizer was adjustable in flight and had a tab on its top to balance the elevator.
First flight on 15 July 1938.

Technische Daten/Technical Data

Länge/Length	13,1 m	Fluggewicht/All-up weight	4000 kg
Höhe/Height	4,8 m	Höchstgeschwindigkeit/Maximum speed	320 km/h
Spannweite/Wing span	16,2 m	Reichweite mit 300 kg Bomben/ Range with 300 kg bomb load	680 km
Tragfläche/Wing area	45,0 m²		
Triebwerk/Powerplant Hispano-Suiza 12Y21	1×880 PS	Reichweite als Fernaufklärer/ Long-distance reconnaissance range	950 km
Länge der Schwimmer/Length of floats	9,0 m		
Rüstgewicht/Empty weight	3100 kg	Gipfelhöhe/Service ceiling	8200 m

1938 Prototyp- und Vorserienflugzeuge Do 217 V
Prototype and Pre-series Aircraft

Der Do 17 folgte die Do 217 in verschiedenen Ausführungen mit einer gebauten Stückzahl von etwa 1700 Flugzeugen. Diese Weiterentwicklung unterschied sich durch: stärkere Motoren, Erhöhung des Fluggewichts, neue Detailkonstruktion, automatische Sturzflugsicherung mit verschiedenen Sturzflugbremsen, vergrößerte Tragflügelfläche (55–73 m^2), größerer Rumpf, verstärktes Fahrwerk, Heißluftenteisung, Ersatz der Hydraulik durch elektrischen Antrieb, Trimmklappen an den Seitenrudern zum Austrimmen für den Einmotorenflug. Anstelle von 4 Großbauteilen bei der Do 17 gliederte sich das Nachfolgemuster Do 217 in insgesamt 7 Hauptteile: das Rumpfvorderteil, das kombinierte Rumpf- und Flügelmittelstück, die beiden Außenflügel, das Rumpfmittelstück und Rumpfende.
Erstflug der Do 217 V1 am 4. Oktober 1938. Die Do 217 V1 bis V9 wurden mit verschiedenen Triebwerken ausgerüstet: DB 601 A, Jumo 211, BMW 139 und BMW 801. Umfangreiches Erprobungsprogramm mit verschiedenen Sturzflugbremsen durchgeführt, bei V7 und V8 wurden diese jedoch durch einen Hecksteiß ersetzt. Die Do 217 V9 bildete das Musterflugzeug für die Do 217 E-Serie.

After the Do 17 came the Do 217 in different versions, of which a total of roughly 1700 were built. This developed version had more powerful engines, a higher all-up weight, new detail designs, an automatic dive recovery system with different dive brakes, a larger wing area (55–73 m^2), a larger fuselage, a reinforced landing gear, hot-air de-icing, hydraulics replaced by electric drives, trim taps on the rudders for single-engine flight trimming. Instead of four large subassemblies used in the Do 17, the Do 217 consisted of 7 main assemblies: the fuselage front section, the combined fuselage and wing centre section, the two outer wing halves, the fuselage centre section and the fuselage tail.
First flight of the Do 217 V1 on 4 October 1938. The Do 217 V1 to V9 were all equipped with different engines: DB 601 A, Jumo 211, BMW 139 and BMW 801. Extensive test flying was performed with different dive brakes, but these were replaced by a tail brake on the V7 and V8. The Do 217 V9 was the prototype for the Do 217 E series.

Technische Daten/Technical Data
Do 217 V4

Länge/Length	18,1 m	Rüstgewicht/Empty weight	7500 kg
Höhe/Height	4,8 m	Fluggewicht/All-up weight	10500 kg
Spannweite/Wing span	19,0 m	Höchstgeschwindigkeit/Maximum speed	460 km/h
Tragfläche/Wing area	57,0 m^2	Gipfelhöhe/Service ceiling	7900 m
Triebwerk/Powerplant	Jumo 211 B 2 × 1220 PS/HP	Steigzeit auf 5000 m Höhe/Climb to 5000 m	18 min

1939 Fernaufklärungsflugboot Do 18 L
Long Range Reconnaissance Flying Boat

Do 18 L – beim Umbau einer Do 18 E auf eine Versuchsausführung mit luftgekühlten Motoren war das Problem einer einwandfreien Luftkühlung für Triebwerke in Tandem-Anordnung zu lösen. Man wählte den 9-Zylinder-Sternmotor BMW 132 M. Die Kühlluft für den vorderen Motor trat an der Ringöffnung ein, durchströmte den Zylinderstern und trat an je einer regelbaren Öffnung beiderseits der Motorgondel wieder aus. Die Kühlluft für den hinteren Motor trat an einer Stauöffnung an der Gondeloberseite, etwas hinter dem Motor, ein, strömte dann, von einem Hilfsgebläse unterstützt, entgegen der Flugrichtung durch den Zylinderstern und trat ebenfalls an je einer regelbaren Öffnung beiderseits der Gondel wieder aus. Es wurden 3flügelige VDM-Verstellschrauben mit 3,4 m bzw. 3,5 m ∅ verwendet. Als weitere Änderungen beim Umbau sind zu nennen: spitzer Bug und verbreiterte Stummel.
Erstflug am 21. November 1939. Nach der erfolgreichen Triebwerkserprobung wurde die Do 18 L für militärischen Einsatz umgerüstet.

Do 18 L – a conversion of the Do 18 E in which the problem of trouble-free air cooling of the engines installed in tandem had to be solved. The powerplant consisted of two 9-cylinder BMW 132 M radial engines. The cooling air for the front engine entered through an annular opening, passed by the radially arranged cylinders and was ejected through an adjustable opening on both sides of the engine nacelle. The cooling air for the rear engine entered through a ramming intake on the upper side of the nacelle, a short distance behind the engine, and then flowed through the radially arranged cylinders against the direction of flight and assisted by a fan, and also was ejected through one adjustable opening on each side of the nacelle. Three-blade VDM variable-pitch propellers with diameters of 3.4 m and 3.5 m were used. Other modifications were the more pointed bow and the widened sponsons.
First flight on 21 November 1939. After the successful testing of the powerplant, the Do 18 L was converted for military use.

Technische Daten/Technical data

Länge/Length	19,4 m
Höhe/Height	5,8 m
Spannweite/Span	23,9 m
Tragfläche/Wing area	98,7 m²
Triebwerk/Powerplant BMW 132 M	2 × 960 PS
Rüstgewicht (Militärversion)/ Empty weight (military version)	6560 kg
Fluggewicht – Wasserstart/ All-up weight – water launched	9500 kg
Fluggewicht – Katapultstart/ All-up weight – catapult-launched	10 000 kg
Höchstgeschwindigkeit/Maximum speed	260 km/h
Besatzung/Crew	4

1939 Landflugzeug Utility Landplane Do 22

Do 22 Land – bei der Konstruktion der Do 22 war neben vielseitigen Einsatzmöglichkeiten auch der Umbau von der Schwimmerversion auf eine Landmaschine oder umgekehrt in kurzer Zeit ermöglicht worden. Die Geschwindigkeit blieb bei beiden Ausführungen gleich, die Steigzeiten mit Schwimmern lagen geringfügig darüber. Kraftstoff-Zusatzbehälter bei der Landversion unter dem Führersitz. Bei der Do 22 betätigte der Flugzeugführer das vordere, durch den Propellerkreis schießende MG. Der Beobachter bediente Kamera, Funkgerät und bei Bedarf die Hilfssteuerung oder aber Zielgerät und Abwurfvorrichtung. Für den Schützen waren 2 bewegliche MG im Rumpfdeck und Boden vorgesehen. Je nach Einsatzzweck als schwerer Bomber (2 x 250 kg Bomben), leichter Bomber (4x50kg Bomben) oder als Aufklärer (mit Reihenbildkamera) umzurüsten.
Erstflug Do 22 Land am 10. März 1939. Insgesamt 29 Do 22-Flugzeuge, größtenteils mit auswechselbarem Landfahrwerk, wurden gebaut; je 12 Maschinen an Jugoslawien und Griechenland und 4 an Finnland geliefert.

The Do 22 Land was designed for a rapid conversion from a seaplane version into a landplane and vice versa and was versatile enough for many other uses. The speed was the same for the seaplane and the landplane version, although the float-equipped aircraft had slightly higher rates of climb. In the landplane version, additional fuel was carried under the pilot's seat. In the Do 22, the pilot operated the front MG, firing through the propeller. The observer operated the camera, the radio set and, if necessary, the auxiliary controls or the aiming equipment and the delivery device. The gunner had two mobile MGs on the fuselage deck and in the floor. The aircraft was used as a heavy bomber (2x250kg bombs), light bomber (4x50kg bombs) or as a reconnaissance aircraft (with continuous-strip camera).
First flight of the Do 22 Land on 10 March 1939. A total of 29 Do 22 were built, most with a wheel landing gear; 12 aircraft each were delivered to Yugoslavia and Greece, four to Finland.

Technische Daten/Technical data

Länge/Length	12,9 m	Rüstgewicht/Empty weight	2780 kg
Höhe/Height	4,6 m	Fluggewicht/All-up weight	3600–4000 kg
Spannweite/Wing span	16,2 m	Höchstgeschwindigkeit/Maximum speed	320 km/h
Tragfläche/Wing area	45,0 m²	Gipfelhöhe/Service ceiling	8200 m
Triebwerk/Powerplant Hispano-Suiza 12 Y 21	1x880 PS		

1939 Fernaufklärungs-Nachtjagdflugzeug Do 215
Reconnaissance Aircraft Night Fighter

Do 215 – ursprünglich als Exportausführung der Do 17 Z geplant, die sich neben einer anderen Ausrüstung hauptsächlich durch den Einbau des leistungsstärkeren Triebwerks DB 601 A mit 2× 1100 PS unterschied; Do 215 B 6 erhielt DB 601 A mit Abgasturbine. Schweden bestellte 18 Do 215 A, der Kriegsausbruch verhinderte die Ablieferung. Diese Flugzeuge wurden für die deutsche Luftwaffe umgerüstet und als Do 215 B ausgeliefert. Baureihen Do 215 B – B 10 Fernerkunder mit unterschiedlichen Ausrüstungen; Do 215 B 5 jedoch als Nachtjäger-Version »Kauz III«. Aufgrund vertraglicher Abmachungen wurden 2 Flugzeuge an die UdSSR geliefert, mit Do 215 B 3 bezeichnet.
Abwurfwaffen/Bildgeräte: In unterschiedlichen Ausführungen.
Elektrische Ausrüstung: Nachtjäger B 5 mit Spanner-Anlage, Blink-Anlage, U-Kennung.
Funkanlage: FuG X + FuG 25 + Peil GV + Fu Bl.1 + Telefonier-Zusatzgerät.
Navigationsanlage: Patin.
Kurssteuerung: SAM K 4ü.
Steuerwerk: Einzelsteuerung, Pedale.
Heizung/Enteisung: Rumpfheizung und Flügelnasenenteisung.
Besatzung: 4 Mann, Nachtjäger B 5 mit 3 Mann.
Erstflug am 5. Dezember 1939. Im Dornier-Werk München wurden 105 Flugzeuge gefertigt.

The Do 215, originally planned as the export version of the Do 17 Z, mainly differed from that aircraft by more powerful DB 601 A engines rated at 1100 HP, as well as in different equipment; the Do 215 B 6 was equipped with DB 601 A engines with exhaust-driven turbine. Sweden ordered 18 Do 215 As, but the outbreak of war prevented delivery. These aircraft were converted for the German Air Force and delivered as Do 215 Bs. The series Do 215 B – B 10 long-distance reconnaissance aircraft had a different equipment array; Do 215 B 5 was the night fighter version »Kauz III«. Because of contractual agreements, two aircraft were delivered to the Soviet Union, designated Do 215 B 3.
Bombs/photographic equipment: different versions.
Electrical equipment: night fighter B 5 with Spanner system, flash system.
Radio equipment: FuG X + FuG 25 + Peil GV + Fu Bl.1 + telephone adapter.
Navigation system: Patin.
Autopilot: SAM K 4ü.
Flight controls: individual controls, pedals.
Heating/de-icing: fuselage heating and leading edge de-icing.
Crew: four, three for night fighter B 5.
First flight on 5 December 1939, a total of 105 aircraft were built by the Munich Dornier plant.

Technische Daten/Technical Data

Länge/Length	15,8 m
Höhe/Height	4,6 m
Spannweite/Wing span	18,0 m
Tragfläche/Wing area	55,0m²
Triebwerk/Powerplant DB 601 A	2× 1100 PS/HP
Rüstgewicht/Empty weight	6800 kg
Fluggewicht/All-up weight	8800–9500 kg
Höchstgeschwindigkeit/Maximum speed	485 km/h
Gipfelhöhe/Service ceiling	8200 m
Steigzeit auf 5000 m Höhe/Climb to 5000 m	13 min
Reichweite/Range	2450 km

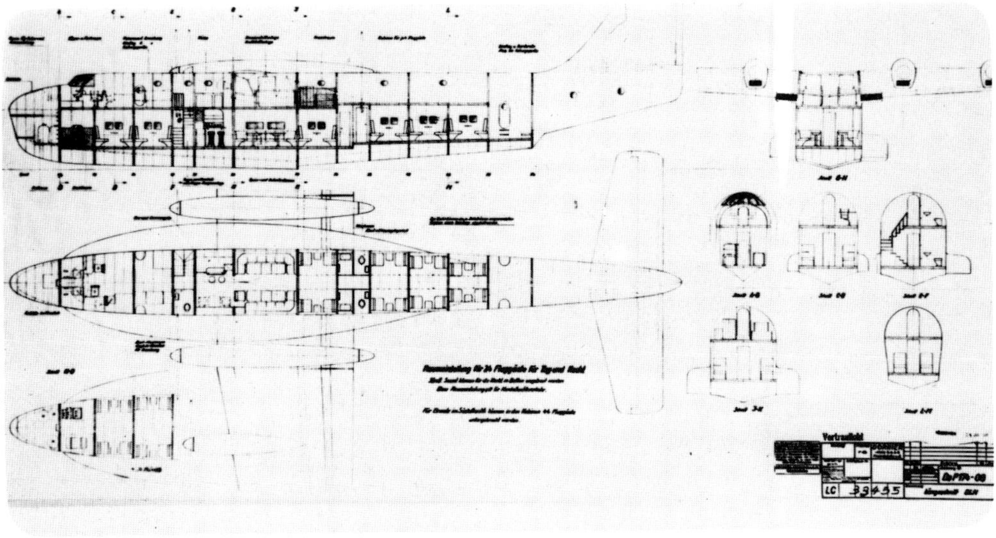

1939 Flugboot-Projekt Flying Boat Project Do 216

Do 216 – Projekt eines Flugbootes mittlerer Größe für Nord- und Südatlantik-Passagierdienst oder als Fernaufklärer.
Do 216, ein freitragender Hochdecker, mit Wülsten am Boot zur Stabilisierung und Flügelendschwimmern am Tragwerkende. Das zweistufige Boot in Schalenbauweise war durch einen Zwischenboden in Ober- und Unterdeck unterteilt. Im Oberdeck brachte man den Führer- und Funkraum, Ruheraum für die Besatzung, Küche, Frachträume und einen Teil des Kraftstoffs unter; im Unterdeck mehrere Kabinen für 24 Fluggäste (im Nordatlantikverkehr vorgesehen), Speise- und Aufenthaltsräume, Post- und Frachtraum. Im Bootsboden und in den Wülsten befand sich weiterer Kraftstoff (insgesamt 36500 Liter). Im Südatlantikdienst sollten 44 Fluggäste befördert werden. Das Tragwerk war dreiteilig. Das rechteckige Mittelteil, fest mit dem Boot verbunden, führte bis über die beiden inneren Tandemgondeln hinaus. Tragwerk- und Leitwerkenteisung durch Kärcher-Öfen, Luftschraubenenteisung mittels Enteisungsflüssigkeit. Für die Triebwerksanlage sah man 6 DB 603 C oder Jumo 223 vor, je 2 in Tandemanordnung im Flügelmittelteil und je 1 Motor im Flügelaußenteil; vierflügelige VDM- oder Junkers-Gleichdrehzahlschrauben.

The Do 216 was a projected medium-size flying boat for passenger services across the North and South Atlantic or as a long-distance reconnaissance aircraft.
The Do 216 was a cantilever high-wing monoplane with bulges on the hull for stabilization and floats on the wing ends. The two-step monocoque hull was divided into an upper and a lower deck. The upper deck contained the flight deck and radio room, crew room, galley, freight holds and part of the fuel; the lower deck had several cabins for 24 passengers (for North Atlantic service), dining room and lounges, mail and cargo holds. Further fuel (for a total of 36,500 litres) was carried on the hull floor and in the bulges. In South Atlantic service, 44 passengers were to be carried. The wing consisted of three parts, with the rectangular centre section solidly connected with the hull and extending beyond the two tandem engine nacelles. The wing and tail surfaces were de-iced with Kärcher furnaces, the propellers by means of de-icing fluid. The powerplant was to consist of 6 DB 603 Cs or Jumo 223s, two each in tandem in the wing centre section and one each on the wing outer halves. The four-blade constant-speed propellers were to be supplied bv VDM or Junkers.

Technische Daten/Technical Data
DLH-Version

Länge/Length	42,0 m	Rüstgewicht/Empty weight	41455 kg
Höhe/Height	11,7 m	Fluggewicht/All-up weight	75000 kg
Spannweite/Wing span	48,0 m	Besatzung/Crew	6
Tragfläche/Wing area	310,0 m²	Fluggäste (Nordatlantik)/	
Triebwerk/Powerplant DB 603 C	6 × 1750 PS/HP	Passengers (North Atlantic)	24
Jumo 223	6 × 2200 PS/HP	Fluggäste (Südatlantik)/	
Höchstgeschwindigkeit/Maximum speed	446 km/h	Passengers (South Atlantic)	44

1940 Seenotrettungs-Flugboot Search and Rescue Flying Boat Do 18 G

Do 18 G – gegenüber dem vorangegangenen Baumuster Do 18 D wurden diese Änderungen vorgenommen: spitzer Bootsbug und um ca. 30 cm verbreiterte Bootsstummel. Als Triebwerk verwendete man den Jumo 205 C der Baureihe 4, hinterer Motor ebenfalls mit Wellenverlängerung. Die Bewaffnung entsprach der Do 18 D.
Weserflug fertigte 62 Do 18 G-Serienflugzeuge in Lizenz.
Vermutlich wurden aus der Do 18 G-Serie einige Flugboote für den Seenotrettungsdienst umgerüstet. Die Bergung erfolgte über die Bootsstummel durch eine Ladeluke in der Bootswand. Durch Ausbau eines Kraftstoffbehälters schuf man Raum für 3 Sitzgelegenheiten und 2 Liegen.
Eine weitere Einsatzmöglichkeit für die Do 18 fand sich als Blindschulflugzeug. Der Führerraum wurde entsprechend instrumentiert und hatte Doppelsteuerung, rechts auskuppelbar. Bei Dornier wurden zwei Do 18 H gebaut, während Weserflug 20 Maschinen in Lizenz baute.

Do 18 G with the following modifications when compared with the preceeding Do 18 D: pointed bow of the hull and sponsons widened by approx. 30 cm. The powerplant consisted of Series 4 Jumbo 205 C engines, with the rear engines also having the extended shaft. The armament corresponded to that of the Do 18 D. Weserflug built 62 Do 18 G-aircraft under licence.
Most probably, some flying boats of the Do 18 G series were converted for search and rescue services. Recovered people entered the hull via the sponsons and a loading hatch in the hull wall. By removing one fuel tank, space was provided for 3 seats and 2 litters.
Another application of the Do 18 was its use as an instrument trainer. The flight deck was instrumented accordingly and had dual controls of which those on the right-hand side could be made ineffective. Dornier built two Do 18 H and Weserflug produced 20 aircraft under licence.

Technische Daten/Technical data

Länge/Length	19,4 m
Höhe/Height	5,4 m
Spannweite/Span	23,7 m
Tragfläche/Wing area	98,0 m^2
Triebwerk/Powerplant Jumo 205 C	2 × 600 PS
Rüstgewicht/Empty weight	7050 kg
Fluggewicht – Wasserstart/ All-up weight – water-launched	8500 kg
Fluggewicht – Katapultstart/ All-up weight – catapult-launched	10600 kg
Höchstgeschwindigkeit/Maximum speed	250 km/h
Gipfelhöhe (mit 8500 kg)/ Service ceiling (at 8500 kg)	4350 m
Besatzung/Crew	4–5

1940 Aufklärungs- und Transportflugboot Do 26 C
Reconnaissance and Transport Flying Boat

Do26C – die Do 26 V1 und V2 der Deutschen Lufthansa mußten infolge der Kriegsereignisse in eine militärische Version umgerüstet werden. Die in Erprobung stehende V3 und die im Bau befindlichen Mustermaschinen V4–V6 wurden als Militärausführung fertiggestellt und unter der Bezeichnung Do 26 C abgeliefert. Bei diesen 4 Maschinen wurde auf die stärkeren Triebwerke Junkers-Rohölflugmotoren 205 Ea mit 700 PS bzw. Jumo 205 D mit 880 PS umgestellt. Querruder, Höhen- und Seitenflosse hatten Gummienteisung, die Flügelnase Warmluftenteisung und die verstellbaren VDM-Metallschrauben Flüssigkeitsenteisung.
Erstflug am 25. Januar 1940 der Do 26 V4, als Do 26 C ausgeliefert. Die Do 26-Flugboote mit ihrer großen Reichweite wurden zunächst als Fernerkunder eingesetzt, z.B. ein 19-Stunden-Flug bis zum 67. Breitengrad und auf der Strekke Bergen–Shetlands–Island. Erstmalig führte man auch den schwierigen Katapult-Blindstart bei Nacht durch. Einsatz als Transportflugzeug in Norwegen. 3 Flugboote unternahmen von Brest aus Atlantik-Aufklärungsflüge.

Because of the war, the Do 26 V1 and V2 of Deutsche Lufthansa had to be converted into a military version. The V3 aircraft undergoing testing and the aircraft V4 to V6 being under construction were completed in a military version and delivered with the type designation Do 26 C. All four aircrafts had the more powerful Junkers 205 Ea crude-oil engines rated at 700 HP or the Jumo 205 D rated at 880 HP. The ailerons and the horizontal and lateral stabilizers had rubber de-icing boots, the wing leading edge was equipped with a hot-air de-icing system and the variable-pitch VDM metal propellers had a liquid de-icing system.
First flight on 25 January 1940 of the Do 26 V4, delivered as Do 26 C. Because of their long range, the Do 26 flying boats were initially used for long-distance reconnaissance, e.g. for a 19-hour flight up to 67° latitude and on the route between Bergen and the Shetland Islands. The difficult catapult launch at night was also made with the aircraft for the first time. For transport missions the type was used in Norway. Three flying boats were used for reconnaissance flights over the Atlantic Ocean from Brest.

Technische Daten/Technical Data
Jumo 205 D-Motoren/engines

Länge/Length	24,6 m
Höhe/Height	6,9 m
Spannweite/Wing span	30,0 m
Tragfläche/Wing area	120,0 m²
Triebwerk/Powerplant Jumo 205 D	4 × 880 PS/HP
Höchstgeschwindigkeit/Maximum speed	345 km/h
Rüstgewicht/Empty weight	13050 kg
Fluggewicht – Wasserstart/ All-up weight – take-off from water	20000 kg
Fluggewicht – Katapultstart/ All-up weight – catapult launch	21000 kg
Gipfelhöhe/Service ceiling	6500 m
Besatzung/Crew	7

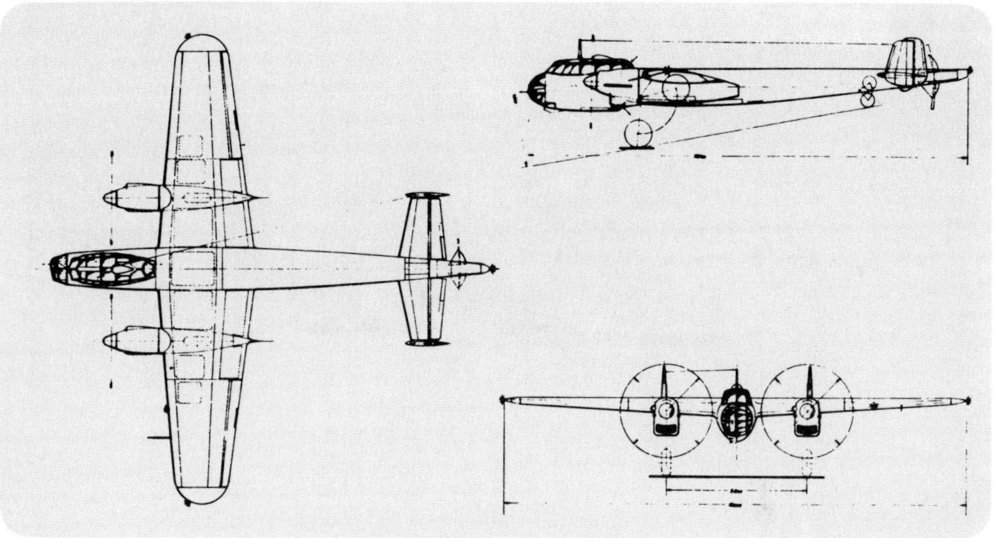

1940 Kampfflugzeug Combat Aircraft Do 217 A/C

Im Jahre 1940 wurden 6 Lichtbildflugzeuge Do 217 A (Null-Serie) mit 2 DB 601 R von je 1410 PS ausgeliefert. Die Ausrüstung bestand aus 2 Reihenbildgeräten RB 50/30/30 und 1 RB 20/30/30; 3 Mann Besatzung. Zwei Flugzeuge wurden 1942 für Kurierzwecke umgerüstet und an die Versuchsstelle für Höhenflüge Oranienburg übergeben.
Die Baureihe Do 217 C (Null-Serie) bestand aus 9 gebauten Flugzeugen; 7 Stück mit Jumo 211 B und 2 Maschinen mit DB 601 ausgerüstet. Diese Flugzeuge mit Sturzflugbremse dienten als Erprobungsträger für die unterschiedlichen Triebwerke, Zielgeräte und Abwurfanlagen.

In 1940, 6 photographic reconnaissance aircraft Do 217 A (pre-series aircraft) powered by 2 DB 601 Rs rated at 1410 HP each were delivered. Their equipment consisted of two RB 50/30/30 and one RB 20/30/30 serial frame cameras, and they had a crew of three. Two aircraft were converted in 1942 for courier purposes and handed over to the high-altitude flight testing establishment at Oranienburg.
The Do 217 C series (pre-series aircraft) consisted of nine aircraft, of which seven were equipped with Jumo 211 B and two with DB 601 engines. These aircraft with dive brake were used to test the different engines, aiming devices and bomb release systems.

Technische Daten/Technical Data

Do 217 A

Länge/Length	18,1 m	Rüstgewicht/Empty weight	8000 kg
Höhe/Height	4,8 m	Fluggewicht/All-up weight	10845 kg
Spannweite/Wing span	19,0 m	Höchstgeschwindigkeit/Maximum speed	475 km/h
Tragfläche/Wing area	57,0m^2	Gipfelhöhe/Service ceiling	7600 m
Triebwerk/Powerplant Jumo 211 B	2 × 1220 PS/HP	Reichweite/Range	1500 km

1940 — Kampf- und Aufklärungsflugzeug / Combat and Reconnaissance Aircraft — Do 217 E

Die Do 217 E wurde in den Ausführungen E-1 bis E-5 gebaut. Sie unterschieden sich durch veränderte Kanzelausführungen, in der Bewaffnung und den Bomben-Rüstsätzen, in den Rüst- und Fluggewichten, teilweisen Einbau von Sturzflugbremsen, Kuto-Nasen in den Flügelvorderkanten, Ballonkabel-Abweisern im Bereich der Kanzeln, im Atlantikeinsatz mit Seenotausrüstung, teilweise verstärkte Rumpfausführung, unterschiedliche Panzerung, Funk-, Ziel- und Bildgeräte. Die Do 217 E-5 war eine Sonderausführung für zwei Gleitbomben Hs 293 mit besonderer Befestigungseinrichtung unter den Flügeln. Eine Do 217 E-2 diente 1942 als Trägerflugzeug für das Staustrahltriebwerk von Professor Sänger.

Bei sämtlichen Do 217 E-Flugzeugen kamen die BMW 801 A-Motoren und dreiflügelige VDM-Verstellschrauben mit 3,9 m ∅ zum Einbau. Kraftstoffunterbringung in den Flügel- und Rumpfbehältern (2960 Liter), für größere Reichweiten zusätzlich 2 Blechbehälter an Bombenschlössern im Rumpf aufgehängt (1500 Liter) und 2 Holzbehälter am Flügel an den Bombenträgern befestigt (1800 Liter).

Erstflug am 1. Oktober 1940. Bei Dornier in Friedrichshafen und München wurden 590 Flugzeuge Do 217 E gefertigt. Weitere Fertigung bei der Norddeutschen Dornier-Werke GmbH in Wismar und bei Henschel in Lizenz.

The Do 217 E was built in the versions E-1 to E-5. The versions differ in the turret design, the armament and the bomb kits, in the empty and all-up weights, partial installation of dive brakes, cable cutters in the wing leading edges, cable deflectors near the turrets, maritime rescue equipment carried by aircraft used on the Atlantic Ocean, partly reinforced fuselage design, different armour plating, radio aiming and photographic equipment. The Do 217 E-5 was a special version for two Hs 293 gliding bombs with special pylons under the wing. One Do 217 E-2 was used to carry Professor Sänger's ram jet engine in 1942.

All Do 217 E were equipped with BMW 801 A engines and three-blade variable-pitch VDM propellers with a diameter of 3.9 m. Fuel was carried in wing and fuselage tanks (total volume 2960 litres), and two additional tanks were carried on bomb racks on the fuselage (1500 litres) and in two wooden tanks on bomb carriers on the wing (1800 litres) for longer ranges.

First flight on 1 October 1940. A total of 590 Do 217 E were built by Dornier in Friedrichshafen and Munich. Other aircraft were built by Norddeutsche Dornier-Werke GmbH at Wismar and under licence by Henschel.

Technische Daten/Technical Data

Länge/Length	17,3 m	Rüstgewicht/Empty weight	10550 kg
Höhe/Height	5,0 m	Fluggewicht/All-up weight	16500 kg
Spannweite/Wing span	19,0 m	Höchstgeschwindigkeit/Maximum speed	515 km/h
Tragfläche/Wing area	57,0 m²	Gipfelhöhe/Service ceiling	6500 m
Triebwerk/Powerplant BMW 801 A	2 × 1560 PS/HP		

1941 Seenotrettungsflugboot / Sea-Rescue Flying Boat Do 24 T

Do 24 T – im Auftrag des RLM erfolgte der Umbau einer Do 24 K auf das Musterflugzeug Do 24 T. Neben Änderungen in den Einbauten, Ausrüstung und Bewaffnung wurde hauptsächlich vom Wright Cyclone-Triebwerk auf die Motoren Bramo 323 R 2 mit je 1000 PS umgestellt. Der Erstflug fand am 15. Januar 1941 statt. Die Do 24 T wurde nach der Besetzung Hollands von Aviolanda, De Schelde und Fokker für die deutsche Luftwaffe gefertigt, bis August 1944 etwa 160 Stück. Von SNCAN in Paris-Sartrouville kamen weitere 48 Flugboote. Die Do 24 T wurden im Seenotdienst und als Transportflugboote in der Nord- und Ostsee, im Ärmelkanal, über dem Atlantik, dem gesamten Mittelmeerraum und am Schwarzen Meer eingesetzt. Über 11 000 Rettungserfolge waren zu verzeichnen, darunter etwa 5000 Angehörige der gegnerischen Streitkräfte. Spanien erwarb während des Krieges 12 Do 24 T-Flugboote, Überführung zwischen Mai und November 1944; zu dem geplanten Lizenzbau kam es nicht mehr. Eine Do 24 T wurde von 1945–1951 bei der schwedischen Luftwaffe im Seenotrettungsdienst geflogen. Eines der Do 24 T-Flugboote, bis 1970 bei der spanischen Seenotrettungsstaffel auf Mallorca stationiert, kehrte nach dem Überführungsflug am 6. August 1971 zu Dornier nach Friedrichshafen zurück.

Die technische Auslegung der Do 24 stellte ein Optimum im Flugbootbau dar, und der erfolgreiche Einsatz unter schwierigsten Bedingungen ließ dieses Hochseeflugzeug zu einem Stück Luftfahrtgeschichte werden.

A Do 24 K was converted into the Do 24 T prototype under contract to the Reich Air Ministry. In addition to modifications in equipment and armament, the main change was the replacement of the Wright Cyclone engine by Bramo 323 R 2 engines rated at 1000 HP. The first flight was on 15 January 1941. Following the occupation of the Netherlands, the Do 24 T was built for the German Air Force by Aviolanda, De Schelde and Fokker; roughly 1600 units were built until August 1944. SNCAN in Paris-Sartrouville built another 48 flying boats. The Do 24 T was used in sea rescue service and as a transport flying boat in the North Sea and Baltic Sea, in the Channel, over the Atlantic Ocean, in the entire Mediterranean region and in the Black Sea. More than 11,000 rescue operations were made successfully, including some 5000 enemy soldiers. During the war, Spain bought 12 Do 24 T flying boats which were ferried to Spain between May and November 1944; the planned licence construction never started. One Do 24 T was operated by the Swedish Air Force for sea rescue operations between 1945 and 1951. One of the Do 24 T flying boats, stationed with the Spanish sea rescue wing on Majorca until 1970, returned to Dornier at Friedrichshafen after a ferry flight on 6 August 1971.

The technical design of the Do 24 represented an optimum in flying boat design, and the successful operation under the most difficult conditions made this ocean-going flying boat a piece of aviation history.

Technische Daten/Technical Data

Länge/Length	22,0 m	Fluggewicht normal/All-up weight, normal	16200 kg
Höhe/Height	5,8 m	Fluggewicht Überlast/All-up weight (overload)	18400 kg
Spannweite/Wing span	27,0 m	Höchstgeschwindigkeit/Maximum speed	340 km/h
Tragfläche/Wing area	108,0m^2	Gipfelhöhe/Service ceiling	5900 m
Triebwerk/Powerplant Bramo 323 R 2	3 × 1000 PS/HP	Steigzeit auf 4000 m/Climb to 4000 m	21 min
Rüstgewicht/Empty weight	10750 kg	Besatzung/Crew	6

1942 Experimental-Amphibienflugzeug Do 212
Experimental Amphibian Aircraft

Do 212 – freitragender Schulterdecker in Ganzmetallbauweise. Das Tragwerk mit nach hinten gepfeilter Vorderkante und gerader Hinterkante bestand aus einem Mittelteil und den beiden am Bootskörper angeschlossenen Tragflügelhälften. Anstelle der sonst bei Dornier-Flugbooten üblichen Flossenstummel brachte man bei der Do 212 an den Flügelenden feststehende Stützschwimmer an. Der Flügel war duralbeplankt, Querruder und Landeklappen stoffbespannt. Das zweistufige Boot mit leicht gekieltem Boden und ovaler Oberseite wurde in Schalenbauweise mit Duralplatbehäutung ausgeführt. Unterteilung durch Schottwände in Bugraum, Kabine für Pilot und 3 Fluggäste – zu 2 Doppelreihen angeordnet, Gepäck- und Heckraum. Das charakteristische Merkmal der Do 212 war der im Heckraum schwenkbar eingebaute luftgekühlte Hirth-Reihenmotor HM 512 B-O. Dieser trieb über eine verkleidete Fernwelle den als Druckschraube arbeitenden Escher-Wyss-Vierblattpropeller (2,4 m ∅) an. Um die Luftschraube bei Start und Wasserung spritzwasserfrei zu halten, konnte die komplette Triebwerkanlage um 12° nach oben geschwenkt werden. Der Gesamtschwerpunkt der Do 212 lag wegen der Triebwerkanlage sehr weit hinten und erforderte ein abnormal großes, mittragendes Höhenleitwerk, ausgeführt in V-Stellung, nicht verstellbar. Doppelseitenleitwerk, teils Stoff-, teils Blechbehäutung. Bugrad in Rumpfspitze, Hauptfahrwerk in die Bootsseitenwände einziehbar, elektro-mechanisch oder manuell.
Rollversuche ab Juli 1942.

The Do 212 was a cantilever all-metal high-wing monoplane. The wing with a sweptback leading edge and a straight trailing edge consisted of a centre section and the two outer wing halves connected to the hull. Instead of the sponsons used on other Dornier flying boats, the Do 212 carried wingtip floats. The wing was covered with Dural sheets, the ailerons and flaps were fabric covered. The two-step hull with a slightly keeled bottom and an oval top was a monocoque design with Dural skin. The hull was subdivided by bulkheads into a nose compartment, a cabin for the pilot and three passengers (with two seats side by side), a baggage hold and a tail compartment. The characteristic feature of the Do 212 was the air-cooled Hirth HM 512 B-O series engine installed for tilting in the tail compartment. Via an enclosed extension shaft, the engine drove the Escher-Wyss four-blade pusher propeller with a diameter of 2.4 m. In order to protect the propeller against splash water during take-off and landing, the complete engine installation tilted upward through 12°. Because of the special position of the engine, the centre of gravity of the Do 212 was very far to the rear and required an abnormally large load-carrying rigid tailplane with a dihedral. The dual horizontal stabilizers were partly covered with metal and partly with fabric. The nose wheel retracted into the fuselage, the main landing gear into the lateral walls of the hull; both were operated electro-mechanically or manually.
Taxiing tests were made from July 1942.

Technische Daten/Technical Data

Länge/Length	10,2 m	Triebwerk/Powerplant Hirth HM 512 B-O	1 × 450 PS/HP
Höhe/Height	4,4 m	Rüstgewicht/Empty weight	1895 kg
Spannweite/Wing span	10,3 m	Fluggewicht/All-up weight	2400 kg
Tragfläche/Wing area	14,8 m²	Besatzung/Crew	
Höhenleitwerkfläche/Tailplane	8,3 m²	Fluggäste/Passengers	

1942 Nachtjagdflugzeug Night Fighter Aircraft Do 217 J

Aus der Do 217 E-2 entstanden die Do 217 J-1 und J-2 als Zerstörer und Nachtjäger mit neuem unverglastem Waffenbug, stärkerer Bewaffnung und Spezialausrüstung mit Funkmeßgeräten. Entsprechende Rüstsätze ermöglichten verschiedene Einsatzmöglichkeiten; durch Einbau einer Seenotausrüstung war Einsatz über See möglich. Die Kraftstoffanlage im Flügel und Rumpf konnte durch einen Zusatzbehälter im hinteren Lastenraum (anstelle der Bomben) auf insgesamt 4870 Liter erweitert werden.
Steuerwerk: Schiebesteuerung mit Hebelübertragung, Pedale; Patin-Kurssteuerung.
Funkanlage: FuG X + FuG 16 + FuG 25 + Peil GVa + APZ A 5 + Fu Bl.2 H + FuG 101 + FuG 202.
Heizung/Enteisung: Besatzungsraumheizung, Warmluftbestrahlung der Sichtscheiben, Luftschraubenenteisung.
Besatzung: 3 Mann.
Erstflug am 15. März 1942; 130 Do 217 J-Flugzeuge gebaut.

From the Do 217 E-2 were derived the Do 217 J-1 and J-2 pursuit interceptor and night fighter versions with a new unglazed nose station, more powerful armament and special equipment with radar equipment. The different missions were achieved by suitable conversion kits; flying over oceans was possible with the installation of maritime rescue equipment. The fuel system in the wing and in the fuselage could be extended to a total volume of 4870 litres by installing an additional tank in the rear freight hold (instead of the bombs).
Flight controls: lever-operated sideslip control, pedal; Patin flight control unit.
Radio equipment: FuG X + FuG 16 + FuG 25 + Peil GVa + APZ A 5 + Fu Bl.2 H + FuG 101 + FuG 202.
Heating/de-icing: crew station heating, hot air flow on windows, propeller de-icing.
Crew: 3.
First flight on 15 March 1942; a total of 130 Do 217 J were built.

Technische Daten/Technical Data

Länge/Length	18,0 m	Rüstgewicht/Empty weight	10820 kg
Höhe/Height	5,0 m	Fluggewicht/All-up weight	15250 kg
Spannweite/Wing span	19,0 m	Höchstgeschwindigkeit/Maximum speed	455 km/h
Tragfläche/Wing area	57,0m²	Gipfelhöhe/Service ceiling	7300 m
Triebwerk/Powerplant BMW 801 L	2 × 1560 PS/HP	Reichweite/Range	3000 km

1942 Kampfflugzeug Combat Aircraft Do 217 K

Bei der Do 217K-Baureihe handelt es sich um eine Weiterentwicklung der Do 217E. Die Motoren BMW 801 A wurden übernommen. Äußerlich unterschied sie sich durch einen neuen, vergrößerten Rumpfbug mit gewölbten Scheiben. Die Do 217K-2, aus dem Serienflugzeug Do 217K-1 entnommen, erhielt jedoch den Außenflügel der Do 217 P mit 67 m^2. Zur Mitnahme von Sonderlasten zwischen Rumpf und Motorgondel entsprechend umgerüstet. Zum Bau der Do 217K-3 entnahm man Zellen aus der Do 217 M-1-Fertigung, ebenfalls vergrößerte Tragfläche mit 67 m^2. Einige Do 217 K-3 richtete man für die Mitführung von Außenlasten her; eine Maschine kam als Trägerflugzeug für die DFS 228 zum Einsatz.
Ziel- und Bildgeräte: Lotfe 7 D; 1 Rb 7/9 und 1 Kleinbild-(Robot)-Kamera.
Steuerwerk: Steuersäule mit schwenkbarem Arm, verstellbare Pedale; Patin-Kurssteuerung PKS 10.
Funkanlage: FuG X+TZG X + FuG 16 + FuG 25 + Fu Bl 2 H + Peil G6+APZ 6 + FuG 101 und Anlage FuG 203e.
Besatzung: 4 Mann.
Erstflug am 31. März 1942.

The Do 217K series is a development of the Do 217E. The BMW 801 A engines were taken over. Externally, the aircraft differed from the E version by a new, larger nose section with curved windows. The Do217K-2, derived from the Do217K-1 series aircraft, had the outer wing halves of the Do 217B with a wing area of 67 m^2. The aircraft was configured to carry special loads between the fuselage and the engine nacelles. To build the Do 217K-3, the airframe of the Do 217M-1 production was used, as the larger wing 67 m^2. Several Do 217K-3s were equipped to carry external stores; one aircraft was used to carry the DFS 228.
Aiming and photographic equipment: Lotfe 7 D, 1 continuous-frame camera Rb 7/9 and 1 miniature (robot) camera.
Flight controls: control column with pivoting arm, adjustable pedals, Patin autopilot PKS 10.
Radio equipment: FuG X+TZG X + FuG 16 + FuG 25 + Fu Bl 2 H + Peil G6+APZ 6 + FuG 101 and FuG 203e.
Crew: 4.
First flight on 31 March 1942.

Technische Daten/Technical Data

Do 217K-2

Länge/Length	17,2 m	Fluggewicht/All-up weight	16850 kg
Höhe/Height	5,0 m	Höchstgeschwindigkeit (ohne Außenlasten)/ Maximum speed (no external stores)	520 km/h
Spannweite/Wing span	24,5 m	Gipfelhöhe (ohne Außenlasten)/ Service ceiling (no external stores)	7800 m
Tragfläche/Wing area	67,0m^2		
Triebwerk/Powerplant BMW 801 A	2 × 1560 PS/HP		
Rüstgewicht/Empty weight	10555 kg		

1942 Kampfflugzeug Combat Aircraft Do 217 M

Do 217M-1 war eine Weiterentwicklung der Do 217K-1, bei der die luftgekühlten BMW 801-Motoren durch die leistungsstärkeren wassergekühlten DB 603 A-Triebwerke ersetzt wurden; Vierblatt-VDM-Verstellschrauben mit 3,8 m Durchmesser; Kutonase, Kraftstoff-Zusatzbehälter im Rumpf und als Außenbehälter möglich. Die Grundausrüstung konnte durch verschiedene Rüstsätze erweitert werden, auch zur Mitführung von Außenlasten unter dem Flügel und zusätzlich zwischen Rumpf und Motorgondel ausgelegt; Tropeneinsatz war möglich.
Die Do 217M-2 sah den Einsatz als Torpedoflugzeug vor.
Die Do 217M1/U1 erhielt das Flügelmittelstück aus Do 217R, Flügelfläche von 57 auf 67m² vergrößert. Im Motorgondelheck Abgasturbine T 9 für den DB 603 A.
Bei der Do 217M-8 waren die DB 603 A ebenfalls mit Abgasturboladern versehen, Flügelfläche 67 m², Ausführung eines neuen Dreiecksseitenleitwerks, zwischen Rumpf und Motorgondel neue Anschlüsse für Aufhängung der Kehl-Geräte.
Do 217M-9, Flügelfläche 67 m², DB 603 A-Triebwerke, Dreiecksseitenleitwerk. Gegenüber Do 217M-1 geändertes Rumpfvorderteil, aerodynamische Verbesserungen des B- und C-Standes, Einbau von Kehl-Geräten und erweiterte Funkausrüstung.
Erstflug am 16. Juli 1942; etwa 230 Do 217M-Flugzeuge gebaut.

The Do 217M-1 was a development of the Do 217K-1 in which the air-cooled BMW 801 engines were replaced by more powerful water-cooled DB 603 A engines; the four-blade VDM variable-pitch propellers had a diameter of 3.8 m; balloon cable cutter, additional fuel tanks in the fuselage and as wing tanks possible. The basic equipment was complemented by different equipment kits including the carriage of external stores under the wing and additionally between the fuselage and the engine nacelles; the aircraft was capable of flying in tropical countries.
The Do 217M-2 was designed to carry torpedos.
The Do 217M1/U1 used the wing centre section from the Do 217R and had the wing area extended from 57 m² to 67 m². The tail end of the engine nacelles carried an exhaust gas turbine T 9 for the DB 603 A.
On the Do 217 M-8, the DB 603 A were also equipped with exhaust gas turbines and had the 67-m² wing area, a new triangular vertical tail unit and new hardpoints for carrying Kehl units between the fuselage and the engine nacelles.
The Do 217 M-9, with a wing area of 67 m², was powered by DB 603 A engines and had a triangular vertical tail unit. The fuselage nose section differed from that of the Do 217 M-1, the aerodynamics of the B and C Stations had been improved, and Kehl units and an extended radio equipment set were installed.
First flight on 16 July 1942; some 230 Do 217 M were built.

Technische Daten/Technical Data

Do 217M-1

Länge/Length	17,1 m	Rüstgewicht/Empty weight	10860 kg
Höhe/Height	5,0 m	Fluggewicht/All-up weight	16700 kg
Spannweite/Wing span	19,0 m	Höchstgeschwindigkeit/Maximum speed	560 km/h
Tragfläche/Wing area	57,0m²	Gipfelhöhe/Service ceiling	10000 m
Triebwerk/Powerplant DB 603 A	2 × 1750 PS/HP	Reichweite/Range	2200 km

1942 Nachtjagdflugzeug Night Fighter Aircraft Do 217 N

Do 217N-1 und N-2 folgten als Weiterentwicklung des Nachtjägers Do 217J. Eine Do 217J bzw. J-2 bildeten durch Umbau die Musterflugzeuge für Do 217NV1 und Do 217N-1 mit DB 603 A-Motoren anstatt BMW 801 L. Triebwerke nicht mehr gepanzert ausgeführt, Vierblatt-VDM-Verstelluftschrauben mit 3,8 m ∅, Heckbremse (Bänderschirm) eingebaut. Ausbau der Bombenanlage, Do 217N-1 mit DL 131 im Stand B und ausgebautem C-Stand; bei der Version N-2 waren B- und C-Stand durch Holzverkleidungen ersetzt, dadurch weitere Zusatzbehälter für Kraftstoff in den Lastenräumen möglich.
Steuerwerk: Schiebesteuerung mit Hebelübertragung, Pedale; Patin-Kurssteuerung.
Funkanlage: FuG X-P + Peil GV I + APZa6 + FuE 25a + FuG 101 + FuG 202 + FuG 214 + Fu Bl. 2 H + TZG X + FuG 16 Zy.
Heizung/Enteisung: Besatzungsraumheizung, Luftschrauben- und Flügelnasenenteisung.
Auspuffanlage mit Mischrohren.
Besatzung: 3 Mann.
Erstflug am 31. Juli 1942; insgesamt 325 Do 217N ausgeliefert.

The Do 217N-1 and N-2 were developments of the Do 217J night fighter. One Do 217J and one J-2 were the converted prototypes of the Do 217NV1 and Do 217N-1 respectively, powered by DB 603 A engines instead of BMW 801Ls. The engines were no longer armour-plated; the four-blade VDM variable pitch propellers had a diameter of 3.8 m; a tail parachute (ribbon-type) was installed. The bomb carrying capacity was extended, and the Do 217N-1 had DL131 at Station B and an extended C station; in the N-2 version, the B and C stations were replaced by wooden panelling which enabled the carriage of further fuel tanks in the cargo holds.
Flight controls: sideslip control with lever transmission, pedals, Patin autopilot.
Radio equipment: FuG X-P + Peil GV I + APZa6 + FuE 25a + FuG 101 + FuG 202 + FuG 214 + Fu Bl. 2 H + TZG X + FuG 16 Zy.
Heating/de-icing: heating of the crew stations, propeller and leading edge de-icing.
Exhaust system with mixer tubes.
Crew: 3.
First flight on 31 July 1942; a total of 325 Do 217N were delivered.

Technische Daten/Technical Data

Länge/Length	18,9 m	Rüstgewicht/Empty weight	10820 kg
Höhe/Height	5,0 m	Fluggewicht/All-up weight	13210 kg
Spannweite/Wing span	19,0 m	Höchstgeschwindigkeit/Maximum speed	515 km/h
Tragfläche/Wing area	57,0m²	Gipfelhöhe/Service ceiling	9500 m
Triebwerk DB 603 A-1 mit Getriebe/ Powerplant DB 603 A-1 with gearbox	2 × 1750 PS/HP	Reichweite/Range	1750 km

1943 Höhenflugzeug High Altitude Aircraft Do 217 P

Juli 1942 Auftragserteilung auf Entwicklung und Bau von 6 Musterflugzeugen Do 217P/V1 – V6 mit DB 603 B-Motoren und einem Zentral-Ladeaggregat DB 605T im Rumpf. Die Do 217P/V1 war aus der Serie Do 217E-2 umzubauen Die Do 217P/V1 startete am 6. Juni 1942 zum Erstflug, die P/V2 am 26. August 1942 und die P/V3 im September 1942. Rumpfvorderteil als abgedichtete druckfeste Höhenkammer für einen Überdruck von ca. 0,5 atü ausgeführt. Die Kammer mit den Sichtscheiben war doppelwandig ausgeführt wobei die innere Wand den Überdruck aufzunehmen hatte. Im Rumpf hinter der Verdichteranlage brachte man 2 Kameras unter, eine weitere im Raum zwischen Höhenkammer und Verdichteranlage. Die Do 217P/V1 hatte zunächst den Do 217E-Flügel mit 57 m² Fläche, in dieser Ausführung wurde vor allem die Triebwerkserprobung durchgeführt. Der Flügel wurde durch Anstücken auf 67 m² wie bei Do 217P/V2 und P/V3 vergrößert. In dieser Version begann das Erprobungsprogramm der Höhenflüge. Im Juni 1943 erstmals eine Höhe von 13500 m ausgeflogen.
Zwecks weiterer Steigerung der Flughöhen wurde eine Flügelvergrößerung auf 71 m² und ein neuer Einbau für die Wasserkühlanlage des Gebläsemotors DB 605 in Angriff genommen. Mit dem umgebauten Flugzeug wurden im August 1943 noch einige Werkstattflüge durchgeführt. Im September 1943 wurde die weitere Flugerprobung und der beabsichtigte Serienbau auf Weisung des RLM abgebrochen.

In July 1942, an order was awarded for the development and construction of 6 prototypes of the Do 217P/V1 – V6 powered by DB 603 B engines and with a central DB 605T charging set in the fuselage. The Do 217P/V1 was to be converted from the series Do 217E-2. The Do 217P/V1 made its first flight on 6 June 1942, with the P/V2 following on 26 August 1942 and the P/V3 in September 1942.
The fuselage nose section was a sealed, pressure-resistant compartment for an overpressure of approx. 0.5 at. The chamber with the windows was double-walled and the inner wall had to resist to the overpressure. Two cameras were housed in the fuselage, to the rear of the compressor set, and a further camera was installed between the pressure chamber and the compressor set. Initially, the Do 217P/V1 carried the wing of the Do 217E with an area of 57 m². This version was mainly used for engine testing. The wing area was then extended to 67 m², as in the case of the Do 217P/V2 and P/V3. High-altitude flight testing started with this version. An altitude of 13,500 m was first reached in June 1943. In order to further increase the altitude, the wing area was extended to 71 m², and a water-radiator set was installed for the DB 605 supercharged engine. Several workshop flights were made with the converted aircraft in August 1943. In September 1943, further flight testing was interrupted and the planned series construction was stopped at the request of the Reich Air Ministry.

Technische Daten/Technical Data

Länge/Length	16,8 m	Rüstgewicht/Empty weight	11800 kg
Höhe/Height	5,0 m	Fluggewicht/All-up weight	15965 kg
Spannweite/Wing span	24,5 m	Höchstgeschwindigkeit/Maximum speed	533 km/h
Tragfläche/Wing area	67,0 m²	Gipfelhöhe/Service ceiling	13500 m
Triebwerk/Powerplant			
2 × DB 603 B + 1 DB 605 T	2 × 1750 PS/HP		

1943 Kampfflugzeug / Combat Aircraft Do 317

Eine vollkommen neu durchgearbeitete Weiterentwicklung der Do 217-Baureihe wurde unter der Bezeichnung Do 317 in Angriff genommen. Insgesamt war die Do 317 in den Abmessungen etwas vergrößert. Der Rumpf war geräumiger.
Als Antrieb kamen die DB 603 B-Motoren und vierflügelige VDM-Verstellschrauben mit 4,3 m Durchmesser zum Einbau. Das Seitenleitwerk war dreieckig ausgebildet. Die Besatzung sollte aus 4 Mann bestehen.
Erstflug der Do 317A am 8. September 1943; weitere Flugzeuge wurden nicht mehr gefertigt.
Dem RLM unterbreitete Dornier den Vorschlag Do 317B: Höhenflugzeug mit Druckkabine, 2 DB 610-Doppeltriebwerke, Spannweite auf 26 m vergrößert.
Dieses Projekt kam nicht mehr zur Ausführung.

A completely new development of the Do 217 was designated Do 317, and it had slightly larger dimensions than the former model. The fuselage was more spacious.
The powerplant consisted of DB 603 B engines driving four-blade VDM variable pitch propellers with a diameter of 4.3 m. The vertical tail unit was triangular. The aircraft was to carry a crew of 4.
First flight of the Do 317A without weapons on 8 September 1943; no more aircraft were built.
Dornier submitted the Do 317B proposal: high-altitude aircraft with pressure cabin, 2 DB 610 tandem engines, 3 remotely-controlled weapons stations, span extended to 26 m.
This project was never implemented.

Technische Daten/Technical Data

Länge/Length	16,8 m	Triebwerk/Powerplant DB 603 B	2 × 1750 PS/HP
Höhe/Height	5,6 m	Rüstgewicht/Empty weight	12885 kg
Spannweite/Wing span	20,6 m	Fluggewicht/All-up weight	19250 kg
Tragfläche/Wing area	68,0 m^2	Höchstgeschwindigkeit/Maximum speed	410 km/h

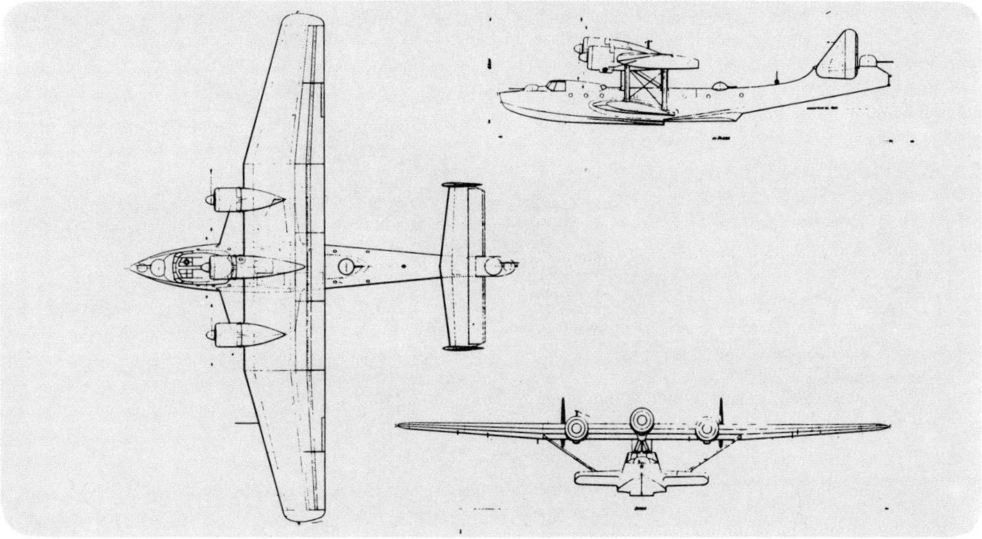

1943 Flugboot-Projekt / Flying Boat Project Do 318

Do318 – Weiterentwicklung der Do 24 mit größeren Abmessungen und höherem Fluggewicht. Beim Einsatz im Seenotdienst waren 18 t Fluggewicht vorgesehen, bei der Fernaufklärer-Version ein Überlast-Fluggewicht von 20 t. Das zweistufige Boot sollte in der üblichen Schalenbauweise erstellt werden. Für das dreiteilige Tragwerk mit leichter V-Stellung wurde NACA 230 als Flügelprofil gewählt. Bei der Fernaufklärer-Version sah man Flügel-Mischgasenteisung, Höhenflossen- und Luftschraubenenteisung vor. Als Triebwerk waren 3 Bramo 323TA mit je 1200 PS Startleistung projektiert. Im Seenotdienst war Unterbringung von 8 Geretteten vorgesehen, die Besatzung sollte aus 5 Mann bestehen.

The Do318 was a development of the Do 24 with larger dimensions and higher all-up weight. When used for maritime rescue, the all-up weight was to be 18 tonnes, while the long-distance reconnaissance version had an overload all-up weight of 20 tonnes. The two-step hull was to be of the usual monocoque design. For the three-section wing with a slight sweepback, NACA 230 was the profile selected. The long-distance reconnaissance version used a mixture of exhaust gas and compressed air for wing, horizontal stabilizer and propeller de-icing. The powerplant was to consist of 3 Bramo 323TAs rated at 1200 HP take-off thrust each. In sea rescue service, eight shipwrecked could be taken up, and there was to be a crew of five.

Technische Daten/Technical Data

Länge/Length	24,0 m
Höhe/Height	6,2 m
Spannweite/Wing span	30,0 m
Tragfläche/Wing area	126,0 m^2
Bootsbreite/Hull width	3,0 m
Bootsbreite mit Stummel/Hull width with sponson	8,2 m
Triebwerk/Powerplant Bramo 323TA	3 × 1200 PS/HP
Höchstgeschwindigkeit/Maximum speed	340 km/h
Rüstgewicht – Seenotdienst/ Empty weight – sea rescue service	12815 kg
Rüstgewicht – Fernaufklärer/ Empty weight – long-distance reconnaissance	13790 kg
Fluggewicht – Seenotdienst/ All-up weight – sea rescue service	18000 kg
Fluggewicht – Fernaufklärer/ All-up weight – long-distance reconnaissance	20000 kg

1943 Mehrzweck-Jagdflugzeug Multipurpose Fighter Aircraft Do 335

Do 335 – Tiefdecker in Ganzmetallbauweise. Am Rumpf, in Schalenkonstruktion ausgeführt, waren die beiden Flügel mit dem Holmmittelstück angeflanscht. Die versteifte Flügelnase hatte eine Enteisungsanlage, die Landeklappen wurden hydraulisch betätigt. Zwei DB 603 A- bzw. 603 E-Triebwerke waren im Rumpf untergebracht; das vordere im Rumpfbug trieb eine Zugluftschraube, das hintere wirkte über eine Fernantriebwelle auf eine hinter dem Kreuzleitwerk angeordnete Druckluftschraube (Dornier-Patent von 1937). Vorderes Triebwerk mit Ringkühler, hinterer Motor mit Tunnelkühler; Rumpftank und zwei Behälter im Flügel mit insgesamt 1850 Liter Kraftstoff. Katapultsitz mit Kupplung aller für den Notausstieg notwendigen Betätigungen wie Dachabwurf, Seitenleitwerk- und Heckschraubenabsprengung. Die Haupträder wurden in den Flügel eingezogen, das Bugrad nach hinten in den Rumpf eingefahren.
Nach einer Bauzeit von nur 9 Monaten war die Do 335 V1 fertiggestellt und startete am 26. Oktober 1943 auf dem Militärflugplatz Mengen zum Erstflug. Etwa 40 Flugzeuge wurden fertiggestellt.
Do 335 – eines der herausragenden Beispiele für die Dornier-Flugzeugentwicklung und die allgemeine Luftfahrttechnik. Dieses in Konstruktion und Leistung einzigartige Flugzeug gilt noch heute als schnellstes Serienflugzeug der Welt mit Kolbenmotorantrieb. Die in Rechlin erflogenen Werte lagen bei 780 km/h.

The Do 335 was a low-wing monoplane of all-metal design. The two wing halves were connected to the monocoque fuselage by flanges at the spar centre section. The reinforced wing leading edge was equipped with a de-icing system; the flaps were operated hydraulically. Two DB 603 As or 603 Es were housed in the fuselage, with the front engine driving a tractor propeller in the nose and the rear engine driving a pusher propeller installed behind the cross-shaped tail unit, via an extension shaft (Dornier patent of 1937). The front engine had an annular radiator, the rear engine a tunnel radiator; a total of 1850 litres of fuel were carried in a fuselage tank and in two wing tanks. The Do 335 was equipped with an ejection seat coupled with all operations necessary for emergency use, such as canopy dropping, separating of the vertical tail surfaces and the pusher propeller. The main wheels were retracted into the wing, the nose wheel folded backwards into the fuselage.
The Do 335 V1 was completed after only 9 months and took off for the first flight from the Mengen military airbase on 28 October 1943. Some 40 aircraft were completed.
The Do 335 was an outstanding example for Dornier aircraft design and the general state of aeronautical engineering. This aircraft, unique in design and performance, is still considered the world's fastest series aircraft powered by piston engines. During test flights at Rechlin, a maximum speed of 780 km/h was reached.

Technische Daten/Technical Data

Do 335 A-O-Serie

Länge/Length	13,9 m
Höhe/Height	5,0 m
Spannweite/Wing span	13,8 m
Tragfläche/Wing area	38,5 m²
Triebwerk/Powerplant DB 603 A	2 × 1750 PS/HP
Rüstgewicht/Empty weight	7260 kg
Fluggewicht/All-up weight	9510 kg
Höchstgeschwindigkeit/Maximum speed	732 km/h
Steigzeit auf 8000 m/Climb to 8000 m	14,5 min
Reichweite/Range	2150 km
Dienstgipfelhöhe/Service ceiling	11 500 m

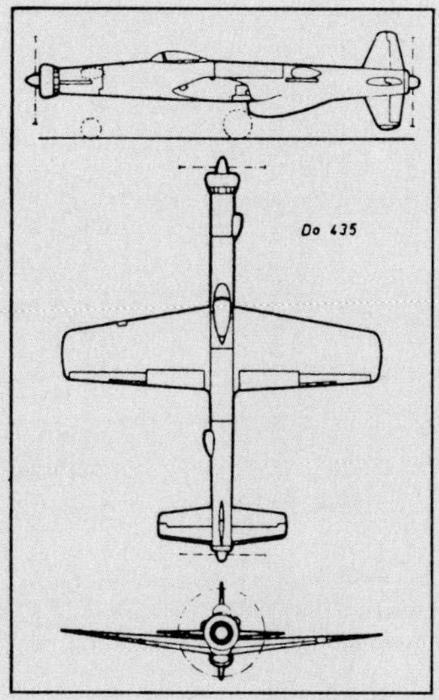

Kampfflugzeug-Projekt Combat Aircraft Project

Do 435

Weiterentwicklung der Do 335 mit stärkeren Triebwerken (2× Jumo 213 mit je 1750 PS). Der Rumpf wurde verbreitert, so daß die zweiköpfige Besatzung etwas gestaffelt nebeneinander Platz hatte. Außerdem wurde der Rumpf nach vorn um ca. 35 cm verlängert, das Tragwerk auf 45 m^2 vergrößert, Pfeilflügel.
Die Entwurfsarbeiten und die Attrappenbesichtigung waren abgeschlossen, die Konstruktion aufgenommen, als das Projekt eingestellt wurde.

Further development of the Do 335 with more powerful engines (2× Jumo 213s rated at 1750 HP each). The fuselage was widened so that the two crew members could be seated side by side, but slightly staggered. The fuselage was also extended forward by approx. 35 cm and the wing surface brought to 45 m^2 and swept.
Design work and mock-up inspection were completed and construction had started, when the project was stopped.

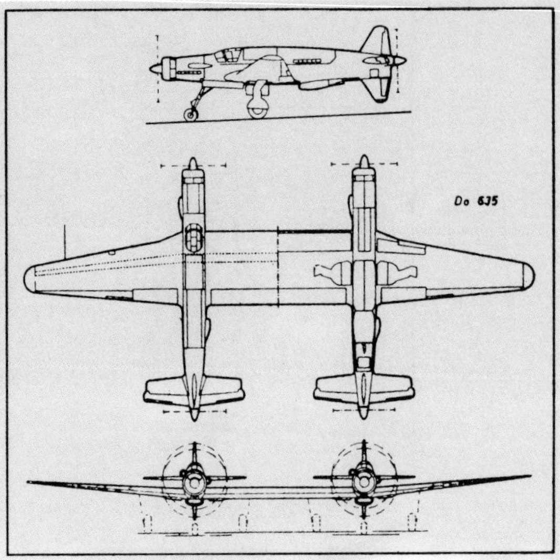

Zwillingsflugzeug-Projekt
Twin Aircraft Project

Do 635

Langstrecken-Zwillingsflugzeug aus zwei Do 335 B-Rümpfen mit rechteckigem Mittelflügel und 4 DB 603 E-Motoren mit je 1800 PS.

The long-distance twin aircraft was to have two Do 335 B fuselages connected by a rectangular centre wing section and powered by 4 DB 603 Es rated at 1800 HP each.

1955 Verbindungsflugzeug Liaison Aircraft Do 25

Ausgangspunkt für die Dornier-Kurzstart-Flugzeugfamilie nach dem Zweiten Weltkrieg bildete das vom »Oficinas Técnicas Dornier – OTEDO« in Madrid entwickelte Verbindungsflugzeug Do 25, das aufgrund einer Ausschreibung des spanischen Luftfahrtministeriums projektiert wurde. Der Bau von zwei Prototypen und einer Bruchzelle erfolgte bei den spanischen CASA-Werken in Sevilla (Rumpf, Fahrwerk und Endmontage) und in Cádiz (Trag- und Steuerflächen).
Die für gute Langsamflugeigenschaften und kurze Start- und Landestrecken ausgelegte Do 25 war ein in Ganzmetallbauweise ausgeführter Schulterdecker mit festem Vorflügel über die gesamte Spannweite und mit Doppelspaltquerruder sowie Auftriebsklappen. Der Prototyp Do 25 P1 mit einem 150-PS-Motor des Typs Elizalde Tigre G-IV-B und nicht verstellbarer Luftschraube flog unter der Musterbezeichnung XL-9 erstmals am 25. Juni 1954 in Sevilla-Tablada.
Der zweite Do 25-Prototyp wurde in Getafe mit einem 225-PS-Continental-Motor des Typs 0-470-J und einer Verstell-Zweiblatt-Luftschraube von Hartzell mit »constant speed«-Einrichtung ausgerüstet und flog unter der Bezeichnung Do 25 P2C erstmals am 8. April 1955. Mit dieser wesentlich erhöhten Motorleistung konnten die Flugeigenschaften noch weiter verbessert und besonders auch die Technik zur Erreichnung hoher Auftriebsbeiwerte weiter entwickelt werden. Die Do 25 P2C bildete die Vorstufe für die Do 27.

The starting point after the Second World War for the Dornier STOL aircraft family was the Do 25 liaison aircraft developed by "Oficinas Técnicas Dornier – OTEDO" in Madrid under a tender of the Spanish Air Ministry. Two prototypes and an airframe for structural testing were built by the Spanish CASA plants in Sevilla (fuselage, landing gear and final assembly) and in Cádiz (wing and control surfaces).
The Do 25, designed for good low-speed flight characteristics and short take-off and landing distances, was an all-metal high-wing monoplane with rigid slats across the entire wing span and double-slotted ailerons and lift flaps. The prototype Do 25 P1 was equipped with a 150-HP engine of the Elizalde Tigre G-IV-B type driving a non-adjustable propeller. Designated XL-9, it made its first flight at Sevilla-Tablada on 25 June 1954.
The second Do 25 prototype was equipped with a 225-HP Continental engine of the 0-470-J type driving a constant-speed adjustable two-blade Hartzell propeller at Getafe and made its first flight on 8 April 1955, designated Do 25 P2C. With the much higher engine performance, the flight characteristics could be further improved, in particular the technique for reaching high lift coefficients. The Do 25 P2C was a preliminary stage in the development of the Do 27.

Technische Daten/Technical Data

Länge/Length		9,5 m
Höhe/Height		3,2 m
Spannweite/Wing span		12,0 m
Flügelfläche/Wing area		19,4 m^2
Triebwerk/Propulsion	Elizalde Tigre	G-IV-B/1 × 150 PS
	Continental	0-470-J/1 × 225 PS
Leermasse/Empty weight		786 (900) kg
Abflugmasse/Take-off weight		1100 (1350) kg

Höchstgeschwindigkeit/Maximum speed	205 (250) km/h
Reisegeschwindigkeit/Cruise speed	180 (205) km/h
Mindestgeschwindigkeit/Minimum speed	53 (55) km/h
Dienstgipfelhöhe/Service ceiling	4800 (6000) m
Reichweite/Range	700 km
Startstrecke/Take-off distance	200 (170) m
Landestrecke/Landing distance	120 (90) m
Sitzplätze/Seats	4

1956 Mehrzweckflugzeug Utility Aircraft Do 27

Auf der Grundkonstruktion der Do 25 aufbauend, startete am 17. Oktober 1956 der Prototyp der ebenfalls von OTEDO entworfenen Do 27 zum Erstflug auf dem wieder eröffneten Werkflugplatz Oberpfaffenhofen bei München. Die wichtigsten Änderungen gegenüber der Do 25 waren bei der Do 27 der leistungsstärkere 274-PS-Lycoming-Motor GO-480-B1A6, das Hauptfahrwerk und der zweiteilige Flügel – anstatt eines durchgehenden Holmes, Flügelintegraltank, Vergrößerung der Seitenflosse inkl. Ruder, veränderte Türform und unterer Strak des Rumpfhinterteils. Als nach zehnjähriger Unterbrechung 1955 das Flugzeug-Bauverbot in Deutschland wieder aufgehoben wurde, ermöglichte ein Auftrag der Bundeswehr die Serienproduktion des Verbindungs- und Arbeitsflugzeugs Do 27. Im Zeitraum 1955–1964 wurden mehr als 600 Flugzeuge dieses Typs, davon 428 für die Bundeswehr – in den verschiedensten Ausführungen (u.a. mit Schwimmern und Turboprop-Antrieb) gebaut.
Mit ihren hervorragenden Kurzstart- und -landeeigenschaften fand die vielseitige und robuste Do 27 nicht nur in Deutschland sondern in allen Teilen der Welt Verwendung als Verbindungs-, Beobachtungs-, Ambulanz-, Rettungs-, Schul-, Reise-, Vermessungs-, Land- und Forstwirtschaftsflugzeug sowie im Segelflugzeug- und Transparentschlepp.

Based on the design principles of the Do 25, the prototype of the Do 27, also designed by OTEDO, made its first flight on 17 October 1956 from the re-opened company airfield at Oberpfaffenhofen near Munich. The main changes of the Do 27 over the Do 25 were the more powerful 274-HP Lycoming engine GO-480-B1A6, the main landing gear and the two-part wing instead of a continuous spar, integral wing tank, larger vertical stabilizer including the rudder, modified door shape and lower profile of the rear fuselage section.
When the ban on aircraft construction in Germany was lifted after a ten-year interruption in 1955, a contract of the Federal Armed Forces (Bundeswehr) allowed series construction of the Do 27 liaison and utility aircraft. Between 1955 and 1964, more than 600 aircraft of this type were built, including 428 for the Bundeswehr in different versions (including aircraft with floats and turboprop engine).
With its excellent STOL characteristics, the versatile and rugged Do 27 was not only used in Germany but in all parts of the world as liaison, observation, ambulance, rescue, training, business, surveying, agriculture and silviculture aircraft and for glider towing and aerial advertising.

Technische Daten/Technical Data

Länge/Length	9,6 m
Höhe/Height	3,5 m
Spannweite/Wing span	12,0 m
Flügelfläche/Wing area	19,4 m^2
Triebwerk/Propulsion	
Lycoming GO-480-B1A6	1 × 274 PS
Lycoming GSO-480-B	1 × 340 PS
Turboméca Astazou II	1 × 530 WPS
Leermasse/Empty weight	1050 (1100) kg
Abflugmasse/Take-off weight	1570 (1850) kg
Höchstgeschwindigkeit/Maximum speed	250 (296) km/h
Reisegeschwindigkeit/Cruise speed	215 (250) km/h
Mindestgeschwindigkeit/Minimum speed	60 km/h
Dienstgipfelhöhe/Service ceiling	3600 (5600) m
Reichweite/Range	1100 (1360) km
Startstrecke/Take-off distance	260 (140) m
Landestrecke/Landing distance	165 (290) m
Sitzplätze/Seats	4/6/8

1958 Experimentalflugzeug Experimental Aircraft Do 29

Zur Erprobung der extremen Kurzstart- und -landetechnik wurde das Versuchsflugzeug Do 29 Ende der 50er Jahre gemeinsam von Dornier und der Deutschen Versuchsanstalt für Luftfahrt (heute DFVLR) entwickelt. Der Erstflug des ersten von insgesamt drei im Auftrag des Bundesverteidigungsministeriums gebauten Prototypen fand am 21. Dezember 1958 in Oberpfaffenhofen statt.
Bei der Do 29 konnten die Propellerwellen der beiden an der Tragfläche angeordneten 270-PS-Lycoming-Motoren in eine nach abwärts geschwenkte Stellung gedreht werden, wodurch der Propellerschub eine zusätzlich hebende Komponente zur erheblichen Verkürzung der Start- und Landestrekke erzeugte. Der Basisentwurf dieses Experimentalflugzeuges, mit dem der Übergang von der Kurz- zur Senkrechtstarttechnik untersucht wurde, entsprach der Do 27, war jedoch im Rumpfvorderteil und Flügelmittelstück wesentlich modifiziert. Die stark verglaste, einsitzige Pilotenkabine war mit einem Martin-Baker-Schleudersitz ausgerüstet.

To test extreme short take-off and landing techniques, the Do 29 experimental aircraft was jointly developed at the end of the '50s by Dornier and Deutsche Versuchsanstalt für Luftfahrt (today's DFVLR). The first flight of the first of three prototypes built under contract to the Federal Ministry of Defence was made at Oberpfaffenhofen on 21 December 1958.
The propeller shafts of the two 270-HP Lycoming engines installed in the wing of the Do 29 tilted downwards to give the propeller thrust an additional lift component for a considerable shortening of the take-off and landing run. The basic design of this experimental aircraft used to study the transition from STOL to VTOL technology, corresponded to the Do 27 but was considerably modified in the fuselage front section and wing centre section. The heavily glazed, single-seat flight deck was equipped with a Martin-Baker ejection seat.

Technische Daten/Technical Data

Länge/Length	9,5 m
Höhe/Height	2,7 m
Spannweite/Span	13,2 m
Flügelfläche/Wing area	21,6 m^2
Triebwerk/Propulsion	Lycoming GO-480 2× 270 PS
Leermasse/Empty weight	1560 kg
Abflugmasse/Take-off weight	2350 kg
Höchstgeschwindigkeit/Maximum speed	330 km/h
Reisegeschwindigkeit/Cruise speed	285 km/h
Landegeschwindigkeit/Landing speed	70 km/h
Dienstgipfelhöhe/Service ceiling	7000 m
Reichweite/Range	800 km
Startstrecke/Take-off distance	170 m
Landestrecke/Landing distance	150 m

1959 Mehrzweckflugzeug Utility Aircraft Do 28 A/B

Aus der einmotorigen Do 27 wurde Ende der 50er Jahre die zweimotorige Variante Do 28 entwickelt. Der Erstflug des Do 28-Prototypen V-1 fand am 29. April 1959 in Oberpfaffenhofen statt, der Prototyp der Ausführung Do 28 A als STOL-Reiseflugzeug ein Jahr später am 20. März 1960. Bei der als freitragender Hochdecker ausgelegten Do 28 wurde der Flügel und die Auftriebshilfen der Do 27 zusammen mit dem hinteren Rumpfteil, der Kabine für sechs Personen sowie die Steuerflächen übernommen. Die beiden Lycoming-Motoren sowie die starren Hauptfahrwerks-Federbeine sind an einem Unterflügel angebracht. Wie schon die einmotorige Do 27 zeichnete sich auch die zweimotorige Do 28 durch eine hohe Reisegeschwindigkeit, ausgezeichnete Langsamflugeigenschaften sowie sehr kurze Start- und Landestrecken aus. Während die Version A-1 von zwei 255-PS-Lycoming-Motoren 0-540 und Zweiblatt-Luftschrauben angetrieben wurde, war die erstmals am 26. 4. 1963 geflogene Ausführung Do 28 B-1 mit 290-PS-Motoren des Typs Lycoming IO-540 und Dreiblatt-Verstell-Luftschrauben ausgerüstet. Mit der Bezeichnung Do 28 C befand sich noch eine achtsitzige Ausführung mit zwei 530-WPS-Propellerturbinen-Triebwerken im Projektstadium.
Insgesamt wurden 120 Maschinen des Typs Do 28A und B gebaut.

The single-engine Do 27 was developed into a twin-engine variant, the Do 28, at the end of the 50s. The first flight of the Do 28 prototype V-1 was made at Oberpfaffenhofen on 29 April 1959, and the prototype of the Do 28 A STOL business aircraft followed one year later on 20 March 1960. The Do 28, designed as a cantilever high-wing monoplane used the lift-increasing devices of the Do 27 together with the rear fuselage section, the cabin for six passengers and the control surfaces. The two Lycoming engines and the rigid main landing gear telescopic legs were installed on wing stubs. As the single-engine Do 27, the twin-engine Do 28 was characterized by a high cruise speed, excellent slow-flying characteristics and very short take-off and landing distances. While the A-1 version was powered by two 255-HP Type 0-540 Lycoming engines and two-blade propellers, the Do 28 B-1, first flown on 26 April 1963, was equipped with 290-HP engines of the Lycoming Type IO-540 and three-blade variable-pitch propellers. The designation Do 28 C was used for an eight-seat version with two 530-SHP turboprop engines, which was in the project stage.
A total of 120 aircraft of the types Do 28 A and B were built.

Technische Daten/Technical Data

Länge/Length		9,2 (9,0) m
Höhe/Height		2,8 m
Spannweite/Wing span		13,8 m
Flügelfläche/Wing area		22,4 m²
Triebwerk/Propulsion	Lycoming 0-540	2 × 255 PS
	Lycoming IO-540	2 × 290 PS
Leermasse/Empty weight		1670 (1725) kg
Abflugmasse/Take-off weight		2450 (2670) kg

Höchstgeschwindigkeit/Maximum speed	280 (302) km/h
Reisegeschwindigkeit/Cruise speed	250 (280) km/h
Landegeschwindigkeit/Landing speed	85 km/h
Dienstgipfelhöhe/Service ceiling	5900 (6300) m
Reichweite/Range	1150 (1780) km
Startstrecke/Take-off distance	310 (272) m
Landestrecke/Landing distance	210 (225) m
Sitzplätze/Seats	6

1959 STOL-Transportflugzeug-Projekt Do 30
STOL Transport Aircraft Project

Das 1959 projektierte STOL-Transportflugzeug baute aerodynamisch und konstruktiv auf den Erfahrungen mit der Do 29 auf – mit Rechteckflügel, festem Vorflügel und Doppelspaltlandeklappen. Die beiden DART-Propellerturbinen waren untereinander über Getriebe und Welle synchron verbunden. Bei 10,7 t Abfluggewicht errechneten sich Startstrecken von 165 m (bei 10,5 m Höhe) bzw. Landestrecken von 200 m (aus 15 m Höhe). Für den militärischen Einsatz bemessen waren auch der Laderaum mit 8 m Länge, 2,3 m Breite und 1,8 m Stehhöhe, die Schnell-Umrüstbarkeit sowie eine große Heckladerampe. Die Do 30 war konzipiert als Lasten- und Truppentransporter (max. 30 Mann), als Sanitätsflugzeug (18 Verletzte auf Tragen mit Begleitpersonal), für die Versorgung aus der Luft (Palettenabwurf), im zivilen Einsatz als Zubringerflugzeug (28 Fluggäste), als Frachttransporter sowie als Reiseflugzeug für Industrie und Behörden. 1960 der Deutschen Luftwaffe angeboten, wurde das Projekt Do 30 zugunsten des Programms V/STOL Do 31 aufgegeben.

This STOL transport aircraft projected in 1959 was based aerodynamically and structurally on the experience gained with the Do 29; it had a rectangular wing, rigid slats and dual-slotted landing flaps. The two Dart turboprop engines were synchronized via a gearbox and extension shaft. At 10.7 tonnes take-off weight, the take-off distance was calculated to be 165 m (up to 10.5 m altitude) and the landing roll was 200 m (from 15 m altitude). The cargo hold with a length of 8 m, a width of 2.3 m and a standing height of 1.8 m was configured for military use, as was the quick-change capability and the large tail loading ramp. The Do 30 was designed as a cargo and troop carrier (up to 30 troops), as an ambulance aircraft (18 litter cases with accompanying personnel), for aerial supply (pallet dropping) and in civil use as a feeder aircraft (28 passengers), as a cargo transport and a business aircraft for industry and government agencies. The Do 30 project was offered to the German Air Force in 1960 but was given up in favour of the Do 31 V/STOL programme.

Technische Daten/Technical Data

Länge/Length	17,5 m	Triebwerk/Propulsion	
Höhe/Height	7,6 m	2 × Rolls Royce DART Mk 529/je/each 1938 PSW/SHP	
Spannweite/Span	22,0 m	Abflugmasse/Take-off weight	10,8 t
Flügelfläche/Wing area	65,0 m²	Nutzlast/Payload	3,5 t

1960

Seeaufklärungs- und U-Jagdflugzeug Maritime Patrol and Anti-Submarine Aircraft

Breguet BR.1150 Atlantic

Das U-Jagd- und Seeraumüberwachungsflugzeug Breguet BR.1150 Atlantic (Prototyp-Erstflug 1. November 1961) wurde aufgrund einer NATO-Ausschreibung im Rahmen eines internationalen Gemeinschaftsprogramms entwickelt und gebaut. Insgesamt wurden 87 Flugzeuge gebaut und von Frankreich, Deutschland, den Niederlanden sowie Italien eingeführt. An der Konstruktion und Fertigung war Dornier (Rumpfheck und Unterschale) programmbeteiligt.

Die BR.1150 Atlantic ist ein von zwei Turboprop-Triebwerken angetriebener Mitteldecker. Der Ganzmetall-Schalenrumpf ist 2,90 m breit und 4 m hoch. Der obere Teil des Rumpfes ist als Druckkabine ausgebildet und nimmt Bugkanzel, Cockpit, taktische Auswertezentrale, Ruheräume, Küche, Toilette und Heckbeobachterstation auf. Zur Durchführung der MPA-Aufgaben ist eine zwölfköpfige Besatzung vorgesehen. Die Bundesmarine unterhält seit 1965 eine Flotte von 20 Flugzeugen, 15 davon sind den vorstehend genannten Aufgaben der Seeraumüberwachung zugewiesen.

Für die deutsche Marine hat die Dornier Reparaturwerft GmbH die Betreuung und Wartung der Flugzeuge übernommen.

The anti-submarine and maritime patrol aircraft Breguet BR.1150 Atlantic (first flight prototype 1 November 1961) was designed and built as an international joint venture against a NATO tender. A total of 87 aircraft were built and introduced in France, the Federal Republic of Germany, the Netherlands and Italy. Dornier participated in the design and construction programme (fuselage tail section and lower shell of the centre fuselage).

The BR.1150 Atlantic is a mid-wing monoplane powered by two turboprop engines. The all-metal monocoque fuselage is 2.90 m wide and 4 m high. The upper part of the fuselage is pressurized and houses the nose station, the flight deck, the tactical evaluation centre, crew rest compartments, the galley, the lavatory and the tail observer station. In the maritime-patrol and anti-submarine role, the aircraft flys with a crew of twelve. The Federal Navy has been operating a fleet of 20 aircraft since 1965, 15 of which are used for maritime patrol tasks.

Dornier Reparaturwerft GmbH supports and maintains the aircraft of the German Navy.

Technische Daten/Technical Data

Länge/Length	31,8 m	Leermasse/Empty weight	34600 kg
Höhe/Height	11,3 m	Abflugmasse/Take-off weight	43500 kg
Spannweite/Wing span	36,3 m	Höchstgeschwindigkeit/Maximum speed	650 km/h
Flügelfläche/Wing area	120,3 m^2	Dienstgipfelhöhe/Service ceiling	10000 m
Triebwerk/Propulsion		Reichweite/Range	7700 km
Rolls-Royce RR. Tyne Mk.21	2 × 6100 WPS/SHP	Einsatzdauer/Operational endurance	18–20 h

1960 Leichtes Kampfflugzeug Light Strike Aircraft Fiat G.91

Das Erdkampfflugzeug Fiat G.91 wurde aufgrund einer NATO-Ausschreibung von Fiat in Italien 1956 entwickelt. Neben der italienischen Luftwaffe beschaffte die deutsche Luftwaffe für ihre beiden Kampfgeschwader die einsitzige Version G.91/R3 und die zweisitzige Version G.91/T3. Im Rahmen einer deutschen Firmenarbeitsgemeinschaft stellte Dornier zwischen 1959 und 1966 in Lizenz nicht nur das Rumpfmittelstück her, sondern besorgte als Hauptauftragnehmer auch in Oberpfaffenhofen die Endmontage und das Einfliegen von 294 G.91/R3. Zwischen 1969 und 1972 wurden noch 22 Doppelsitzer T3 von Dornier gefertigt. Die Dornier Reparaturwerft GmbH betreute die Fiat G.91. Bei der Luftwaffe wurde die Fiat G.91 Ende der 70er Jahre durch den deutsch-französischen Alpha Jet ersetzt.

The close-support aircraft Fiat G.91 was developed by Fiat in Italy 1956 on the basis of a NATO tender. In addition to the Italian Air Force, the German Air Force purchased the single-seat version G.91/R3 and the two-seat version G.91/T3 for its two combat wings. Within the scope of a German consortium, Dornier not only manufactured the fuselage centre section under licence between 1959 and 1966 but also was main contractor for the final assembly and test flying of 294 G.91/R3 at Oberpfaffenhofen. Between 1969 and 1972, 22 two-seat T3 were also manufactured by Dornier. Dornier Reparaturwerft GmbH provided support for the Fiat G.91. The German Air Force replaced the Fiat G.91 by the German-French Alpha Jet, starting at the end of the '70s.

Technische Daten/Technical Data

Länge/Length	10,3 m	Triebwerk/Propulsion	Rolls-Royce BS Orpheus 1 × 2270 kg
Höhe/Height	4,0 m	Leermasse/Empty weight	3100 kg
Spannweite/Wing span	8,6 m	Abflugmasse/Take-off weight	5270 kg
Flügelfläche/Wing area	16,4 m^2	Waffenlast/Ordnance load	900 kg

1962 Einmann-Hubschrauber Single Seat Helicopter Do 32 E/U

Mit der Do 32 E konstruierte Dornier einen ultraleichten Einmann-Hubschrauber, der am 29. Juni 1962 in Oberpfaffenhofen in die Flugerprobung genommen wurde. Es war ein zusammenfaltbarer Hubschrauber mit Reaktionsantrieb, der in einem Autoanhänger transportiert und diesen auch als Start- und Landeplattform benutzen konnte. In einer speziellen Transportkiste verpackt, war er überall einsatzbereit zu lagern und damit auch leicht luft-, see- und land-transportabel. Zum Antrieb des Zweiblattrotors aus Leichtmetall wurde komprimierte Luft zu den Blattspitzendüsen geführt. Der gegendrehmomentfreie Antrieb dieses Reaktionshubschraubers erfolgt durch einen turbinengetriebenen Kompressor, wodurch eine leichte Handhabung im Einsatz ermöglicht wurde. Der Do 32 E stellte praktisch die Vorstufe für die unbemannte Rotorplattform »Kiebitz« dar. Aus dem Do 32-Einmann-Hubschrauber wurde der autostabile, ferngesteuerte Rotorflugkörper Do 32 U abgeleitet. Dieses Experimentalgerät wurde ab Juni 1966 für die Basiserprobung der späteren gefesselten, unbemannten Rotorplattform »Kiebitz« eingesetzt.

The Do 32 E was an ultra-light single-seat helicopter designed by Dornier, which started flight testing at Oberpfaffenhofen on 29 June 1962. It was a collapsible helicopter with reaction drive which could be carried in a car trailer which also served as a take-off and landing platform. Stowed in a special transport box, the helicopter could be stored anywhere, ready for operation, and was easily carried by air, sea and land. The two-blade rotor made of light metal was driven by compressed air leaving through blade tip nozzles. The drive system of this reaction helicopter, free from anti-torque moment, consisted of a turbine-operated compressor which made for easy handling in operation. The Do 32 E was practically a precursor for the unmanned "Kiebitz" rotor platform. The Do 32 U autostable, remotely-controlled rotor platform was derived from the Do 32 single-seat helicopter. This experimental unit was used from June 1966 for basic testing of the future tethered unmanned "Kiebitz" rotor platform.

Technische Daten/Technical Data

Rumpflänge/Fuselage length	3,2 m
Landegestellbreite/Width of landing track	2,1 m
Höhe/Height	1,9 m
Rotordurchmesser/Rotordiameter	7,5 m
Rotorkreisfläche/Rotor area	44,0 m^2
Triebwerk/Propulsion	BMW-Turbokompressor 6012 L
Leermasse/Empty weight	151 kg
Abflugmasse/Take-off weight	280 kg
Höchstgeschwindigkeit/Maximum speed	115 km/h
Reisegeschwindigkeit/Cruise speed	100 km/h
Max. Steiggeschwindigkeit/Max. climb speed	8 m/s
Reichweite/Range	90 km
Flugdauer/Endurance	50 min

1965 Leichter Transporthubschrauber / Light Transport Helicopter — Bell UH-1D

Der leichte Mehrzweck- und Transporthubschrauber UH-1D »Iroquois« wurde Mitte der 50er Jahre von dem U.S.-Hersteller Bell aufgrund eines gewonnenen Entwurfswettbewerbs der U.S.-Army entwickelt und gebaut. Am 26.10.1965 wurde zwischen dem deutschen Bundesministerium der Verteidigung und Bell ein Abkommen über den Nachbau durch die süddeutsche Luftfahrtindustrie geschlossen. Dornier wurde Hauptauftragnehmer dieses Lizenzbauprogramms, im Rahmen dessen bis 19.1.1971 insgesamt 352 Hubschrauber des Typs für die Bundeswehr und den Bundesgrenzschutz gefertigt wurden.

The UH-1D "Iroquois" light utility and transport helicopter was designed and built in the mid-1950s by Bell, the U.S. manufacturer, as a result of a design competition organized by the U.S. Army. An agreement covering the licence production by the aircraft industry in Southern Germany was signed on 26 October 1965 by the German Ministry of Defence and the Bell company. Dornier was prime contractor for this programme, under which a total of 352 helicopters of that type were built for the Federal German Armed Forces (Bundeswehr) and the Federal German Border Police until 19 January 1971.

Technische Daten/Technical Data

Rotordurchmesser/Rotor diameter	14,63 m	Sitze/Seats	12
Länge/Length	12,76 m	Laderaum/Loading volume	6,23 m^3
Breite/Width	2,60 m	Leermasse/Empty weight	2172 kg
Höhe/Height	4,41 m	Flugmasse/Gross weight	4308 kg
Heckrotordurchmesser/Tail rotor diameter	2,59 m	Höchstgeschwindigkeit/Maximum speed	204 km/h
Triebwerk/Propulsion	1× Lycoming T53-L-11 bzw. -13	Reichweite/Range	1125 km
Besatzung/Crew	2		

1966 Mehrzweckflugzeug Utility Aircraft — Do 28 D Skyservant

Das Mitte der 60er Jahre entwickelte zweimotorige Mehrzweckflugzeug Do 28 D Skyservant baute auf den Dornier-STOL-Konstruktionserfahrungen auf. Am 23. Februar 1966 absolvierte der Prototyp Skyservant V-1 in Oberpfaffenhofen mit dem Dornier-Testpiloten Drury Wood seinen Erstflug. Mit der Produktion der Serienversion D-1 wurde nach Eingang der ersten Exportaufträge im Jahre 1968 begonnen. Als fliegendes Arbeitspferd konzipiert, stellte die Skyservant in fast 30 Ländern in allen Erdteilen ihre Leistungsfähigkeit und Zuverlässigkeit unter Beweis – im Passagier- und Frachttransport, als Plattform für Fotogrammetrie und Erderkundung, bei Verbindungsaufgaben, Such- und Rettungsmissionen, im Sanitäts- und Versorgungseinsatz.
Die Qualitäten dieses Klein-Transportflugzeugs veranlaßten das deutsche Bundesverteidigungsministerium zur Beschaffung von vier Maschinen der Version D-1 für die Flugbereitschaft der Luftwaffe. Im Jahr 1970 folgte ein Auftrag über 121 Flugzeuge der Ausführung D-2 für Luftwaffe und Marine (Programmabschluß im Januar 1974).
Gegenüber der D-1 hatte die Version D-2 eine erhöhte Abflugmasse, aerodynamische Verbesserungen an Landeklappen, Querrudern und Höhenleitwerk sowie Reduzierung des Vorflügels auf dem Außenflügelbereich. Das hervorragende Leistungsspektrum der Skyservant wurde am 15. März 1972 durch sechs FAI-Weltrekorde dokumentiert.

The two-engine utility aircraft Do 28 D Skyservant, developed in the mid-'60s, was based on Dornier's STOL design experience. The V-1 Skyservant prototype made its first flight at Oberpfaffenhofen on 23 February 1966, with Dornier Test Pilot Drury Wood at the controls. Production of the D-1 series version started in 1968 when the first export orders had been received. Designed as a flying workhorse, the Skyservant proved its performance and reliability in nearly 30 countries on all continents – in passenger and cargo transport, as a platform for photogrammetry and earth sensing, in liaison tasks, search and rescue missions, in ambulance and supply operations.
The qualities of this small transport aircraft prompted the German Ministry of Defence to order four aircraft of the D-1 version for the Luftwaffe Transport Wing. An order for 121 aircraft in the D-2 version for the German Air Force and Navy was awarded in 1970, and deliveries were completed in January 1974.
Compared with the D-1, the D-2 version had a higher take-off weight, aerodynamic improvements on the landing flaps, ailerons and vertical tail unit, and the slats were reduced to the outer wing sections. The excellent performance spectrum of the Skyservant was documented on 15 March 1972 when six FAI world records were flown.

Technische Daten/Technical Data

Länge/Length	11,4 m
Höhe/Height	3,9 m
Spannweite/Wing span	15,5 m
Flügelfläche/Wing area	29,0 m^2
Triebwerk/Propulsion	
Lycoming IGSO-540 A1E	2× 380 PS/HP
Leermasse/Empty weight	2238 kg
Abflugmasse/Take-off weight	4015 kg

Nutzlast/Payload	805 kg
Reisegeschwindigkeit/Cruise speed	272 km/h
Dienstgipfelhöhe/Service ceiling	7680 m
Max. Reichweite/Max. Range	2875 km
Startstrecke/Take-off distance	546 m
Landestrecke/Landing distance	530 m
Sitzplätze/Seats	2 + 12

1966 VTOL Experimental-Strahltransporter VTOL Experimental Jet Transport Do 31

Die Anfänge dieses Programms reichen in das Jahr 1959 zurück. 1962 beauftragte das Bundesministerium der Verteidigung Dornier mit der Entwicklung des V/STOL Transportflugzeugs Do 31. Im Rahmen dieses Experimentalprogramms wurden ein kleines und ein großes Schwebegestell für prinzipielle Voruntersuchungen, eine Bruchzelle für Festigkeitsversuche und ein Systemprüfstand zur Erprobung der hydraulischen sowie elektrischen Bordsysteme hergestellt. Die beiden Versuchsflugzeuge Do 31 E-1 (ohne Hubtriebwerke) und E-3 wurden von 1967 bis 1971 erfolgreich erprobt. Die Do 31 E-3 war mit zwei Hub-/Schubtriebwerken des Typs Rolls Royce Pegasus 5-2 mit einer Schubleistung von je 7000 kg ausgerüstet, die den Vortrieb im Reiseflug lieferten und über schwenkbare Antriebsdüsen auch Auftrieb bei Start und Landung. Zur Unterstützung der Marschtriebwerke im Schwebeflug wurden die insgesamt acht in Gondeln an den Flügelenden installierten Hubtriebwerke des Rolls Royce RB-162-4D (je 2000 kg Schub) genutzt. Durch Schwenken der Marschtriebwerksdüsen wurde die Do 31 auf die für den aerodynamischen Horizontalflug erforderliche Geschwindigkeit von etwa 250 km/h gebracht, worauf nach 20 sec. die acht Hubtriebwerke wieder gestoppt wurden.
Die Do 31, die anläßlich ihrer Überführung zum Pariser Aéro Salon 1969 mehrere FAI-Weltrekorde aufstellte, war das erste und bisher einzige senkrechtstartende Strahltransportflugzeug der Welt.

This programme goes back to the year 1959. In 1962, the Federal Ministry of Defence awarded Dornier a design contract for the Do 31 V/STOL transport aircraft. Under this experimental programme, the production programme covered a small and a large hovering rig for studying design principles, an airframe for structural testing, and a systems test stand for hydraulic and electric systems. The two test aircraft Do 31 E-1 (without lift engines) and E-3 were successfully tested between 1967 and 1971. The Do 31 E-1 was equipped with two Rolls Royce Pegasus 5-2 lift/thrust engines rated at 7000 kg of thrust each which provided power for cruising flight as well as lift during take-off and landing via vectored nozzles. To support the cruise engines in hover flight, a total of eight Rolls Royce RB-162-4D, rated at 2000 kg of thrust each, were installed in nacelles at the wing ends. By tilting the cruise engine nozzles, the Do 31 was accelerated to the speed of approximately 250 km/h required for aerodynamic horizontal flight, and the eight lift-producing engines were stopped again after 20 seconds.
The Do 31, which established several FAI world records during its ferry flight to the 1969 Paris Air Show, was the first and so-far only vertical take-off jet transport built in the world.

Technische Daten/Technical Data

Länge/Length	20,9 m
Höhe/Height	8,5 m
Spannweite/Wing span	18,1 m
Flügelfläche/Wing area	57,0 m²
Triebwerk/Propulsion	
Rolls Royce Pegasus 5-2	2 × 7000 kg
Rolls Royce RB-162-4D	8 × 2000 kg

Leermasse/Empty weight	13868 kg
Max. Abflugmasse/Max. take-off weight	27500 kg
Höchstgeschwindigkeit/Maximum speed	750 km/h
Reisegeschwindigkeit/Cruise speed	700 km/h
Steiggeschwindigkeit/Climb speed	19,2 m/s
Dienstgipfelhöhe/Service ceiling	10700 m
Reichweite/Range	1800 km

1967 Gefesselte Rotorplattform Tethered Rotor Platform Do 32 K Kiebitz

Im Jahr 1967 wurde auf dem Flugplatz Friedrichshafen-Löwental die Flugerprobung der Experimentalausführung der gefesselten Rotorplattform Do 32K »Kiebitz« aufgenommen. Bei dieser Rotorplattform fand das Rotor- und Antriebssystem der Do 32E Verwendung. Die Kraftstoffversorgung des Kiebitz-Triebwerks erfolgte über das Fesselseil durch ein Pumpensystem von der mobilen LKW-Station aus.
Ein bordseitiger Regler führte über die zyklische Blattsteuerung des Rotors und die Abgassteuerung des Luftlieferers die Stabilisierung der drei Plattformachsen aus. Um die Hochachse ist die Plattform vom Boden aus steuerbar. Die mobile Bodenstation, ein geländegängiger LKW, dient als Transportfahrzeug, als Lande- und Startrampe und als Energieversorgungsstation. Die Fesselung der Plattform wird über eine Winde auf der Bodenstation durchgeführt und ermöglicht ein Ein- und Ausfahren in wenigen Minuten. Enteisung und ausreichende Windfestigkeit ermöglichten einen weitgehend wetterunabhängigen Einsatz. Ein- und Ausfahren der Plattform kann ohne besondere Schulung von einem Mann durchgeführt werden.
Mit diesem System wurde erstmals der Funktionsnachweis einer gefesselten automatisch stabilisierten Rotorplattform erbracht.

In 1967, flight testing of the experimental version of the Do 32K "Kiebitz" tethered rotor platform started at the Friedrichshafen-Löwental airfield. Compressed air was supplied by an MAN 6012 L engine installed in the platform. Fuel supply was via the tether by a pump system installed in a mobile truck-based ground station.
An airborne flight-control system stabilized the three platform axes via the cyclic rotor blade control and the exhaust gas control of the air generator. The yaw axis was controlled from the ground. The mobile ground station – an all-terrain truck – served as transport vehicle, launching and landing ramp, and as a power supply station. Tethering of the platform was by means of a winch installed on the ground station and allowed release and retraction within a few minutes. Blade de-icing and sufficient resistance to gusts enabled operation nearly independent of the weather. Release and retraction of the platform can be made by one man without special training.
With this system was testal firstly a tethered automatically stabilized rotor platform.

Technische Daten/Technical Data

Nutzlast/Payload	10 kp
Einsatzhöhe/Operational altitude	200 m
Einsatzzeit/Operations time	24 h
Steiggeschwindigkeit/Climb speed	2 m/s
Einholgeschwindigkeit/Recovery speed	2 m/s
Rotordurchmesser/Rotor diameter	7,5 m
Kraftstoffverbrauch/Fuel consumption	60 l/h

1967 Amphibien-Flugzeug-Projekt Do 324
Amphibian Aircraft Project

Im Zusammenhang mit dem Bedarf für ein modernes Fluggerät für den deutschen Seenotrettungsdienst führte Dornier Mitte der 60er Jahre eine Studie für die optimale Auslegung eines Seenotrettungsflugzeuges durch. Als Ausgangspunkt für diese Studie diente das Flugboot Do 24T, das im Seenotdienst während des Zweiten Weltkrieges unter schwierigsten Bedingungen überaus erfolgreich eingesetzt war. Ergebnis dieser Studienarbeiten war das Projekt des dreimotorigen Amphibien-Flugbootes Do 324 mit einziehbarem Bugrad-Fahrgestell und einem Laderaum für 30 Personen. Die Projektausarbeitungen wurden in spätere Untersuchungen über amphibische Fluggeräte einbezogen.

In connection with the requirement for a modern aircraft for the German sea rescue service, Dornier conducted a study for the optimum design of such a sea rescue aircraft in mid-'60s. Starting point for this study was the Do 24T flying boat used in sea rescue service with great success under the most difficult conditions during the Second World War. The result of the study work was the project of the Do 324 three-engine amphibious aircraft with the retractable nosewheel landing gear and a cabin for 30 passengers. The project work was included into later studies of amphibious aircraft.

Projekt-Daten/Project Data

Länge/Length	24,5 m
Höhe/Height	7,2 m
Spannweite/Wing span	30,0 m
Flügelfläche/Wing area	120,0 m^2

Triebwerk/Propulsion	
Curtiss Wright R 1820-82A	2× 1550 PS/HP
Standardleermasse/Standard empty weight	13770 kg
Entwurfsabflugmasse/Design take-off weight	20000 kg
Max. Suchflugdauer/Max. search endurance	18 h

1968 Senkrechtstartender Militär-Strahltransporter-Projekt VTOL Military Transport Project Do 131

Ausgehend von dem Prinzip und den Erkenntnissen des Do 31-Experimentalprogramms wurden mehrere militärische und zivile V/STOL-Transportflugzeugprojekte untersucht. Bei dieser Auslegung waren die beiden Marschtriebwerke des Typs Rolls Royce RB.168-25 in Gondeln an Stielen an den Tragflächen angeordnet und die insgesamt 14 Hubtriebwerke des Typs RB.162-81 in besonderen Gondeln in den äußeren Dritteln der Tragflächen integriert. Die Version Do 131B war mit verbrauchsgünstigeren Marschtriebwerken mit höherem Bypass-Verhältnis sowie Zweikreishubtriebwerken vorgesehen.

Based on the principle of, and the knowledge derived from, the Do 31 experimental programme, several military and civil V/STOL transport projects were studied. In the present design, the two cruise engines of the Rolls Royce RB.168-25 type were installed in nacelles carried by pylons under the wing, and a total of 14 lift-producing engines of the RB.162-81 type were located in nacelles integrated into the outer thirds of the wing halves. The Do 131B version was to have a more fuel-efficient cruise engine with a higher bypass ratio and turbofan lift engines.

Projekt-Daten/Project Data

Länge/Length	24,6 m	Flügelfläche/Wing area	88,0 m²
Höhe/Height	8,1 m	Triebwerk/Propulsion	Rolls Royce RB.168-25 2 × 5650 kg
Spannweite/Span	24,8 m		Rolls Royce RB.162-81 14 × 2720 kg

1969 Verbindungshubschrauber-Projekt Do 132
Liaison Helicopter Project

Ende der 60er Jahre entwickelte Dornier den fünfsitzigen Turbinenhubschrauber Do 132 mit Heißgasreaktionsantrieb. Dieser ermöglichte ein sehr einfaches, wartungsarmes und wirtschaftliches Gerät. Das bei Dornier bereits erprobte Rotorsystem hat gegenüber dem üblichen mechanischen Wellenantrieb den Vorteil, daß kein Heckrotor oder gegenläufiger zweiter Rotor nötig ist, da ein Reaktionsantrieb kein Gegendrehmoment erzeugt. Es sind keine Wellen, Getriebe, Kupplung und Freilauf erforderlich. Die Rotordrehzahl ist frei wählbar für dynamische Starts mit erheblicher Mehrzuladung. Das niedrige Gewicht des dynamischen Systems ergab ein sehr günstiges Zuladungsverhältnis.
Ein Gaserzeuger vom Typ UACL PT6 A-20 lieferte das heiße Druckgas für den Rotor. Von der Turbine wurde das Gas über den Rotorkopf und die Rotorblätter zu den Schubdüsen an den Blattspitzen geleitet. Das Rotorsystem wurde einer Dauererprobung auf dem Rotorprüfstand unterzogen. Von der Zelle wurde ein 1:1-Modell im Windkanal vermessen.

At the end of the '60s, Dornier developed the five-seat Do 132 turbine helicopter with hot-cycle reaction drive. The novel drive system was a very simple and economical craft with low maintenance requirements. The rotor system developed and tested by Dornier has the advantage over the conventional mechanical shaft drive system that no tail rotor or counter-operating second rotor is required, since the reaction drive does not generate an anti-torque moment. Since the helicopter required no shafts, gearbox, clutch and freewheel, the rotor speed was freely selectable for dynamic take-offs with considerable overload. The resulting total weight of the dynamic system resulted in a very favourable payload-to-empty-weight ratio.
A gas generator of the UACL PT6 A-20 type supplied the hot compressed gas for the rotor. From the turbine, the gas was fed to the thrust nozzles at the blade tips, via the rotor head and the blades. The rotor-system was tested on a rotor test stand for a long time and a 1:1 scale mock-up was built and tested in the wind tunnel.

Technische Daten/Technical Data

Triebwerk/Engine	UACL PT6 A-20
Rotordurchmesser/Rotor diameter	10,70 m
Länge/Length	7,50 m
Höhe/Height	2,80 m
Leermasse/Empty weight	675 kg
Nutzlast/Payload	420 kg
Startmasse/Max. take-off weight	1430 kg
Reisegeschwindigkeit/Cruising speed	221 km/h
Reichweite/Range	450 km

1969 Senkrechtstartendes Passagier- und Transportflugzeug-Projekt VTOL Passenger Transport Aircraft Project Do 231

Mit dem Projekt Do 231 gewann Dornier Anfang der 70er Jahre einen vom deutschen Bundeswirtschaftsministerium eingeleiteten Entwurfswettbewerb für ein künftiges ziviles und militärisches V/STOL-Transportflugzeug für 100 Passagiere. Der Do 231 »V-Jet« war als freitragender Schulterdekker mit gepfeilten Tragflächen und T-Leitwerk ausgelegt. Die Triebwerksanlage sollte aus zwei Zweikreis-Marschtriebwerken in Gondeln an Stielen im Flügelinnenteil angeordnet und zwölf Hubtriebwerken bestehen. Je vier Hubtriebwerke waren in Gondeln an den Außenflügeln und je zwei weitere Hubtriebwerke im Rumpfbug und -heck vorgesehen. Aufgrund eines geänderten Bedarfs im Zusammenhang mit den weltweiten energiewirtschaftlichen Einschränkungen mußten die dieses Projekt betreffenden Planungen abgebrochen werden.

With the Do 231 project, Dornier had won a design competition for a future civil and military V/STOL transport aircraft for 100 passengers initiated by the German Ministry of Economics in the early 1970s. The Do 231 "V-Jet" was designed as a cantilever high-wing monoplane with swept-back wing and a T-shaped tail assembly. The powerplant was to consist of two turbofan cruise engines located in nacelles on pylons on the inboard wing halves and of twelve lift engines. Two banks of four lift engines each were to be installed in nacelles on the outer wing halves, and two more lift engines each were to be located in the fuselage nose and tail sections respectively. Because of a modification of requirements resulting from worldwide energy restrictions, the planning work for this project had to be stopped.

Projekt-Daten/Project Data

Sitzplätze/Seats	100	Triebwerk/Propulsion	Rolls Royce RB.220	2 ×	10 850 kg
Länge/Length	36,2 m		Rolls Royce RB.202	12 ×	5 935 kg
Höhe/Height	9,6 m	Entwurfsabflugmasse/Design take-off weight			59 000 kg
Spannweite/Span	26,0 m	Reisegeschwindigkeit/Cruise speed			900 km/h
Flügelfläche/Wing area	135,0 m^2	Reichweite/Range			800 km

1972 Flügelloser Senkrechtstarter Aerodyne
Wingless Vertical Take-off Aircraft

Eine Experimentalstudie im Auftrag des Bundesverteidigungsministeriums zum Aerodyne-Prinzip. Aerodyne ist nach A. M. Lippisch die Bezeichnung für flügellose, unbemannte Senkrechtstarter. Erfolgreicher Abschluß der Schwebeflugerprobung am 30. November 1972 mit dem Experimentalflugkörper Aerodyne E 1.
Das Prinzip des Aerodyne ist die Zusammenfassung der Auftriebs- und Vortriebserzeugung in einer Baueinheit, dem inneren Strömungskanal, einem Ringflügel mit Gebläse. Ohne Konfigurationsänderung kann Aerodyne im gesamten Bereich zwischen Schweben und max. Geschwindigkeit stationär fliegen. Durch Klappen am Ende des Strömungskanals kann die durchtretende Luft umgelenkt werden und den jeweils notwendigen Auftrieb und Schub liefern.
Flugleistungen zwischen denen eines Hubschraubers und eines konventionellen Flugzeuges. Aerodyne erreicht im Schnellflug wie auch im Schwebeflug günstige Flugleistungen.
Im Vorwärtsflug werden Nick- und Giersteuerung durch die Steuerflächen eines konventionellen Leitwerks am Heck des Leitwerkträgers bewirkt.
Einsatzgebiet: Unbemannte Flugaufklärung – land- und schiffsgestützt. Das Fluggerät wird über Funk ferngesteuert. Erstflug 18. September 1972.

Experimental study of the Aerodyne principle on behalf of the Federal German Ministry of Defence. According to A. M. Lippisch, an Aerodyne is a wingless, unmanned vertical take-off aircraft. Testing of the Aerodyne E 1 experimental unit was completed successfully on 30 November 1972.
An Aerodyne combines lift and propulsion generation in a single structural unit, the inner flow channel, which is an annular wing with a fan. Without any change in its configuration, the Aerodyne is capable of stable flight through the full range from hover to maximum speed. Air is deflected by flaps at the end of the flow channel in order to supply the necessary lift and thrust.
The performance in flight is between that of a helicopter and that of a conventional aircraft. Aerodyne will reach good flying performance both in fast flight and in hover.
In forward flight, pitch and yaw control is by means of the control surfaces of a conventional tail unit at the end of the tail boom.
Application: unmanned reconnaissance flight – land and ship-based. The craft is remotely radio-controlled. First flight: 18 September 1972.

Technische Daten/Technical Data

Länge/Length	5,50 m	Fluggewicht/All-up weight	435 kg
Breite/Width	1,90 m	Antrieb/Powerplant	MTU 6022 A-3 max.370 PS/HP
Gebläsedurchmesser/Fan diameter	1,10 m		

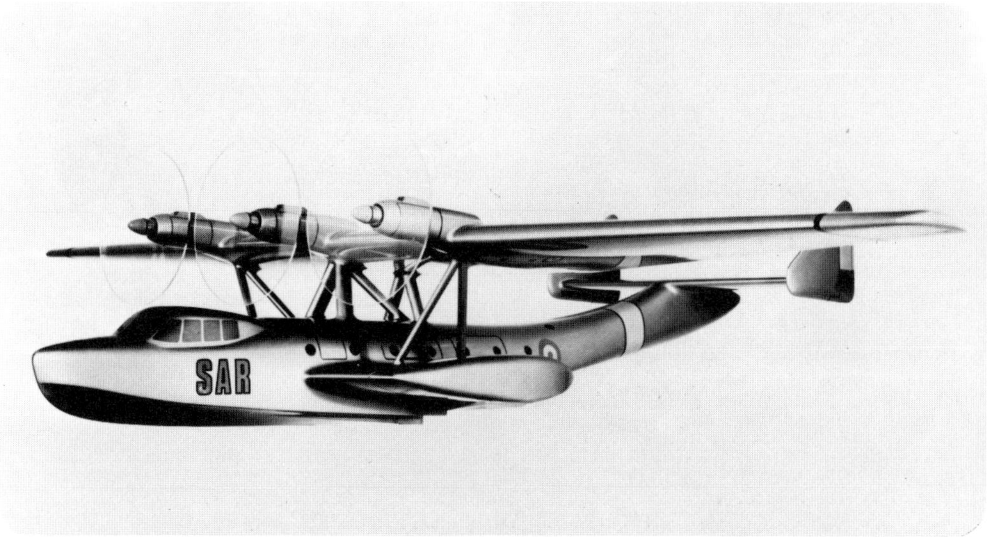

1972 Amphibien-Flugzeug-Projekt Amphibian Aircraft Project Do 24/72

Bei der Do 24/72 handelte es sich um den Entwurf eines hochseefähigen Amphibienflugzeugs, das vornehmlich für die Aufgaben der Seenotrettung (SAR) und der Feuerbekämpfung ausgelegt war. Eine Reihe typischer Konstruktionsmerkmale, wie der Flossenstummel, das Baldachintragwerk, die drei Triebwerke und das Doppelseitenleitwerk, wurden vom früheren Flugboot Do 24T übernommen. Anstatt Kolbenmotoren sollten bei der Do 24/72 drei Propellerturbinentriebwerke zur Anwendung kommen. Als Hochauftriebshilfen sollten Doppelspaltklappen die Kurzstarteigenschaften dieses Amphibiums gewährleisten.

The Do 24/72 was a design for an ocean-going amphibian mainly for search and rescue (SAR) and fire fighting. A number of typical structural features, such as the sponsons, the canopy wing, the three engines, and the dual vertical stabilizers, were taken over from the old Do 24T flying boat. Instead of piston engines, the Do 24/72 was to be powered by three turboprop engines. Double-slotted flaps as high-lift devices were to give this amphibian STOL characteristics.

Projekt-Daten/Project Data

Sitzplätze/Seats	40
Länge/Length	24,3 m
Höhe/Height	7,3 m
Spannweite/Span	28,0 m
Flügelfläche/Wing area	110,0 m^2
Triebwerk/Propulsion	
Pratt & Whitney PT6A-50	3 × 1200 WPS/SHP
Lycoming T5321A	3 × 1600 WPS/SHP

Leermasse/Empty weight	10650 kg
Abflugmasse/Take-off weight	18600 kg
Zuladung/Useful load	7950 kg
Höchstgeschwindigkeit/Maximum speed	417 km/h
Reichweite/Range	3000 km
Flugdauer/Endurance	11,5 h

1973 Leichtes Kampf- und Schulflugzeug Light Fighter-Bomber and Trainer Alpha Jet

Der Alpha Jet eine deutsch-französische Gemeinschaftsentwicklung von den Firmen Dassault-Breguet und Dornier. Die beim Alpha Jet realisierbare Kombination von optimierter aerodynamischer Auslegung, zwei modernen Turbofan-Triebwerken, hervorragenden Flug- und Einsatzleistungen, einfacher Handhabung, guter Wartbarkeit sowie geringen Betriebskosten ergaben ein vielseitiges Flugzeug mit hoher Zuverlässigkeit und Wirksamkeit. Entsprechend den deutsch-französischen Luftwaffenforderungen ist der zweistrahlige, doppelsitzige Alpha Jet sowohl als fortschrittlicher Trainer für die vielschichtigen Aufgaben der Pilotenausbildung als auch als leichter Jagdbomber für die Luftnahunterstützung (LNU) konzipiert.
Erstflug des Prototyp 01 am 26. Oktober 1973. Für sämtliche Flugzeuge baut AMD das Rumpf-Vorderteil, den Rumpf zusammen und beschafft alle Geräte, Dornier baut das Rumpf-Hinterteil, das Tragwerk, das Höhen- und Seitenleitwerk sowie einige kleinere Bauteile des Vorderrumpfbereiches. Darüber hinaus ist die belgische Industrie mit einigen Baugruppen an der Fertigung beteiligt. Mit der Umrüstung der Verbände der französischen, deutschen und belgischen Luftwaffe wurde 1979/80 begonnen. Bei der deutschen Luftwaffe stehen 175 Alpha Jet im Einsatz. Über 500 Maschinen waren Ende 1981 von zehn Ländern geordert.

The Alpha Jet is a German-French joint development built in co-operation by Dassault-Breguet and Dornier. The combination of optimized aerodynamic design, two modern turbofan engines, excellent flight and mission performances, easy handling, good maintainability and low operating costs implemented in the Alpha Jet have resulted in a versatile aircraft of high reliability and efficiency. In line with the joint German-French air force requirements, the twin-jet, two-seat Alpha Jet has been designed as an advanced trainer for the diverse facets of pilot training and as a light fighter bomber for close-air support (CAS).
First flight of the prototype 01 on 26 October 1973. For all aircraft, AMD produces the fuselage front section, assembles the fuselage and procures all equipment; Dornier produces the fuselage rear section, the wing, the tail unit and some smaller components of the forward fuselage. In addition, the Belgian industry participates in the construction by supplying several subassemblies.
Deliveries to air force units in France, Germany and Belgium started in 1979/80. The German Air Force operates 175 Alpha Jets. More than 500 aircraft had been ordered by ten countries at the end of 1981.

Technische Daten/Technical Data

Länge/Length	13,2 m
Höhe/Height	4,2 m
Spannweite/Wing span	9,1 m
Flügelfläche/Wing area	17,5 m^2
Triebwerk/Propulsion	GRTS Larzac 04
Standschub je Triebwerk/ Static thrust	2 × 1318 daN (1350 kg)
Leermasse/Empty weight	3500 kg
Abflugmasse/Take-off weight	5000 kg
Max. Abflugmasse/Max. overload weight	7250 kg
Startstrecke/Take-off distance	400–1150 m
Max. Steiggeschwindigkeit/Max. climb speed	57 m/s
Max. Mach-Zahl/Max. Mach number	M 085
Aktionsradius/Radius of action	ca. 900 km
Flugdauer/Endurance	ca. 3 h
Besatzung/Crew	2

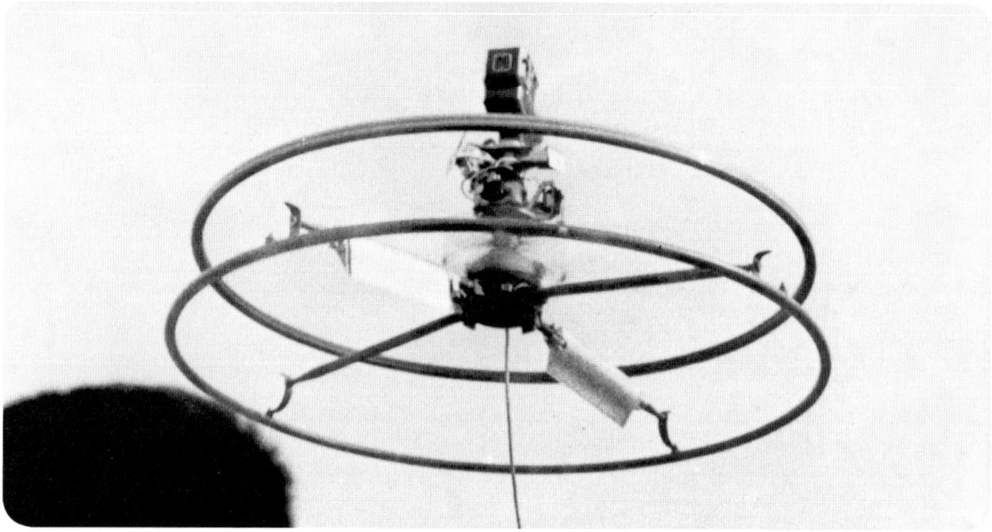

1976

Spähplattform
Scout Platform

Die von Dornier entwickelte Spähplattform ist ein Schwebegerät mit optischen oder Infrarot-Sensoren. Durch den Sensoreinsatz in erhöhter Position ermöglicht sie eine beträchtliche Steigerung der Beobachtungsreichweite.
Das Schwebegerät ist eine kleine gefesselte Rotorplattform ohne Eigenantrieb. Der von einem Drallring umgebene Rotor wird in der Bodenstation auf hohe Drehzahl gebracht. Die im Rotor gespeicherte kinetische Energie ermöglicht eine Flugzeit von ca. einer Minute. Nach dem Start steigt die Spähplattform schnell auf ihre Einsatzhöhe und wird nach der Schwebephase mit dem Fesselseil wieder auf die Bodenstation zurückgezogen. Während des Fluges wird das vom Sensor empfangene Bild über das Fesselseil auf einen Bildschirm im Fahrzeug übertragen.
Die Bodenstation kann auf einem Einachsenanhänger untergebracht werden oder in Gefechtsfahrzeuge integriert werden.
Das Spähplattformsystem zeichnet sich aus durch:
- kleine Abmessungen
- geringe Entdeckbarkeit
- verzugslose Informationsdarstellung
- hohe Zuverlässigkeit
- geringe Kosten

The Dornier-designed Scout Platform is a hovering device with optical and infrared sensors. By using sensors in a raised position, it offers a considerable increase in observation range.
The hovering device is a small tethered rotor platform without drive system. The rotor, surrounded by a gyroscopic ring, is accelerated on the ground station to a high spin rate. The kinetic energy stored in the rotor allows a mission endurance of approx. one minute. After the launch, the Scout Platform rapidly rises to its mission altitude and is then pulled back again to the ground station with the tether when the hover phase is over. During the flight, the pictures taken by the sensor are transmitted to a display screen in the ground station vehicle via the tether.
The ground station can be housed on a single-axle trailer or can be integrated into combat vehicles.
The Scout Platform system is characterized by small dimensions, low risk of discovery, delay-free information display, high reliability, and low costs.

1976 Gefechtsfeld-Aufklärungsdrohnen-System Battlefield-Reconnaissance Drone System CL 289

Die Entwicklung des Gefechtsfeld-Aufklärungsdrohnen-Systems ist ein Gemeinschaftsprogramm der Bundesrepublik Deutschland und Kanadas unter Beteiligung Frankreichs. Das System erfüllt die militärischen Forderungen an Ziel- und Überwachungsaufklärung des Heeres im Bereich mittlerer Eindringtiefen. Bei der Auslegung des Systems wurden die praktischen Erfahrungen mit dem Aufklärungsdrohnen-System AN/USD 501 (CL89) berücksichtigt, das bei den Land-Streitkräften der Bundesrepublik Deutschland und Großbritanniens erfolgreich im Einsatz ist und das in Italien und Frankreich in Dienst gestellt wird. Im Vergleich zur CL89 sind die Leistungsanforderungen an die CL289 wesentlich höher. Das System AN/USD 502 (C289) besteht aus mehreren Drohnen und einer Bodenanlage.
Die Entwicklung begann 1976 nachdem im Rahmen umfangreicher Vorarbeiten in Zusammenarbeit mit dem Bedarfsträger die Erfüllbarkeit der Anforderungen festgestellt wurde.
Das Firmenflugversuchsprogramm wurde in Yuma/Arizona (USA) durchgeführt.

Development of the battlefield reconnaissance drone system is a joint programme of the Federal Republic of Germany and Canada, with French participation. The system meets the military requirements on target and surveillance reconnaissance of the Army over medium penetration depths. Practical experience gained with the AN/USD 501 (CL-89) reconnaissance drone system was integrated into the design of the new system which is being used successfully by land-based forces in the Federal Republic of Germany and Great Britain and which is to be deployed by Italy and France. Compared with the CL-89, the performance requirements made on the CL-289 are much higher. The AN/USD 502 (CL-289) system consists of several drones and a ground station.
Development started in 1976, after the feasibility of meeting the requirements had been determined within the scope of extensive preliminary work in collaboration with the final user.
The flight testing programme took place at Yuma/Arizona (U.S.A.).

1977 Gefesselte Rotorplattform-Projekt Do 34
Tethered Rotor Platform Project Kiebitz

Der von Dornier entwickelte Kiebitz ist ein mobiles Trägersystem, bestehend aus einer autonomen, ferngesteuerten, gefesselten Rotorplattform und einer Bodenanlage. Die Rotorplattform kann mit einer Nutzlast von 140 kg innerhalb von wenigen Minuten in einer Höhe bis zu 300 m ü.Gnd. stationiert werden. Die Zelle der unbemannten rotorgestützten Plattform enthält in ihrem oberen kegelstumpfförmigen Teil alle betriebsnotwendigen Geräte, sie ist im unteren Teil als Sensorbehälter ausgebildet.
Die Einsatzmöglichkeiten des Dornier-Kiebitz sind äußerst vielseitig. Als unbemannter Sensor- oder Antennenträger eignet er sich u. a. für die Gefechtsfeldaufklärung, Zielortung, Tieffliegererfassung, FM-Relaisstation, Richtfunkanlage und Seezielüberwachung.
Im Erprobungsprogramm wurden bis Ende September 1981 mehr als 550 Flüge, davon 47 Flüge in mehr als 300 m Höhe mit ca. 166 Flugstunden erreicht.

The Dornier-designed Kiebitz is a mobile airborne carrier system consisting of an autonomous, remotely-controlled tethered rotor platform and a ground station. The rotor platform can be stationed at any altitude up to 300 m above ground with a 140-kg payload within a few minutes. The structure of the unmanned platform supported by rotors comprises all operational elements in its upper truncated-cone half, whereas the lower half carries the radar sensor.
The possibilities for application of the Dornier Kiebitz are extremely diverse. As an unmanned sensor or antenna carrier, it is suitable, among other things, for battlefield reconnaissance, target location, acquisition of low-flying aircraft, communications relay station, directional radio beacon, and for maritime target monitoring.
Under the test programme a total of 550 flights were made until the end of September 1981, including 47 flights at a altitude above 300 m in 166 flight hours.

Technische Daten/Technical Data

Rotordurchmesser/Rotor diameter	8,4 m
Anzahl der Rotorblätter/No. of rotor blades	2
Triebwerk/Engine	Allison 250 C20B
Flugmasse (gesamt)/Launching weight	550 kg
Leermasse/Empty weight	350 kg
Kabelmasse (300 m)/Cable weight	85 kg
Nutzlast/Payload	140 kg
Flugdauer/Endurance	24 h
Einsatzflughöhe/Operating altitude	300 m
Steigzeit (max. Startmasse)/ Time of climb (max. launch weight)	6 min

1978 Unbemanntes Kleinflugzeug Remotely-Piloted Vehicle Mini-Drohne

Basierend auf den umfangreichen Erfahrungen auf dem Drohnen- und RPV-Sektor und angeregt durch den kommenden Bedarf an kleinen, robusten, einfach zu bedienenden und kosteneffektiven Fluggeräten für verschiedene Missionen wandte sich Dornier vor einiger Zeit auch dem Arbeitsgebiet Mini-Drohnen/Mini-RPVs zu. Aufgrund der gewünschten Missionsbreite und der sonstigen Anforderungen wurde ein Deltaflügler mit kleiner Streckung und Druckschraubenantrieb gewählt. Das Antriebssystem ist ein Zwei-Zylinder-Zweitakt-Boxermotor, der 22 PS leistet, im Heck integriert ist und auf einer Druckschraube arbeitet. Ein erstes größeres Flugversuchsprogramm mit den Prototypen wurde im Oktober 1978 auf dem Gelände der Erprobungsstelle Meppen durchgeführt. Bei dieser Erprobung wurde der Nachweis erbracht, daß das von Dornier vorgeschlagene Fluggerät die operationellen Anforderungen hinsichtlich Flugeigenschaften und Flugleistungen erfüllt. Ein weiteres Ziel der Versuchsflüge war die Erprobung von Ausrüstungskomponenten, wie Antriebsmotor, Stellmotoren und Rolldämpfungs-System.
Der Start der Flugkörper erfolgte mit Hilfe eines Katapults, die Landung mittels Fallschirm und Dämpfungssäcken. Das Katapult ist ebenfalls von Dornier entwickelt und gebaut worden. Nach allen Versuchsflügen wurden die Drohnen ohne Beschädigungen mit dem Fallschirm-Bergesystem gelandet.

Based on the extensive experience in the drone and RPV sector and prompted by the future equirement for small, rugged, easy to operate and cost-effective RPVs for different missions, Dornier turned to the field of mini-drones/mini-RPVs some time ago. Because of the desired mission spectrum and other requirements, a delta-wing RPV with a small aspect ratio and a pusher propeller was selected. The propulsion system consists of a two-cylinder, two-stroke 22-HP piston engine mounted in the rear of the fuselage and driving a pusher propeller. A first major flight test programme with the prototypes was made in October 1978 on the Meppen Test Establishment site. These tests proved that the Dornier-proposed RPV could meet all operational requirements with respect to flight characteristics and performances. A further objective of the test flights was the testing of equipment components, such as drive motor, actuators and roll damping system.
The RPV is launched by means of a catapult and lands with a parachute and inflatable airbags. The catapult has also been designed and built by Dornier. All drones participating in the test flights were recovered without damage with the parachute recovery system.

Technische Daten/Technical Data

Länge/Length	2,0 m	Max. Horizontalgeschwindigkeit/ Max. horizontal speed	250 km/h
Spannweite/Span	2,1 m	Max. Flughöhe/Max. altitude	3000 m
Startmasse/Launch weight	70 kg		

1979 Experimentalflugzeug / Experimental Aircraft — DORNIER TNT

Mit dem Erstflug am 14. Juni 1979 des DORNIER TNT-Experimentalflugzeugs in Oberpfaffenhofen wurde ein Flugerprobungsprogramm aufgenommen, in dessen Rahmen die für neue Flugzeuge der Allgemeinen Luftfahrt, insbesondere der Mehrzweck- und Zubringer-Kategorie, relevanten Schlüsseltechnologien praktisch getestet wurden. Im Vordergrund stand dabei der Tragflügel Neuer Technologie, der von Dornier mit Förderung des Bundesministeriums für Forschung und Technologie entwickelt wurde.
Das TNT-Experimentalflugzeug ist im wesentlichen eine zum Versuchsträger modifizierte Ausführung der Do 28 D-2 Skyservant mit einem Tragflügel Neuer Technologie, zwei am Flügel angeordneten Propellerturbinen-Triebwerken, verlängertem Rumpf, veränderter Bugnase und Leitwerk sowie einem starren Bugrad-Fahrwerk aus der Alpha Jet-Serie.
Neben der umfassenden Flugerprobung des Tragflügels Neuer Technologie werden mit dem TNT-Experimentalflugzeug u.a. neuartige Propeller, Bauteile und Baugruppen aus Verbundwerkstoff sowie das Böenabminderungssystem OLGA eingehenden Flugversuchen unterzogen.

With the first flight, on 14 June 1979, of the DORNIER TNT testbed aircraft at Oberpfaffenhofen, a flight testing programme was started under which relevant key technologies for general aviation aircraft, in particular of the utility and commuter category, were to be practically tested. The New Technology Wing (TNT), designed by Dornier with sponsorship of the Federal Ministry for Research and Technology, was in the centre of interest.
The TNT experimental aircraft is essentially a testbed version of the Do 28 D-2 Skyservant with a New Technology Wing, two turboprop engines installed on the wing, en extended fuselage, a modified nose section and tailplane, and the rigid tricycle landing gear from the Alpha Jet series.
In addition to extensive flight testing of the New Technology Wing, the TNT experimental aircraft is used additionally to test novel propellers, composite components and subassemblies, as well as the OLGA gust alleviation system.

Technische Daten/Technical Data

Länge/Length	13,3 m
Höhe/Height	5,0 m
Spannweite/Span	17,0 m
Flügelfläche/Wing area	32,0 m^2
Triebwerk/Propulsion	
Garrett/AiResearch TPE 331-5	2 × 715 WPS/SHP
Leermasse/Empty weight	3010 kg
Abflugmasse/Take-off weight	4500 kg
Höchstgeschwindigkeit/Maximum speed	428 km/h
Steigleistung/	
2-mot/twin-engined climb performance	15,7 m/s
1-mot/single-engined climb performance	5,8 m/s
Reisegeschwindigkeit/Cruise speed	342 km/h
Startstrecke/Take-off distance	250 m

1980 Experimentalflugzeug Transonischer Tragflügel Experimental Aircraft Transonic Wing TST

Als reiner Versuchsträger für den von Dornier entwickelten Transonischen Tragflügel (TST) diente das deutsche Alpha Jet-Serienflugzeug A1. Dieses Experimentalprogramm wurde im Auftrag des Bundesministeriums der Verteidigung im Rahmen der Programme »Zukunftstechnik/Luftfahrt/ZTL« und »Komponentenerprobung/Luftfahrt/KEL« durchgeführt. Die von der E-Stelle 61 und Dornier gemeinsam abgewickelte Flugerprobung des Transonischen Tragflügels begann am 12. Dezember 1980 nach vorausgegangenen ausgedehnten Windkanalversuchen. Mit der Bestätigung aller Vorhersagen und rechnerischen Ergebnisse wurde die TST-Experimentalerprobung Ende 1982 erfolgreich abgeschlossen.

The German Alpha Jet series aircraft A1 was used as a testbed for the Dornier-designed transonic wing (TST). This experimental programme, implemented under contract to the Federal Ministry of Defence under its ZTL (advanced aviation technology) and KEL (aviation component testing) programmes. Flight testing of the transonic wing, jointly handled by Dornier and the No. 61 Test Establishment started on 12 December 1980 after extensive wind tunnel testing. The TST test cycle was successfully completed at the end of 1982 with the confirmation of all predicted and calculated results.

1980 Modernisierungsprogramm Modernization Programme Atlantic KWS

Nach fünfzehnjährigem Einsatz der Breguet BR.1150 Atlantic werden im Interesse einer Kampfwertsteigerung für die deutsche Bundesmarine im Rahmen eines umfassenden Modernisierungsprogramms diese Seeaufklärungs- und U-Jagdflugzeuge im Zeitraum von 1982 bis Ende 1983 umgerüstet und auf den neuesten Stand der Technik gebracht. Hierfür erhielt die Dornier GmbH in Friedrichshafen vom Bundesamt für Wehrtechnik und Beschaffung den Auftrag im Gesamtwert von ca. DM 200 Mio. als verantwortlicher Generalunternehmer. Dornier arbeitet dabei im Rahmen von Unteraufträgen mit deutschen Firmen und vor allem mit namhaften Elektronik- und Avionikherstellern in den USA zusammen.

Die Modernisierung umfaßt:
- Radar
- ESM
- Sono
- Magnetbandgerät
- Bojenwerfer
- Navigationsanlage

After fifteen years of Breguet BR.1150 Atlantic operation, these maritime reconnaissance and anti-submarine aircraft are to be converted and upgraded to the latest state of the art for the German Navy under a comprehensive enhanced combat capability programme. Under a contract valued at approx. DM 200 million, Dornier was made prime contractor by the German Federal Procurement Agency (BWB) for that programme. Within the scope of subcontracts, Dornier collaborates with German companies and in particular with U.S. electronics and avionics manufacturers of repute.

The modernization programme covers:
- Radar
- ESM
- Sonar
- Magnetic-tape data recorder
- Sonobuoy launch system
- Navigation system

1980 Luftgestütztes Frühwarn- und Führungssystem Airborne Early Warning and Control System — NATO-AWACS Boeing E-3A

Das E-3A-System, von dem für die nordatlantische Verteidigungsallianz (NATO) 18 Exemplare in der Beschaffung sind, ist mit einem weitreichenden, elektronisch hochentwickelten Frühwarn- und Führungsradar ausgerüstet. Das erfaßte Datenvolumen wird durch eine Freund-Feind-Kennungsanlage (IFF) sortiert. Die Radar- und IFF-Antennen sind in einem rotierenden Radom auf dem Flugzeugrumpf installiert. Ergänzt werden diese Überwachungssysteme durch eine umfangreiche Avionikausrüstung für Navigation, Kommunikation, Datenverarbeitung und -darstellung.
Die Systeme sind in eine hierfür modifizierte Boeing 707-320 integriert, die mit 17 Mann Besatzung einsatzmäßig fliegt und von vier Pratt & Whitney TF33-Turbofan-Triebwerken angetrieben wird.
Dieses bisher größte NATO-Gemeinschaftsprogramm wird unter Führung der amerikanischen Boeing Aerospace Company von amerikanischen, deutschen und kanadischen Firmen durchgeführt.
Die deutsche Industrie ist maßgeblich an diesem Programm beteiligt. Die Dornier Reparaturwerft GmbH erhielt einen der wichtigsten Arbeitsanteile – die Integration, den Einbau, die Boden- und Flugabnahmetests der gesamten Einsatzelektronik für die 18 AWACS der NATO.

The E-3A system, of which 18 units are being procured for NATO countries, is equipped with a far-reaching advanced electronical early-warning and control radar. The data volume acquired is sorted by an IFF system. The radar and IFF antennas are installed in a rotating radome above the fuselage. These control systems are supplemented by extensive avionics kits for navigation, communications, data processing and display.
The systems are integrated into a modified Boeing 707-320C which has a crew of 17 and is powered by four Pratt & Whitney TF33 turbofan engines.
This so-far largest joint NATO programme is being implemented by U.S., German and Canadian firms under the leadership of the Boeing Aerospace Company.
The German industry has a major share in this programme. Dornier Reparaturwerft GmbH handles one of the major work packages – integration, installation, ground and flight testing of the complete mission electronics for the 18 NATO AWACS.

Technische Daten/Technical Data

Länge/Length	46,4 m
Höhe/Height	12,9 m
Spannweite/Wing span	44,9 m
Radom-Durchmesser/Radome diameter	9,1 m
Triebwerk/Propulsion	
Pratt & Whitney TF33-PW-100	4 × 9523 kg
Max. Abflugmasse/Max. take-off weight	147400 kg

1980 Mehrzweckflugzeug Utility Aircraft DORNIER 128

Im Laufe der langen, erfolgreichen Karriere der Do 28 D Skyservant mit Kolbenmotorantrieb wurde dieses im weltweiten Einsatz bewährte STOL-Utility-Flugzeug ständig den neuesten technischen und einsatzbedingten Forderungen angepaßt. So basieren die verschiedenen Versionen der weiter verbesserten Baureihe DORNIER 128 im wesentlichen auf der bis 1979 gebauten Do 28 D-2. Bei der jüngeren DORNIER 128 mit einer Sitzkapazität für zwei plus zehn Personen handelt es sich um neue Varianten mit erhöhter Abflug- und Landemasse sowie größerer Nutzlast.
Neben der DORNIER 128-2 mit zwei Kolbenmotoren des Typs Lycoming IGSO-540 A1E absolvierte die Turboprop-Serienausführung DORNIER 128-6 mit zwei Propellerturbinen-Triebwerken des Typs Pratt & Whitney PT6A-110 am 4. März 1980 den erfolgreichen Erstflug. Im März 1981 wurde ihr die Musterzulassung erteilt und ab Sommer 1981 erfolgten die Auslieferungen an Kunden in afrikanischen Ländern.

During the long and successful career of the Do 28 D Skyservant with piston engines, this well-proven STOL utility aircraft, used worldwide, was continuously adapted to technical and mission requirements. The different versions of the further improved DORNIER 128 series are essentially based on the Do 28 D-2 built until 1979. The younger DORNIER 128 with seating for two crew plus ten passengers is a new variant with an increased take-off and landing weight and a higher payload.
In addition to the DORNIER 128-2 with two Lycoming IGSO-540 A1E piston engines, the series version DORNIER 128-6 with two Pratt & Whitney PT6A-110 turboprop engines made its successful first flight on 4 March 1980. In March 1981, the aircraft was certificated, and deliveries to customers in African countries started in summer 1981.

Technische Daten/Technical Data

Länge/Length	11,4 m
Höhe/Height	3,9 m
Spannweite/Span	15,5 m
Flügelfläche/Wing area	29,0 m^2
Triebwerk/Propulsion	
Lycoming IGSO-540 A1E	2 × 380 PS/HP
Pratt & Whitney PT6A-110	2 × 400 WPS/SHP
Leermasse/Empty weight	2346 (2372) kg
Abflugmasse/Take-off weight	4015 (4350) kg

Nutzlast/Payload	805/ 1137 kg
Höchstgeschwindigkeit/Maximum speed	304/330 km/h
Reisegeschwindigkeit/Cruise speed	211/259 km/h
Dienstgipfelhöhe/Service ceiling	7470/ 9936 m
Steigleistung/Climb performance	5,2/ 6,2 m/s
Max. Reichweite/Max. Range	1140/ 1825 km
Startstrecke/Take-off distance	560/ 546 m
Landestrecke/Landing distance	435/ 530 m
Sitzplätze/Seats	10

1981 Mehrzweck- und Zubringerflugzeug Utility · Commuter Aircraft DORNIER 228

Im Rahmen der Utility · Commuter-Flugzeugfamilie von Dornier kam mit Beginn der 80er Jahre die neue DORNIER 228-Serie in der Version -100 für 15 Passagiere und in der Version -200 für 19 bzw. 20 Passagiere zur Einführung. Hervorstechendes Merkmal dieser Baureihe ist der Tragflügel Neuer Technologie, der mit seinem neuartigen aerodynamischen Flügelprofil, seiner besonderen Formgebung und seiner Integralbauweise erhebliche Verbesserungen hinsichtlich Maximalauftrieb und Gleitzahl, verringerten induzierten Widerstand, geringeres Strukturgewicht und höhere Strukturfestigkeit gegenüber konventionellen Auslegungen aufweist. Angetrieben von zwei Propellerturbinentriebwerken sind die DORNIER 228-Flugzeuge für ein breites Anwendungsgebiet, ausgelegt. Die Prototypen der DORNIER 228-100 (Erstflug 28. März 1981) und 228-200 (Erstflug 2. Mai 1981) wurden während der Flugerprobung erstmals 1981 auf dem 34. Internationalen Aéro Salon in Paris der Öffentlichkeit vorgestellt. Die deutsche Musterzulassung wurde noch im Dezember 1981 für die Version -100 bzw. September 1982 für die Version -200 erteilt. Seit Anfang 1983 befinden sich DORNIER 228-Zubringerflugzeuge u. a. im regulären Linienluftverkehr in Skandinavien, Griechenland, Afrika und Fernost.

The Dornier Utility · Commuter Aircraft family was extended in the early '80s by the new DORNIER 228 series with the version -100 for 15 passengers and the version -200 for 19 or 20 passengers. The outstanding feature of this series is the New Technology Wing, which provides considerable improvements with respect to maximum lift and aspect ratio, reduces the induced drag, has a lower structural weight and higher structural rigidity compared with conventional designs. All these features result from its novel aerodynamic profile, its special shape and its integral design. The DORNIER 228 aircraft, powered by two turboprop engines, are designed for a wide spectrum of applications. The prototypes of the DORNIER 228-100 (first flight on 28 March 1981) and 228-200 (first flight on 2 May 1981) were first shown to the public during the flying display of the 34th International Paris Air Show in 1981.
The German type certification was granted in December 1981 still for the -100 version and in September 1982 for the -200 version. Since early 1983, DORNIER 228 commuter aircraft are in scheduled airline service in Scandinavia, Grecee, Africa and Far East.

Technische Daten/Technical Data

Länge/Length	15,0/16,6 m	Höchstgeschwindigkeit/Maximum speed	432 km/h
Höhe/Height	4,9 m	Reisegeschwindigkeit/Cruise speed	370 km/h
Spannweite/Wing span	17,0 m	Max. Steigleistung/	
Flügelfläche/Wing area	32,0 m^2	Maximum climb performance	10,3 m/s
Triebwerk/Propulsion		Dienstgipfelhöhe/Service ceiling	9022 m
Garrett/AiResearch TPE 331-5	2 × 715 WPS/SHP	Max. Reichweite/Maximum range	2700 km
Leermasse/Empty weight	3403/3537 kg	Startstrecke/Take-off distance	579 m
Abflugmasse/Take-off weight	5700 kg	Landestrecke/Landing distance	442 m
Nutzlast/Payload	1917/1783 kg	Sitzplätze/Seats	15/19 (20)

1981 Mini-Telecopter MTC II

Im Frühjahr 1981 wurde die Flugerprobung des unbemannten Kleinhubschraubers MTC II von Dornier aufgenommen. Das Fluggerät ist eine Weiterentwicklung des kleineren MTC I und hat wie dieses als wesentliches Konstruktionsmerkmal einen koaxial-gegenläufigen Doppelrotor.
Der unbemannte Kleinhubschrauber MTC II wurde als Geräteträger für den Einsatz bei Heer und Marine konzipiert. Im Hinblick auf die erforderliche Einsatzbreite verfügt er bei 190 kg Startmasse über bis zu 60 kg Nutzlast bei ca. zwei Stunden Einsatzdauer. Als Antrieb dient ein mit Doppelzündung ausgerüsteter Zwei-Takt-Motor mit einer Leistung von 29,5 kW (40 PS).
Der MTC II ist voll stabilisiert und wurde während der ersten Erprobungsphase von einem Bedienpult am Boden über ein loses Verbindungskabel ferngesteuert. Für spätere Flugversuchsphasen ist eine Funkfernsteuerung vorgesehen.
Das bisherige MTC-Programm wurde von Dornier mit Eigenmitteln realisiert und ist ein Beitrag zu experimentellen Untersuchungen innerhalb des Dornier-Arbeitsgebietes Aufklärung/Zielortung/Feuerleitung mit Drohnen und RPVs.

In spring 1981, flight testing was started by Dornier of the unmanned MTC II mini-telecopter. The device is a development of the smaller MTC I and has as its characteristic design feature a coaxial contra-rotating dual rotor, as the smaller unit.
The MTC II unmanned mini-helicopter was designed as an equipment-carrying platform for Army and Navy use. In view of the required mission spectrum, it has a payload of up to 60 kg at a take-off weight of 190 kg, with an endurance of approx. 2 hours. It is powered by a 29.5 kW (40 HP) two-stroke engine equipped with a dual ignition system.
The MTC II is fully stabilized and was remotely controlled from a ground-based operating console via a loose cable during the first test phase. Radio control is planned for later test phases.
The MTC programme has so-far been financed by Dornier company funds and is a contribution to experimental testing within Dornier's field of work covering reconnaissance, target location and fire control with drones and RPVs.

1983 Amphibien-Technologieträger Do ATT

Vormalige Bezeichnung Do 24 TT

Amphibian Technology Experimental

Former Designation Do 24 TT

Mit dem erfolgreichen Erstflug des Experimental-Amphibienflugzeugs Do ATT (vormalige Bezeichnung DO 24 TT) am 25. April 1983 auf dem Werkflugplatz Oberpfaffenhofen, durchgeführt vom Cheftestpiloten Dieter Thomas und seinem Kopiloten Meinhard Feuersenger, wurde von Dornier ein weiteres Luftfahrt-Technologievorhaben in das Flugversuchsstadium gebracht. Das Programm dient der Erprobung neuer Technologien auf dem Gebiet der Amphibienflugzeuge und wird mit Förderung des Bundesministeriums für Forschung und Technologie unternommen. Bei dem von Dornier auf der Basis des früheren Do 24-Flugbootes entwickelten Technologieträger Do ATT handelt es sich um ein amphibisches Versuchsflugzeug mit drei Turboprop-Triebwerken, einem neuen abgestrebten Rechteckflügel mit fortschrittlichem aerodynamischen Profil und einem Bugradfahrwerk unter Benutzung des Do 31-Hauptfahrwerks. Zielsetzung dieses Experimentalprogramms ist die gesteigerte Hochseefähigkeit, die Einsatzflexibilität als Amphibium, die Leistungs- und Wirtschaftlichkeitsverbesserungen, den neu entwickelten Tragflügel sowie die modernen Propellerturbinen im Hochsee-Einsatz zu testen.

With the successful first flight of the Do ATT (former designation Do 24 TT) amphibian testbed on 25 April 1983 at the Oberpfaffenhofen company airfield with Chief Test Pilot Dieter Thomas and co-pilot Meinhard Feuersenger at the controls, another Dornier aviation technology project entered the flight testing stage. The programme has the objective of testing new technologies in the field of amphibious aircraft and is being undertaken with sponsorship of the Federal Ministry for Research and Technology. The Do ATT technology testbed developed by Dornier on the basis of the former Do 24 flying boat, is an experimental amphibian with three turboprop engines, a new braced rectangular wing with advanced aerodynamic profile, and a tricycle landing gear, using the Do 31 main landing gear. The objective of this experimental programme is the testing of the increased high-seas-going capability, the mission flexibility as an amphibian, the performance and economy improvements, the newly developed wing, and the modern turboprop engines in high-sea operation.

Technische Daten/Technical Data

Länge/Length	21,9 m
Höhe/Height	6,7 m
Spannweite/Wing span	30,0 m
Flügelfläche/Wing area	100,0 m²
Triebwerk/Propulsion	
Pratt & Whitney PT6A-45B	3 × 1125 WPS/SHP
Standardleermasse/Standard empty weight	10070 kg
Max. Abflugmasse – Land/ Max. take-off weight – land	14000 kg
Max. Abflugmasse – Wasser/ Max. take-off weight – sea	12000 kg
Höchstgeschwindigkeit/Maximum speed	428 km/h
Reisegeschwindigkeit/Cruise speed	343 km/h
Startstrecke von Land/Take-off distance from land	590 m
Startstrecke von Wasser/Take-off distance from water	180 m

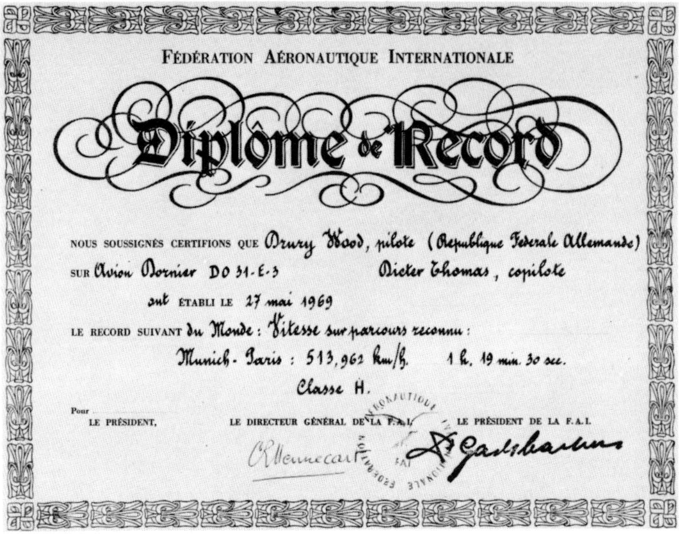
FÉDÉRATION AÉRONAUTIQUE INTERNATIONALE

Diplôme de Record

NOUS SOUSSIGNÉS CERTIFIONS QUE Drury Wood, pilote (République Fédérale Allemande)
SUR Avion Dornier DO 31-E-3 Dieter Thomas, copilote

ont ÉTABLI LE 27 mai 1969

LE RECORD SUIVANT du Monde : Vitesse sur parcours reconnu :

Munich - Paris : 513,962 km/h. 1 h. 19 min. 30 sec.

Classe H.

Pour LE PRÉSIDENT, LE DIRECTEUR GÉNÉRAL DE LA F.A.I. LE PRÉSIDENT DE LA F.A.I.

Weltrekorde / World Records

Seit Beginn der Luftfahrt werden Weltrekorde registriert. Dornier Flugzeuge waren von Anfang an dabei, denn Weltbestleistungen, die offiziell von der Fédération Aéronautique Internationale (F.A.I.) anerkannt und registriert werden, gelten als weltweite Anerkennung und Bestätigung der Leistungsfähigkeit eines Flugzeugtyps.
In der nunmehr über 50jährigen Geschichte des Dornier Flugzeugbaues wurden insgesamt weit über 50 Rekordflüge von Dornier Maschinen anerkannt. Auch sämtliche nach dem Zweiten Weltkrieg offiziell für Deutschland registrierten Weltrekorde in den Klassen der Motorflugzeuge werden von Dornier gehalten.

World records have been recorded ever since flying began, and Dornier aircraft have been included in the list from the beginning, for the world records officially recognized by the Fédération Aéronautique Internationale (F.A.I.) are accepted as world-wide recognition and confirmation of an aircraft's capabilities.
During the more than 50-years history of Dornier's aviation activities well over 50 record-breaking flights by Dornier aircraft have been recognized. And all the world records officially entered for Germany in the powered aircraft classes since World War II are held by Dornier.

Wal

Flugzeug: Do Wal (I-DAOR)
Motoren: 2 Rolls-Royce "Eagle IX", 360 PS
Datum: 4., 9. und 10. Februar 1925 (Pisa, Italien)
Pilot: Guido Guidi

Mit 250 kg Nutzlast	
1. Geschwindigkeit auf 100 km	168,523 km/h
2. Geschwindigkeit auf 200 km	168,523 km/h
3. Geschwindigkeit auf 300 km	168,523 km/h
4. Geschwindigkeit auf 500 km	168,523 km/h
Mit 500 kg Nutzlast	
5. Geschwindigkeit auf 100 km	168,523 km/h
6. Geschwindigkeit auf 200 km	168,523 km/h
7. Geschwindigkeit auf 500 km	168,523 km/h
Mit 1000 kg Nutzlast	
8. Höhe	3682 m
9. Entfernung	507,380 km
10. Geschwindigkeit auf 100 km	168,523 km/h
11. Geschwindigkeit auf 200 km	168,523 km/h
12. Geschwindigkeit auf 500 km	168,523 km/h
Mit 1500 kg Nutzlast	
13. Dauer	3 h 33' 35"
14. Entfernung	507,380 km
15. Höhe	3682 m
16. Geschwindigkeit auf 100 km	168,523 km/h
17. Geschwindigkeit auf 200 km	168,523 km/h
18. Geschwindigkeit auf 500 km	168,523 km/h
Mit 2000 kg Nutzlast	
19. Entfernung	253,690 km
20. Höhe	3006 m
21. Geschwindigkeit auf 100 km	134,514 km/h
22. Geschwindigkeit auf 200 km	134,514 km/h

Aircraft: Do Wal (I-DAOR)
Engines: 2 Rolls-Royce "Eagle IX", 360 HP
Date: 4., 9. and 10. February 1925 (Pisa – Italy)
Pilot: Guido Guidi

With 250 kg Payload	
1. Speed over 100 km	168,523 km/h
2. Speed over 200 km	168,523 km/h
3. Speed over 300 km	168,523 km/h
4. Speed over 500 km	168,523 km/h
With 500 kg Payload	
5. Speed over 100 km	168,523 km/h
6. Speed over 200 km	168,523 km/h
7. Speed over 500 km	168,523 km/h
With 1000 kg Payload	
8. Altitude	3682 m
9. Distance	507,380 km
10. Speed over 100 km	168,523 km/h
11. Speed over 200 km	168,523 km/h
12. Speed over 500 km	168,523 km/h
With 1500 kg Payload	
13. Duration	3 h 33' 35"
14. Distance	507,380 km
15. Altitude	3682 m
16. Speed over 100 km	168,523 km/h
17. Speed over 200 km	168,523 km/h
18. Speed over 500 km	168,523 km/h
With 2000 kg Payload	
19. Distance	253,690 km
20. Altitude	3006 m
21. Speed over 100 km	134,514 km/h
22. Speed over 200 km	134,514 km/h

Die "Nutzlast" von 2000 kg Sandsäcken wurde nach dem Rekordflug vor dem Wal aufgestapelt
The payload of 2000 kg filled in sacks were piled after the record flight

Merkur

Flugzeug: Do Merkur
Motor: 1 BMW VI, 450/600 PS
Datum: 24. und 29. Juni 1926 (Dubendorf)
Piloten: Walter Mittelholzer – Georg Zinsmaier

Mit 500 kg Nutzlast	
1. Dauer	14 h 43'
2. Entfernung	2300 km
3. Geschwindigkeit auf 2000 km	163,132 km/h
Mit 1000 kg Nutzlast	
4. Dauer	10 h 5' 0"
5. Entfernung	1400 km
6. Geschwindigkeit auf 500 km	161,986 km/h
7. Geschwindigkeit auf 1000 km	161,986 km/h

Aircraft: Do Merkur
Engine: 1 BMW VI, 450/600 HP
Date: 24. und 29. June 1926 (Dubendorf)
Pilots: Walter Mittelholzer – Georg Zinsmaier

With 500 kg Payload	
1. Duration	14 h 43'
2. Distance	2300 km
3. Speed over 2000 km	163,132 km/h
With 1000 kg Payload	
4. Duration	10 h 5' 0"
5. Distance	1400 km
6. Speed over 500 km	161,986 km/h
7. Speed over 1000 km	161,986 km/h

Die Piloten Mittelholzer und Zinsmaier flogen mit einem Dornier Merkur sieben Nutzlast-Rekorde
The pilots Mittelholzer and Zinsmaier flew seven payload-records with a Dornier Merkur

Do D

Flugzeug: Do D
Motor: 1 BMW VI, 450/600 PS
Datum: 4., 8. und 10 August 1927 (Altenrhein)
Piloten: Richard Wagner – Georg Zinsmaier

Ohne Zwischenlandung	
1. Geschwindigkeit auf 2000 km	172,000 km/h
2. Entfernung	2100 km
Mit 500 kg Nutzlast	
3. Geschwindigkeit auf 2000 km	172,000 km/h
4. Entfernung	2100 km
Mit 1000 kg Nutzlast	
5. Höhe	5851 m
6. Geschwindigkeit auf 1000 km	175,600 km/h
7. Entfernung	1600 km
Mit 2000 kg Nutzlast	
8. Geschwindigkeit auf 100 km	190,435 km/h

Aircraft: Do D
Engine: 1 BMW VI, 450/600 HP
Date: 4, 8, 10 August 1927 (Altenrhein)
Pilots: Richard Wagner – Georg Zinsmaier

Non Stop	
1. Speed over 2000 km	172,000 km/h
2. Distance	2100 km
With 500 kg Payload	
3. Speed over 2000 km	172,000 km/h
4. Distance	2100 km
With 1000 kg Payload	
5. Altitude	5851 m
6. Speed over 1000 km	175,600 km/h
7. Distance	1600 km
With 2000 kg Payload	
8. Speed over 100 km	190,435 km/h

Die Piloten Wagner (r.) und Zinsmaier (l.) flogen 1927 die Do D-Weltrekorde
The pilots Wagner (r.) and Zinsmaier (l.) flew the Do D world records im 1927

Superwal

Flugzeug:	Do Superwal (D. R. 142)		Aircraft:	Do Superwal (D. R. 142)
Motoren:	4 Gnome Rhone Jupiter VI 480 PS		Engines:	4 Gnome Rhone Jupiter VI 480 HP
Datum:	20., 23. Januar und 5. Februar 1928 (Friedrichshafen)		Date:	20, 23 January and 5 February, 1928 (Friedrichshafen)
Pilot:	Richard Wagner		Pilot:	Richard Wagner

Mit 1000 kg Nutzlast / With 1000 kg Payload

1. Geschwindigkeit auf 100 km	209,546 km/h	1. Speed over 100 km	209,546 km/h
2. Geschwindigkeit auf 1000 km	177,279 km/h	2. Speed over 1000 km	177,279 km/h
Mit 2000 kg Nutzlast		With 2000 kg Payload	
3. Geschwindigkeit auf 100 km	209,546 km/h	3. Speed over 100 km	209,546 km/h
4. Geschwindigkeit auf 500 km	179,416 km/h	4. Speed over 500 km	179,416 km/h
5. Geschwindigkeit auf 1000 km	177,279 km/h	5. Speed over 1000 km	177,279 km/h
Mit 4000 kg Nutzlast		With 4000 kg Payload	
6. Dauer	6 h 1' 56"	6. Duration	6 h 1' 56"
7. Entfernung	1000,160 km	7. Distance	1000,160 km
8. Höhe	2845 m	8. Altitude	2845 m
9. Geschwindigkeit auf 100 km	209,546 km/h	9. Speed over 100 km	209,546 km/h
10. Geschwindigkeit auf 500 km	179,416 km/h	10. Speed over 500 km	179,416 km/h
11. Geschwindigkeit auf 1000 km	177,279 km/h	11. Speed over 1000 km	177,279 km/h
Mit der größten Nutzlast in 2000 m Höhe		With the greatest payload carried at 2000 m	
12. Größte Nutzlast	4037 kg	12. Greatest Payload	4037 kg

Start des viermotorigen Superwal auf dem Bodensee
The four engines Superwal starts on the Lake Constance

Do 18

Flugzeug: Do 18 (D-ANHR)
Motoren: 2 Junkers "Jumo 205"
Datum: 27. und 29. März 1938
Piloten: Hans Werner v. Engel – Erich v. Gundermann

Entfernung auf gerader Linie	8392 km
Entfernung auf geknickter Linie	8435 km

Aircraft: Do 18 (D-ANHR)
Engines: 2 Junkers "Jumo 205"
Date: 27. and 29. March 1938
Pilots: Hans Werner v. Engel – Erich v. Gundermann

Distance in a straight line	8392 km
Distance in a broken line	8435 km

Glückwünsche nach dem Do 18-Rekordflug für Besatzung v. Engel, Gundermann, Stein und Rösel (v.l.n.r.)
Congratulations after the Do 18 record flight for the crew

Do 31

Flugzeug: Do 31 E-3 (D 9531)
Motoren: 2 Rolls-Royce Pegasus – 7000 kp
8 Rolls-Royce RB 162 – 2000 kp
Datum: 27. 5. 1969 (München – Paris)
Piloten: Drury Wood – Dieter Thomas

Entfernung	681 km
Dauer	1 h 19' 30"
Höhe	9100 m
Geschwindigkeit	513,962 km/h
Geschwindigkeit über bekannte Strecke (München – Paris)	513,962 km/h

Aircraft: Do 31 E-3 (D 9531)
Engines: 2 Rolls-Royce Pegasus – 7000 kp
8 Rolls-Royce RB 162 – 2000 kp
Date: 27. 5. 1969 (Munich – Paris)
Pilots: Drury Wood – Dieter Thomas

Distance	681 km
Duration	1 h 19' 30"
Altitude	9100 m
Speed	513,962 km/h
Speed over recognized course (Munich – Paris)	513,962 km/h

Do 31 setzt nach Rekordflug zur Senkrechtlandung an
Do 31 landing after record flight

Skyservant

Flugzeug: Dornier "Skyservant" (D-IBYR)
Motoren: 2 Lycoming-IGSO-540, 380 PS
Datum: 15. 3. 1972
Pilot: Frank Tuytjens

Höhe: Max. Höhe ohne Nutzlast	9963 m
Max. Höhe mit Nutzlast von 1000 kg	8630 m
Nutzlast:	
Größte Last bis zu einer Höhe von 2000 m	1 t
Steigzeit: bis 3000 m	6,6 Min.
bis 6000 m	16,2 Min.
bis 9000 m	44,4 Min.

Aircraft: Dornier "Skyservant" (D-IBYR)
Engines: 2 Lycoming-IGSO-540, 380 PS
Date: 15. 3. 1972
Pilot: Frank Tuytjens

Altitude: Max. altitude without payload	9,963 m
Max. altitude with 1000-kg payload	8,630 m
Payload:	
Max. load to an altitude of 2,000 m	1 t
Climb: to 3,000 m	6.6 Min.
to 6,000 m	16.2 Min.
to 9,000 m	44.4 Min.

Der Pilot der Skyservant, Frank Tuytjens, nach dem Rekordflug
Frank Tuytjens the pilot of the Skyservant after record flight

Typenverzeichnis/Type Index